中国烟叶有机生产探索

张纪兵　戴　勋　李　刚　王　戈　吴文伟　编著

科学出版社

北　京

内 容 简 介

　　本书以环境保护部南京环境科学研究、红塔烟草（集团）有限公司、云南农业大学、中国科学院土壤研究所、云南省农业科学院等单位多年的烟叶有机生产研究成果共同编写而成，全面系统地介绍了烟叶有机生产环境要求、技术栽培体系、管理体系、生产信息系统的开发，并以红塔烟草（集团）有限公司玉溪庄园建设为案例，详细介绍了烟叶有机生产基地选址与规划、轮作模式构建、病虫害综合防控技术研究、烘烤技术以及有机烟叶应用与卷烟品牌开发，最后对烟叶有机生产的前景进行了展望。

　　本书理论联系实际，对教学、科研具有重要指导意义，可作为农林和有机农业专业高等院校学者的教学参考书，亦可供烟草生产经营和资源开发利用的专业技术人员参考。

图书在版编目（CIP）数据

中国烟叶有机生产探索/张纪兵，戴勋，李刚编著. —北京：科学出版社，2016.11
　ISBN 978-7-03-050347-3

　Ⅰ.①中…　Ⅱ.①张…　②戴…　③李…　Ⅲ.①烟叶-生产技术-研究-中国　Ⅳ.①F426.89

中国版本图书馆 CIP 数据核字（2016）第 259636 号

责任编辑：张　展　孟　锐/责任校对：王晓丽
责任印制：余少力/封面设计：墨创文化

科　学　出　版　社　出版

北京东黄城根北街 16 号
邮政编码：100717
http://www.sciencep.com

成都锦瑞印刷有限责任公司 印刷
科学出版社发行　各地新华书店经销

*

2016 年 11 月第　一　版　　开本：787×1092　1/16
2016 年 11 月第一次印刷　　印张：16 3/4
字数：400 000

定价：128.00 元
（如有印装质量问题，我社负责调换）

编 委 会

前　言

加强资源环境保护，确保生态安全，是 21 世纪人类面临的共同主题。党的十八大确立了生态文明在新阶段社会主义建设中的突出地位。各个行业都在探索供给侧改革大形势下的绿色发展道路，一直处于舆论风口浪尖的烟草行业也面临着转型升级的历史机遇。推动烟草有机生产，避免使用农药化肥等农用化学物质和农业废弃物对环境的污染，是实现环境保护和烟草农业发展、烟农增收的和谐统一，落实"生态扶贫""产业扶贫""精准扶贫"国家发展战略要求，体现绿色发展、循环发展、低碳发展理念，是呼应生态文明战略的具体实践形态。

中国是目前世界上最大的烟草生产和消费国家，随着社会的发展进步，吸烟与健康问题日益引起世人关注，卷烟消费者开始关注除烟草本害之外的烟叶农药残留、重金属、烟叶品质等问题，生产安全性卷烟制品已迫在眉睫。烟叶的安全性关系到消费者的身体健康、烟草制品的外贸出口和烟草农业的可持续发展。降低卷烟烟气有害成分释放量既是烟草行业义不容辞的责任，也是提高中式卷烟核心竞争力的有效措施。

为进一步发挥红塔烟草（集团）有限公司烟叶原料优势，降低烟叶外源有害物质，提高烟叶质量和安全性，体现生物多样性等现代农业发展理念，围绕"国家利益至上，消费者利益至上"的行业价值观，2008～2014 年，红塔烟草（集团）有限公司组织实施了有机、绿色烟叶生产项目，在云南玉溪等六个市（州）及贵州省遵义市习水县开展有机烟试验、示范及生产，从产地选择、环境评价、过程控制、烟叶质量跟踪以及卷烟产品开发等环节严格按标准化操作，大大提高了烟叶安全性，使红塔烟叶"清甜香润"的风格特色得到进一步彰显，烟叶品质得到改善，保护了生产示范区的生态环境，同时，红塔烟草（集团）有限公司的声誉度、高档卷烟品牌市场竞争力进一步提升。

开展有机烟叶的研发是重视解决烟叶农药残留、重金属超标和泛施无机化肥致使烟叶品质下降、环境污染等问题的认知与探索。在某种意义上，有机烟叶开发是消费者对"诚信、道德、有良知、有社会责任感"的烟草农业的渴望和回归需求。相关研究表明，有机烟叶显著降低了烟草中的农药残留、重金属等有害物质；有机卷烟产品的有害气体释放量明显低于普通卷烟，安全性大大提升。有机烟叶卷烟将会推动中式卷烟进入降害减焦新时代，同时在引导农业安全生产、提升烟草行业社会形象方面将会起到不可估量的作用。

本书分上下篇，上篇为烟草有机生产的理论篇，重点论述了烟叶有机生产的技术体系、管理体系和信息系统开发；下篇为实践篇，深入阐述了云南红塔集团在烟叶有机生产基地建设及"玉溪庄园"品牌开发探索中所取得的重要成果，技术资料丰富，内容新颖，从理论和实践相结合的角度全面论述烟叶有机生产，在国内尚属首次。本书是向我国烟草行业和有机农业的从业者、研究者、管理者和环境保护者提供的一部有价值的参考资料，也是烟草、农业、环境、生态等学科的师生教学和研究用的参考书。

　　本书由环境保护部南京环境科学研究所联合红塔烟草（集团）有限公司、云南农业大学、中国科学院土壤研究所、云南省农业科学院等单位的专家老师共同编写而成，在此对相关单位及作者谨表谢意。由于作者水平有限，书中难免存在疏漏和不当之处，敬请读者批评指正。

作　者

2016 年 9 月

目 录

上 篇
理 论 篇

第1章　有机农业生产发展概况

1.1　全球有机农业发展概况

1.1.1　有机农业发展的起源

"有机农业"是英文词组"Organic Agriculture"的直译。它是 20 世纪 20～40 年代开始在欧美发展起来的一种农业生产方式。"Organic Agriculture"最早出现在 1940 年出版的 Lord North bourne 的著作 Look tothe Land 中。事实上，有机农业就是最古老的农业形式。在第二次世界大战结束之前，农民没有从石油中提炼出化学制剂（合成的肥料与杀虫剂），因此只能进行最传统、最原始的农业生产活动。但是，今天的有机农业是总结了人类农业 4000 多年发展史的经验教训，借鉴了传统农业的优点，在现代农业科学知识和科技成果的基础上发展起来的。

有机农业虽然率先在西方发展，但其理念源自于东方。1907 年，当时美国农业土地管理局长 F.H.King 考察了中国农业数千年兴盛不衰的经验，记录了东亚农业生产者真实的生活环境，并于 1911 年出版了 Farmers of Forty Centuries 一书。书中指出中国农民善于利用时间和空间提高土地利用率，并以人畜粪便和农场废弃物堆积沤制成肥料等还田培养地力，奠定了有机农业的实践基础。

国际有机农业运动联盟（IFOAM）、欧盟、美国等从不同的角度对有机农业进行了概括，但基本思想是一致的。有机农业是一种能维护土壤、生态系统和人类健康的生产体系，遵从当地的生态节律、生物多样性和自然规律，而不依赖会带来不利影响的投入物质。有机农业是传统农业、创新思维和科学技术的结合，有利于保护我们所共享的生存环境，也有利于促进包括人类在内的自然界的公平与和谐共生。

1.1.2　有机农业发展的三个阶段

2014 年初，国际有机农业运动联盟（IFOAM）执行主任 Markus Arbenz 在德国纽伦堡 BioFach 博览会上代表 IFOAM 向全球同行提出了"ORGANIC3.0（有机 3.0）时代"的概念，标志着有机农业已经进入了一个全新的时代。有机 3.0 时代是基于经历有机 1.0 和有机 2.0 时代的有机产业发展现状而提出的，借此引导有机产业进入全新的发展阶段，引导有机生产者、消费者以及相关团体深层次掌握有机农业的核心思想，促进贯彻有机农业四大原则，从而最大限度发挥有机农业在环境、社会和文化方面的积极作用，实现农业可持续发展。

1. 有机 1.0 时代——认知

有机 1.0 时代（20 世纪初期至 20 世纪 70 年代）是有机农业萌芽期，也是认知有机的阶段。在有机 1.0 时代，有机农业先驱从各自不同的专业背景对现代石油农业进行反思，探索提出自己的观点并参与实践，掀起了阵阵头脑风暴。因此有机 1.0 时代是一个百花齐放、百家争鸣的时代，相当于有机农业界的文艺复兴时代，也为世界有机农业的发展奠定了坚实的基础。

1911 年，美国农业土地管理局长 F.H.King 出版 *Farmers of Forty Centuries* 一书，为有机农业奠定了实践基础。

1924 年，德国的 Rudolf Steiner 开设了"农业发展的科学基础"课程，贯穿了经济、环境和社会相互协调的生态农业思想。德国学者普法伊费尔将这些理论应用到农业生产实践中，产生了生物动力农业。有机农业的雏形初步形成。

日本"世界救世教"教主冈田茂吉于 1935 年首创了以尊重自然、顺应自然为宗旨的"自然农业"，主张自然就是资本，强调人类应更多地与自然合作而不是对抗。日本的福冈正信从 20 世纪 50 年代开始自然农业的实践，提出了"无肥料栽培"生产"健康食品"的主张，后发展为"四无"农业，即无耕起、无肥料、无除草、无农药。

Jerome Irving Rodale 于 1940 年在美国宾夕法尼亚州建立了罗代尔研究所（the Rodale Institute），并建立了世界上第一个实验性的有机农场，一直倡导"健康的土地、健康的食品、健康的生活"理念。他将很多有机农业的经典著述翻译出版，为有机农业的研究和在世界范围内的发展作出了巨大的贡献。该所至今也仍是有机农业研究的一面旗帜。

英国的 Eve Balfour 第一个开展了常规农业与自然农业方法比较的长期试验。在她的推动下，1946 年英国土壤协会（Soil Association）成立，成为世界上最早从事有机农业研究和推广的慈善团体。

英国土壤协会于 20 世纪 70 年代在国际上率先创立了有机产品的标识、认证和质量控制体系。1972 年，国际上最大的有机农业民间机构——国际有机农业运动联盟（IFOAM）成立，标志着国际有机农业进入了一个新的发展时期。世界上一些主要的有机农业协会和研究机构，如法国国家农业生物技术联合会（FNAB）和瑞士的有机农业研究所（FiBL）等，都成立于这段时期，它们的运行规范了有机农业的生产和销售市场。

有机 1.0 时代后期，随着化学农业的高速发展，由此带来的环境和健康问题日趋严重，引起了国际社会的广泛关注，这为有机农业的发展提供了契机。有机农业的衍生物——有机产品，联合有机农民、加工者、贸易者和研究人员，推动政府、企业、消费者的参与，加速了有机农业进入有机 2.0 时代。

2. 有机 2.0 时代——认证

有机 2.0 时代（20 世纪 80 年代至 21 世纪初期）是有机产品认证制度建立和完善的阶段，民间标准和国家标准不断出现，有机产品逐渐进入各国规模化运作阶段，有机产品市场逐渐形成，民众对有机产品的认可度也越来越高，最终促进有机产业的形成。

有机 2.0 时代中，政府是有机农业发展的主导力量，以美国、欧洲为主的发达国家和地区于 20 世纪 80 年代开始推动有机农业立法。

1990 年美国联邦政府颁布了"有机食品生产法"。欧盟委员会于 1991 年通过了欧盟有机农业法规（EU2092/91），1993 年成为欧盟法律，在欧盟 15 个国家统一实施。1992

年，IFOAM 建立了认证认可体系，并于 1999 年和联合国粮农组织（FAO）共同制定了"有机农业产品生产、加工、标识和销售准则"，对促进有机农业的国际标准化生产起到了十分积极的作用。此后，北美、澳大利亚、日本等主要有机产品生产国相继颁布和实施了有机农业法规。

有机 2.0 时代着眼于推动行业发展的措施、有机产品的营销、由私人和政府制定的有机标准及分类。现在全世界共有 164 个国家拥有获得认证的有机农业田地。科技进步和农民知识储备的更新反过来也推动了农业实践的发展。有机产业的发展促使总舵分散化的独立运营机构先后涌现。

3. 有机 3.0 时代——认同

有机农业作为实现可持续发展农业的战略性措施具有巨大的发展潜力，但这种发展潜力没有被充分挖掘起来，有机产品的市场份额仍然很小。总体来说，有机农民的专业能力不足，面对社会发展时处于弱势地位，生产者和消费者对于有机农业的认识仍有偏颇，消费者对有机产品的信任度不高，等等。因此，2014 年初，IFOAM 提出有机 3.0 时代的概念，认为我们的首要任务是分析瞬息万变的世界形势，联合有机生产者、贸易商和加工者，重点解决资源、影响力和透明度等三个环节的问题。

有机农业经过近 70 年的发展，取得了长足的进步，但由于规模较小，受众范围小，还有很大的发展空间。面对环境和社会的挑战，有机农业可以成为可行的解决方案。我们应可持续地利用自然资源，而不是一味地剥削大自然。全球粮食生产仍然不是可持续性的。贫困、社会不公和饥饿仍然继续在许多地区肆意盛行。有机 3.0 时代的到来标志着解决这些问题的时刻到来了！IFOAM 将继续发挥行业领先作用，对有机 3.0 时代的内容和思想进行深入的研究和讨论，未来有机农业的发展方向将更加明朗，并最终使有机农业实现真正的价值。

1.1.3　全球有机农业发展简介

1. 全球有机农业生产概况

根据瑞士有机农业研究所（FiBL）和国际有机农业运动联盟（IFOAM）对世界范围内 172 个国家（2013 年为 170 个国家）的有机农业数据进行了调查统计显示，截至 2014 年年底，全球以有机方式管理的农业用地面积为 4370 万公顷（包括处于转换期的土地）。有机农业用地面积最大的两个洲分别是大洋洲（1730 万公顷，占世界有机农业用地的 40%）和欧洲（1160 万公顷，27%），接下来是拉丁美洲（680 万公顷，15%）、亚洲（360 万公顷，8%）、北美洲（310 万公顷，7%）和非洲（130 万公顷，3%）。有机农业用地面积最大的三个国家分别是澳大利亚（1720 万公顷）、阿根廷（310 万公顷）和美国（220 万公顷）。

与 2000 年相比，有机农业用地的面积增长了两倍还要多。相较于 2011 年，全球有机农业用地增长了 0.5%（185833 公顷）。根据 1999~2012 年世界有机农业用地发展情况（图 1.1），可以看出全球有机农业用地从 1999~2012 年增长了 240%，尤其是 1999~2004

年全球有机农业得到飞速的发展，2005～2012 年全球有机农业的面积仍在扩大，但是增长速度趋缓，而图 1.1 中的 1999～2012 年这个时间段正属于有机 2.0 时代，有机农业在这个时期由于各方面的积极因素推动，在全球取得了较好的发展。

图 1.1　1999～2012 年全球有机农业发展情况

除了有机农业用地（3750 万公顷），还有其他形式的有机认证的土地，大部分区域为野生采集用地，另外还有水产养殖、森林和非农业养殖用地。这些用地的总面积为 3100 万公顷。总体而言，全球约有 6900 万公顷有机土地。

在以有机方式管理的 3750 万公顷农业用地中，约 90% 的有机农业用地用途明确。但是一些有着可观有机农业用地面积的国家，如澳大利亚、巴西和印度，缺少或没有农地用途信息。在用途明确的有机农业用地中，有机草地/牧区约占 2/3（2250 万公顷）；一年生作物占 1/5（至少 750 万公顷，比 2011 年的 630 万公顷约增加了 3%），其中水稻 310 万公顷、青饲料 230 万公顷、油料作物 60 万公顷、蛋白质作物 30 万公顷、蔬菜 20 万公顷。

多年生作物约占有机农业用地的 7%，面积增长到了 320 万公顷，与 2011 年相较增长了 10%，而这个比例在前几年都是与前一年持平。最重要的多年生作物是咖啡，面积约 70 万公顷，几乎占多年生作物有机农业用地的 1/4。接下来是橄榄（60 万公顷）、坚果与葡萄（各约 30 万公顷）以及可可（21 万公顷）。

野生采集区域（包括蜜蜂养殖）在欧洲、非洲、亚洲和拉丁美洲都有分布。与有机农业用地的分布非常不同，野生采集区域绝大部分集中在欧洲（约 35%）和非洲（32%）。芬兰是拥有野生采集（主要是浆果）面积最大的国家，接下来是赞比亚（主要是蜜蜂养殖）和印度。野生作物收获细节不详，野生浆果、药用植物和芳香植物及野生水果是其中最重要的植物。

从世界范围看，全球有机农业用地占总农业用地的比例不高，还不到 1%。从地域上看，有机农业用地所占比例最高的两个洲分别是大洋洲（2.9%）和欧洲（2.3%）。欧盟 5.6% 的农业用地为有机农业用地。部分国家有机农业用地的比例更高，超过 10% 的国家有 10 个，前三个国家或地区分别是福克兰群岛（36.3%）、列支敦士登（29.6%）和奥地利（19.7%）。

然而，还有 97 个国家或地区的有机农业用地占有率不足 1%。

全球有机农业用地占有率虽然经过几十年的发展仍旧不高，但在局部国家和地区也取得了一些可喜的成绩：如奥地利的有机农业用地达到 20%，一些喜马拉雅山周边国家已制定了 100%有机的政策，多米尼加共和国出口的可可豆大部分是有机的，在瑞士蛋类和新鲜面包市场上有机占了 20%份额；在一些国家中超过 80%的婴儿食品是有机的。这些都表明，有机农业还有很大的发展空间。

2012 年，全球有机生产者为 190 万（2011 年为 180 万）。根据所得到的数据，分布在亚洲、非洲和拉丁美洲的有机生产者超过了全球的 3/4。36%的有机生产者分布于亚洲，人数最多，其次是非洲（30%）和欧洲（17%）。拥有最多有机生产者的三个国家分别是印度（600000 人）、乌干达（189610 人）和墨西哥（169707 人）。大约 1/3 的有机农业用地（1080 万公顷）和超过 80%（约 160 万）的有机生产者分布于发展中国家和新兴市场。

2. 全球有机产品市场

全球有机产品的市场以良好态势持续发展。"有机观察"（Organic Monitor）的最新调查统计结果显示，2012 年有机食品（含饮料）的销售额约达到 640 亿美元，在接下来的若干年该数据仍会被继续刷新。该数据与 2011 年的 630 万亿美元相比增幅较小的原因是欧元对美元的汇率变化及北美有机农产品市场数据的变更。

全球有机产品市场正在健康的发展，经过几十年的发展，有机产品的销售额从几乎为零增长到了 600 多亿美元。2012 年全球有机食品（含饮料）的销售额接近 640 亿美元。与 2002 年相比，市场份额翻了差不多 2 倍。

有机产品的需求主要集中在北美洲和欧洲。2012 年，全球最大的有机产品市场依然是美国、德国和法国，销售额依次为 225.90 亿欧元、70.40 亿欧元和 40.04 亿欧元。这两个地区的市场需求占到了全球整个有机市场的 85%。虽然各大洲现在都有有机农业实践，但是需求还是集中在这两个地区。其他地区尤其是亚洲、拉丁美洲和非洲生产的有机食品，主要用于出口。有机产品主要的进口市场为欧盟、美国、加拿大和日本。

根据 FiBL 和 IFOAM 的数据，美国位居首位，所占份额约为 44%，欧盟紧随其后，约占 41%。全球有机食品人均消费最高的三个国家依然是瑞士（189 欧元）、丹麦（159 欧元）和卢森堡（143 欧元）。市场份额最高的国家为丹麦（7.6%）、奥地利（6.5%）和瑞士（6.3%）。

有机产品市场面临的一个挑战是不断变化的消费者需求。有机产品由于高标准的健康生产方式，契合了消费者的需求。然而，现在也出现了很多生态食品和可持续农产品，直接或间接地与有机产品竞争。全球经济的稳定性是另一个重大挑战，自 2008 年金融危机以来，全球有机产品市场的增长开始放缓。尽管全球经济已经回暖，欧洲一些地区仍然深陷衰退危机。下降的收入水平和上升的失业率都在影响消费者对有机产品的需求。此外，除了要解决多种标准的问题，还需要开发更多区域市场来发展有机农业，有机产品的国际贸易不平衡也急需解决。

尽管存在许多挑战，全球有机农业将不断扩大和发展，有机农业在环境保护、土壤健康、经济效益、节能减排、人类健康等方面将发挥越来越大的优势。

3. 国外有机认证机构概况

2012 年统计数据显示，全世界有机认证机构总数增加到 576 家。其中欧盟国家认证机构的数量最多，其次为韩国、日本、美国、中国、印度和加拿大。

86 个国家有自己的认证机构，但本国没有认证机构的农业生产者也可以获得有机认证服务。因为许多认证机构除了在本国，还在其他国家开展认证服务。有机认证服务已覆盖世界 165 个国家，仅有少数国家尚未覆盖有机认证服务。非洲绝大部分和亚洲大部分地区仍缺乏本地的有机认证机构。例如，非洲仅有 19 家认证机构。亚洲有 222 家认证机构，其中大部分在韩国、日本、中国和印度。

从过去的发展趋势来看，有机认证机构的数量在亚洲和欧洲急剧增加，在拉美增长较弱，而在非洲、太平洋地区和美国则相对保持稳定。在一些国家，尤其中国、日本和韩国，2006～2010 年间有机法规和标准的建立与完善对认证机构的数量产生了影响。

4. 有机产品互认与国际贸易

1）认可促进世界贸易

认可作为在合格评定方面证实能力和传递信任的国际通行手段和方式，对促进国际贸易、保障质量安全和推动社会发展等诸多方面发挥着重要作用。2013 年世界认可日的主题是"认可促进世界贸易"。现如今，全球化意味着我们大都享受并依赖着种类丰富数量繁多的海外产品和服务。国际贸易是大多数国家国内生产总值的一个重要来源。根据世界贸易组织（WTO）的最新数据，2011 年国际商品贸易额达到 182000 亿美元，国际商业服务贸易额达到 41000 亿美元。

同时，各个国家和市场领域都出现了越来越多的自愿或强制性的技术法规、标准、检测、检查以及认证程序。总体上，其目的是使来自各原产地国的货物和服务符合当地消费者、商家、监管部门和其他机构对其质量和安全的合理需求。但是在如今这样具有挑战性的经济条件下，同样至关重要的是，相同的法规和标准可能会因国而异，但却不会过分增加成本或成为商业发展的负担，也不会成为阻碍进出口的技术壁垒。为了约束各国的贸易壁垒行为和增强国际贸易的便利性，世界贸易组织制定了《世界贸易组织贸易技术壁垒协议》，对技术法规、标准和合格评定程序的制定与实施，以及解决争端等问题做出了规定。

认可作为对合格评定程序的一致性评价活动，也作为应对技术性贸易壁垒的手段，通过与国际组织、区域组织或国外认可机构签署多边或双边互认协议，可以促进合格评定结果的国际互认。获得认可的合格评定活动作为促进企业发展的工具，其作用不仅体现在便捷有效地帮助企业符合法规和标准的要求，同时也为企业获得竞争优势，以便拓展包括海外市场在内的新市场。合格评定机构通过检测、验证、检查和校准活动来核查对标准和规范的符合性。整个核查过程公正、透明，依据国际公认的标准和其他要求。

鉴于认可结果得到国际承认，认可可以为国内外商家提供平等的市场准入机会。这些国际互认协议同时也为政府和监管部门提供国际公认的认可标志来表明符合标准和其他要求。因此，认可在两个方面扮演着国家经济发展催化剂的作用：第一，帮助国内公司推广国外业务；第二，增强对从其他国家进口货物的信心。

2）世界有机农业的互认情况

目前全球 60 多个国家制定了各自不尽相同的有机认证和认可体系，不同的体系影响了各国有机产品的贸易过程，违背了有机法规制定的初衷，即增加贸易、发展市场及培育消费者信心。现存的不同的标准和法规产生了贸易技术壁垒，迫使许多有机生产者必须获得多种有机认证才能进入不同的市场。因此 UNCTAD（联合国贸易与发展会议）、FAO（联合国粮农组织）以及 IFOAM 等国际性机构和组织正在积极朝着协调各国及各机构有机法规的方向努力，以避免潜在贸易壁垒，促进全球有机产品自由贸易。

目前，欧、美、日等已经成为世界上主要的生态标志型农产品消费市场，而发展中国家出口拉动型的有机农业增长迅速，国内市场随经济的发展也在逐步形成。从发展的规模和数量上看，国民环保意识较强的欧洲、美国、日本等国家和地区的有机食品生产和需求发展较快。但随着有机生产在全球的发展，一些有机农产品生产大国，如巴西、阿根廷、中国等的国内有机消费市场也正在逐渐形成。目前，中国国内有机产品市场发展迅速，前景大好。欧盟有机产品的市场销售额大约在 180 亿欧元，同时欧盟也是中国有机食品的主要进口商并且近年来一直不断增长，未来中欧之间有机产品贸易前景广阔。

根据瑞士有机农业研究所（FiBL）对有机标准和认证实施规则的最新调查，全球已经制定有机标准和法规的国家有 88 个，另有 12 个国家正在起草中。除此以外，2013 年，乌克兰通过了一部关于有机农业的法规；俄罗斯的有机农业法规也正在审核中，但尚未出台；欧盟集中进行了有机法规的审查，审查的要素包括影响评估、公众线上咨询、专家听证会和专家对这些法规的评估。

对于全球有机贸易进出口主要国家和地区的相关有机法律法规现状及认可情况如下。

（1）主要经济体的进口需求。由于目前全球有机产品主要的进口市场为欧盟、美国、加拿大和日本，而这些市场对有机产品的进口有着严格的制度。对于欧盟、美国和日本，只有经过各相关政府认可的认证机构进行认证后，有机产品才可以被进口到这些国家。认证机构的批准需要符合或适合进口国的要求，可以通过两种方式达到：①出口国与进口国的双边协定；②进口国认证认可部门的直接认可。

（2）出口国和进口国之间的双边协定。大多数的进口国家和地区（美国、欧盟、日本）都有双边互认的选择（例如，选择承认另一个国家的控制体系和标准与本国的要求相符，则该国家认证的产品可以在本国市场上进行销售）。双边互认协议在很大程度上是政治协议，主要依靠政府的意愿和政治谈判，但也基于技术评估。

美国和欧盟这两大经济体已经签署了有机农产品互认协议，承认对方国家的有机标准和控制体系是等效的。欧盟的动物制品、美国的苹果和梨不在这个协议中，需要额外的认证。此外，水产品以及白酒产品也没在该协议框架里。2012 年 7 月，协议开始生效。

美国—欧盟协议是第二个双边协议。第一个双边协议是 2009 年美国和加拿大签署的。在裁定等效的情况下，经美国农业部授权的认证机构，根据美国国家有机项目（NOP）标准认证的生产者和加工者，如果想在加拿大以有机产品的形式销售他们的商品，不需要再按照加拿大有机产品标准（COPR）来认证。同样的，按照 COPR 标准认证的加拿大有机产品可以在美国像原产地一样以有机产品销售，或者加贴有机标识。接着，美国和日本也签署了等效协议，于 2014 年 1 月 1 日生效。加拿大已经与欧盟、哥斯达黎加和瑞士签署了等效协议。

欧盟现在认可了 11 个国家（阿根廷、澳大利亚、加拿大、哥斯达黎加、印度、以色列、日本、新西兰、瑞士、突尼斯和美国）的标准是与欧盟有机体系等效的（被称作第三国名单）。

美国已经接受认可很多外国政府的认证程序。由印度、以色列和新西兰根据美国的需求认可的认证机构被美国农业部许可后，可以根据美国 NOP 标准实施认证活动，虽然这些认证机构没有直接获得美国农业部的认可。这一水平的认可只针对认证认可程序，相应国家的认证机构同样还是需要满足 NOP 标准的要求，由美国承认并发放证书。

3）被进口国家接受的认证机构

美国、欧盟和日本对在其国家之外运行的认证机构的认可有选择的余地，但是实现这种认可的技术要求是很难达到的，而且相关的费用也是很高的。认证监管机构维持认证或者必要的认可需要很大的财力和人力。

欧盟最近实施了关于有机产品进口的新规定。只有被欧盟委员会认可的检测机构或权威机构认证的有机产品才可以进口到欧盟。欧盟更新了欧盟委员会条例（EC）No1235/2008，公布了非欧盟国家申请同等标准或控制项目的被认可的控制机构和监管部门名单。从 2012 年 7 月 1 日起，被认证机构认证的产品可以进口到欧盟。进口许可系统于 2014 年 7 月到期。

美国 NOP 要求在美国加贴了有机标签的所有产品（包括进口产品），均需符合美国的标准（或者符合等效协议的条款，如与欧盟、加拿大、日本的等效协议）。美国准许认证机构作为代理在美国开展认证项目。开展检查的检查员必须受过 NOP 认证的培训，并使用 NOP 的认证文件，而且认证证书只能由美国农业部授权的认证机构发放。这与认证机构是否在美国或其他地方无关。到现在为止，美国农业部根据 NOP 的要求，已经授权近100 个认证机构，只有经过这些认证机构认证的产品或互认协议覆盖的产品才可以被出口到美国。

4）中国与其他国家的互认情况

目前，在有机农业领域，欧盟、美国、加拿大、瑞士以及日本实现了互惠互利的互认机制。阿根廷、以色列、印度等国家由于与欧盟签署了协议，被列入欧盟的第三国名单，在这些国家获得认证的有机产品可以顺利地进入欧盟市场。中国尚未被列入欧盟有机产品进口第三国名单，因此中国向欧盟出口有机产品，主要是通过外国认证机构进行认证，由欧盟成员国进口商申报，欧盟成员国同意后才能进口。随着对欧盟有机产品出口量不断增加，仅依靠少数几家认证机构已经不能满足出口的需要，同时增加了有机认证的成本和时间，影响了中国和欧盟有机产品的国际贸易。因此，为促进中国和欧盟的有机产品国际贸易，中国国家认证认可监督管理委员会已向欧盟提出申请将中国列入欧盟有机进口第三国名单。

2012 年，欧盟农业委员会与中国国家质量监督检验检疫总局就开启有机食品领域相互承认的相关会谈达成一致。中国与欧盟将各自审视自己的相关法律，对涉及有机产品的相关标准与控制流程将会进行重新评估以便双方达成一致意见。在路线图的基础上，将首先从技术层面开展对话以便实现如下目标：①增强互信，加强在有机农业领域的双边合作；

②在认识到对方涉及有机农业相关法律法规的前提下，共同努力做出互惠互利的安排；③为了实现在有机农业领域相互认可，应进行技术层次的商榷以便达成一致；④在各自法律、技术标准与程序等方面，应建立长效联系与沟通机制，从而促进有机产品贸易发展和建立长期合作。

总之，国家标准和立法的发展，不同国家标准间的互认是未来的主要挑战。但是即使仍存在发展约束，有机产业还是为发展中国家提供了很多机会。各国之间通过对认证标准和认证体系的相互承认是避免有机产品贸易壁垒、促进全球有机产品贸易发展的有效途径。

1.2　中国有机农业发展历程和概况

1.2.1　国内有机农业发展简介

1. 中国有机农业发展历程

国外有机农业的最初发展起源于生态和环境保护的理念。我国的有机农业的发展起因与国外发展的特点有所不同，主要是以下两个原因推动了有机食品的发展。

一方面是源于国外市场对有机食品的需求，这种需求成为我国有机食品发展的最初动力。我国的有机农业生产最早可以追溯到 1990 年，当时浙江省茶叶进出口公司和荷兰阿姆斯特丹茶叶贸易公司合作帮助浙江省临安县的裴后茶园获得了荷兰 SEC（现称为 SKAL）的有机茶认证，成为我国首家获得有机认证的企业。在 2005 年以前，我国有机认证的农产品主要就是为出口服务的。

另一方面是源于发展有机农业的环境保护功效。20 世纪 50 年代末至 20 世纪末，中国农业经历了 40 多年的快速现代化过程。在中国多数地方曾经存在的适宜于持续发展的传统农业逐渐消失。人们深受农村生态环境被破坏之害，迫切要求改变当时的现状。为破解化学农业发展带来的环境难题，从 20 世纪 80 年代开始，在众多研究机构、大学和地方政府的帮助下，环保部门开始在全国推广生态农业。由于各地政府部门的政策扶持，到 20 世纪 90 年代中期，全国各地已经建成了约 1200 个生态示范村和生态示范农场。生态示范村和生态示范农场的建设为农业面源污染控制和农村环境保护作出了显著的贡献。但由于生态农业发展注重政策研究、技术推广和发展模式创建，没有建立相应的生态农业产品认证标准，没有将生态农业产品与市场紧密挂钩，使得生态农业的持续发展遇到了阻力，但这一时期所积累的许多生态农业实用技术和经验都为此后中国发展有机农业奠定了良好的基础。

以有机农业为手段控制农业发展带来的面源污染是对中国农业可持续发展的积极探索，显著优势在于有机食品的消费市场具有蓬勃的发展前景，从而能够推动有机农业持续发展。因此，1994 年成立了国家环境保护局有机食品发展中心，专门从事有机食品管理办法、生产技术标准的研究制定以及宣传培训和推广工作。这是中国成立的第一个有机农业发展推动机构和第一个有机认证机构，标志着中国有机农业和有机食品生产开始正式步入起步发展阶段。此外，美国的 OCIA、法国的 ECOCERT、德国的 BCS、瑞士的 IMO 和日本的 JONA 等也分别在中国设立办事处，积极开展有机认证。1999 年，我国成立了首家有机食品咨询机构——南京环球有机食品研究咨询中心，接着在北京、南京、广州等地的大专院校和研究机构也相继成立了有机农业与有机食品咨询机构。

2001 年 6 月 19 日，国家环境保护总局以总局第 10 号令的形式正式发布《有机食品认证管理办法》（部门规章）。该办法适用于在中国境内从事有机认证的所有中国和境外有机认证机构和所有从事有机生产、加工和贸易的单位和个人。明确了国家对有机食品认证机构实行资格认可制度，也就是说，凡从事有机食品认证的机构，必须向国家环境保护总局设立的有机食品认可委员会申请并取得认可资格证书后，才可从事有机食品认证活动。《有机食品认证管理办法》的发布，标志着我国有机食品认证认可制度的正式建立。2001 年 11 月 30 日，国家环境保护总局成立了国家有机（食品）认可委员会，开始对有机认证机构实施认可和准入管理。

2003 年 11 月 1 日，国务院实施《中华人民共和国认证认可条例》。2004 年 3 月 25 日，国家认证认可监督管理委员会（CNCA）正式对国家环境保护总局主管的有机产品认证认可管理工作进行了接管。国家认证认可监督管理委员会根据统一的有机产品认证基本规范、规则，统一的合格评定程序，统一的标准，统一的标志，对全国有机产品认证活动进行接管，统一管理。

2. 中国有机农业发展概况

我国的有机农业在多个部门的共同推动下，取得了可喜的成绩。截至 2013 年 12 月 31 日，按照我国《有机产品》国家标准进行生产的有机植物类产品生产面积为 272.2 万公顷，其中有机种植的面积为 128.7 公顷，野生采集总生产面积为 143.5 万公顷。有机植物产品总产量为 766.5 万吨，其中有机认证产量为 706.8 万吨，野生采集总产量为 59.7 万吨。

2013 年，我国有机家畜的生产包括了肉牛、奶牛、绵羊、山羊、猪、马、驴，以及其他动物等多个品种，牛、羊和猪的生产占主要部分，其中认证的有机肉牛有近 73.3 万头，乳肉兼用牛 5.9 万头、奶牛 4.2 万头，有机绵羊 627.9 万头，有机猪约 19.8 万头；从产量上来看，肉牛、绵羊、奶牛、猪所占畜禽总产量的比例分别为 22.8%、21.7%、11.9% 和 11.4%。另外还有山羊、马、驴和鹿等动物的生产，但所占的比例较小。

2013 年生产的有机水生植物产品（主要是指海水生产的海带和紫菜等）有 19.5 万吨，占认证水产品总产量的 61%；其次是鲜活鱼类 8.8 万吨，占 27.4%，其中 99.9% 的产品为淡水鱼，海水鱼仅有转换期的产品 508 吨。甲壳与无脊椎动物类产品有 2.8 万吨（无脊椎动物 2.2 万吨；虾蟹类 6000 吨），占 8.64%。水生脊椎类（鳖）的生产产量为 3 吨，所占比例很小，只有 1%。从转换期产品和有机产品的比例来看，水生植物产品、鲜活鱼类、甲壳与无脊椎动物三类水产品中，转换期产品只占 4%～7%。

2013 年认证的有机加工产品中，除纺纱用其他天然纤维没有认证外，其他 17 类有机加工产品种类均有生产和认证。有机加工产品总产量为 286.4 万吨，包括 266.9 万吨的有机产品和 19.5 万吨有机转换加工产品。在加工产品中，谷物磨制产量最高达 85.5 万吨，占总有机加工产品产量的 29.9%，以大米（粉）和小麦粉为主，果汁和蔬菜汁位列第二，有 78.71 多万吨，占 27.5%，这主要是在广东加工的有机芦荟汁；液体奶或奶油的加工排在第三位，达 38.47 万吨，占 13.4%。上述三类产品占加工产品产量的 70.8%。在这些加工产品中，谷物磨制产品中有机转换期产品占 15.7%，而果汁和蔬菜汁及液体奶或奶油中的 99.9% 和 99.4% 的原料都是有机产品，有机转换期产品占非常微小的比例。植物油加工副产品、面条等谷物粉制品、加工的动物性饲料的加工产量在 8～12 吨，占总有机加工产品产量的比例在 2%～4%；葡萄酒和果酒等发酵酒、加工或保藏的蔬菜、水产品加工、不另分类的食品、白酒、食用植物油、加工和保藏的水果和坚果等 7 类产品的产量基本相当，在 5～6 万吨，占总有机加工产品产量的比例都在 1%～2%；肉制品及副产品加工、淀粉与淀粉制品、纺织制成品、其他乳制品、面包及饼干等 5 类产品的生产量较小，占总有机加工产品产量的比例都在 1% 以下。

截至 2013 年 12 月 31 日，我国有机产品有效认证证书为 9957 张，获证企业数为 6051 家。从获得有机证书的区域分布来看，位列前十位的省市自治区分别是黑龙江、山东、四川、浙江、贵州、江苏、吉林、内蒙古、辽宁和新疆。其中黑龙江的有机证书最多，为 1157 张，占 2013 年我国签发的有效认证证书数量的 11.6%；除黑龙江外，山东、四川、浙江、贵州、江苏和吉林 5 省 2013 年签发的有效证书都在 500 张以上。

我国有机产品 2010、2012、2013 年三年的总产值，分别为 728.3 亿元、597.3 亿元和 816.8 亿元。这三年有机产品产值并没有呈直线递增，2012 年有机总产值比 2010 年低 18%，这可能与 2012 年 3 月 1 日实施的有机产品认证新规有一定的关系，一定程度上限制了各类产品的认证，主要是有机加工类产品的认证，其产值比 2010 年下降了 47.3%。2013 年有机产品总产值又有所回升，比 2012 年提高了 36.7%。在 2013 年，有机产品产值最大的是加工类产品（556.3 亿元），占有机产品总产值的 68.1%，其次是植物类产品产值是 136.3 亿元，占 16.7%，而其余两类产品的总产值为 124.1 亿元，所占比例分别为 3%（水产类）和 12.2%（动物类有机产品）。初步测算，经认证的有机产品销售额至少为 200 亿～300 亿元。

2011 年我国出口的有机产品总贸易额为 2.5 亿美元，贸易量为 24.64 万吨。与 2010 年比较，贸易额和贸易量都有一定增长，分别增长 19.5% 和 41.0%，可见贸易量增加较大，但是贸易额增长相对较少，未体现同步增长。从出口区域分布上来看，出口额最大的区域是欧洲，达 1.24 亿美元，其次为北美洲 6511 万美元；这两个洲合计占出口贸易总额的 77.4%；贸易量则是北美排第一位为 9.0 万吨，欧洲排第二位为 8.8 万吨，两个洲的贸易量占贸易总量的 72.5%，亚洲居第三位。出口到南美洲和非洲的产品所占比例非常小，还不足总量的 0.4%。

2011 年的对外贸易中，我国的有机产品共出口到 23 个国家和地区，从分布上来看，欧洲 12 个国家（包括荷兰、英国、德国、意大利、法国、瑞典、瑞士、丹麦、比利时、西班牙、奥地利和俄罗斯）；北美洲 3 个国家（美国、加拿大、墨西哥）；亚洲 2 个国家（日本、韩国）；澳洲 1 个国家（澳大利亚）；非洲 1 个国家（南非）；还有其他 4 个国家未统计。

我国有机产品出口到国外的 23 个国家和地区中，贸易金额排在前十位的国家依次是美国、德国、荷兰、加拿大、日本、英国、瑞士、比利时、丹麦、法国。这十个国家总的贸易额达 1.95 亿美元，占我国 2011 年出口贸易总额的 79.8%。无论是出口贸易额还是贸易量，美国都是 2011 年我国出口贸易第一位的国家，从贸易额上来看 2011 年共达 4502 万美元，占总贸易额的 18.4%，贸易量为 8.5 吨，占总出口量的 34.41%，也就是说我国将近 2/5 的有机产品是出口到美国的。

1.2.2　中国有机产品认证认可监管体系与认证制度

1. 中国有机产品认证认可监管体系

国家环境保护总局（SEPA）是中国第一个涉及有机产品行业管理工作的政府部门。国家环境保护总局于 1994 年成立了国家环境保护局有机食品发展中心，从事有机产品管理办法、生产技术标准的研究制定以及宣传培训和推广工作。2001 年，国家环境保护总局成立了国家有机（食品）认可委员会，开始对有机认证机构实施认可和准入管理。2003 年，国务院实施《中华人民共和国认证认可条例》。2004 年 3 月，国家认证认可监督管理委员会（CNCA）正式对原国家环境保护总局主管的有机产品认证认可管理工作进行了接管，并就对开展有机产品认证的认证机构及认证培训、咨询机构和相关人员管理工作进行了交接。我国现有有机产品管理机构设置如下（图 1.2）。

中央机构：国家认证认可监督管理委员会。该机构由国务院设立，履行行政管理职能，统一管理、监督和综合协调全国有机产品认证认可工作，负责有机产品认证机构的设立、审批及其从业活动的监督管理。该机构隶属于中国国家质量监督检验检疫总局（AQSIQ）。

认可机构：中国合格评定国家认可委员会（CNAS）。该机构由国家认证认可监督管理委员会依法授权作为中国唯一的认可机构，是国际认可论坛（IAF）和太平洋认可合作组织（PAC）成员。负责对有机认证机构进行评价认可。CNAS 在接手有机认证认可工作后，制订了"认证机构实施有机产品生产和加工认证的认可基本要求"，并结合认可规则，对经国家认证认可监督管理委员会批准的有机产品认证机构进行了认可。认可的范围为：有机产品种植、养殖和加工；认可评估的内容是：认证机构如何开展有机认证工作和实施内部管理，有机认证的程序和操作，有机认证的检查，有机认证中的关键点，有机标志的使用，有机产品销售的控制以及证书互认和产品接受等。

行业组织：中国认证认可协会（CCAA）。CCAA 是国际人员注册协会（IPC）（前国际审核员培训与注册协会（IATCA））成员。负责对参与有机产品认证的人员的注册及相关的培训机构的确认，所有欲从事有机产品认证检查工作的人员都必须通过 CCAA 确认的培训机构的培训，通过 CCAA 统一考试和面试，取得相应的检查员资格后才能开展有机产品认证检查工作。

地方认证监督部门：各省、自治区、直辖市质量技术监督局和各直属出入境检验检疫局，在认证监督管理业务上接受 CNCA 指导。各地出入境检验检疫机构负责对外资认证机构、进口有机产品的认证和销售以及出口有机产品认证、生产、加工、销售活动进行监督检查。地方各级质量技术监督部门负责对中资认证机构、在境内生产技工且在境内销售的有机产品认证、生产、加工、销售活动进行监督检查。

国家认证认可监督管理委员会自组建以来，改革了认证认可组织体系，创新了认证认可工作机制，构建了"法律规范、行政监管、认可约束、行业自律和社会监督"的认证认可监管制度,该制度为保证中国有机产品认证认可的有效性和健康有序发展提供了有力的法规保障。

此外,环保部、农业部、工商总局等相关部门也开展了与有机产品相关的监督检查。

我国的有机产品认证认可工作作为国家质量发展的重要基础,作为一项跨学科、跨行业、跨部门的技术基础工作,作为实证能力和传递信任的国际通行手段和方式,对促进全球国际贸易、支撑我国产品质量安全、推动我国经济社会发展作出了不可替代的贡献。

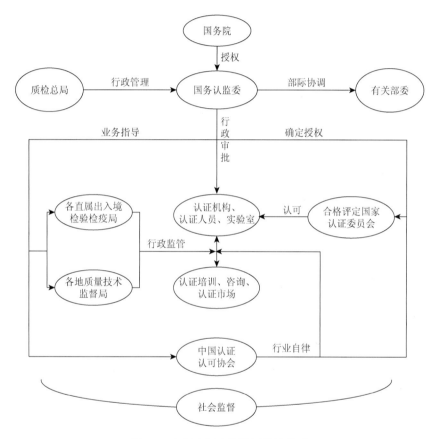

图1.2 中国有机产品认证监管体系

2. 有机产品认证制度

1)我国有机产品认证法律法规及相关管理规范

按照法律效力,我国现有的与有机产品认证认可有关的法律法规及相关管理规范可分为法律、行政法规和行政法规性文件、部门规章、行政规范性文件。

(1)法律。与有机产品认证认可有关的法律包括《中华人民共和国产品质量法》《中华人民共和国进出口商品检验法》《中华人民共和国标准化法》《中华人民共和国计量法》,分别从不同角度规定了国家推行产品质量认证制度和管理体系认证制度及在不同领域利用和推动认证认可工作及其结果的政策和方式。

(2)行政法规和行政法规性文件。包括《中华人民共和国认证认可条例》《中华人民共和国标准化法实施条例》《中华人民共和国计量法实施条例》《国务院办公厅关于加强认证认可工作的通知》，在条例实施前指导我国认证认可事业的重要文件。

（3）部门规章。包括：①《认证及认证培训、咨询人员管理办法》（国家质检总局令 2004 第 61 号）规定了管理体系认证审核员、产品认证检查员、认证培训教员和认证咨询师等从事认证及认证培训、咨询活动的人员以及认证及认证培训、咨询机构的业务管理人员的资质、执业行为规范。②《认证证书和认证标志管理办法》（国家质检总局令 2004 第 63 号）规定了产品、服务、管理体系认证证书和认证标志的使用、管理和监督。③《有机产品认证管理办法》（国家质检总局令 2004 第 67 号）是我国现行对有机产品认证、流通、标识、监督管理的强制性要求。④《认证机构管理办法》（国家质检总局令 2011 第 141 号）是我国对在中国从业的有机认证机构的认证行为、认证机构责任、认证法律责任、认证机构准入和退出的强制性要求。

（4）行政规范性文件。包括：①《关于印发〈认证机构及认证培训、咨询机构审批登记与监督管理办法〉的通知》（国认可联 [2002] 21 号）、《关于对〈认证机构及认证培训、咨询机构审批登记与监督管理办法〉审批条件若干解释的通知》（国认可联 [2002] 26 号）规定了认证机构、认证培训机构和认证咨询机构的设立审批条件和程序。②《认证机构、检查机构、实验室取得境外认可机构认可备案管理办法》规定了获得境外认可机构认可的认证机构应向国家认证认可监督管理委员会备案。③《认证咨询机构管理办法》规定了认证咨询和认证机构的实施及监督和管理。④《认证培训机构管理办法》规定了认证培训和认证培训机构的实施及监督和管理。⑤《有机产品认证实施规则》规定了有机产品认证的实施及监督和管理。

2）我国有机产品认证制度在实践中不断完善

国家认证认可监督管理委员会自开展有机产品认证监管工作以来，不断完善我国的有机产品制度。《有机产品认证管理办法》于 2004 年 11 月 5 日，以国家质检总局令 2004 第 67 号发布，2005 年 4 月 1 日正式实施。2009 年后，国家认证认可监督管理委员会在《有机产品认证管理办法》多年实施的基础上，又组织进行了修订。修订后的《有机产品认证管理办法》于 2013 年 11 月 15 日，以国家质检总局令 2013 第 155 号公布，2014 年 4 月 1 日正式实施。

国家认证认可监督管理委员会分别于 2005 年和 2011 年发布了《有机产品认证实施规则》。2014 年 4 月 23 日，国家认证认可监督管理委员会以 2014 年第 11 号公告的形式发布实施了新的《有机产品认证实施规则》，新版实施规则是根据新版《有机产品认证管理办法》进行修订的，更加契合当前的实际情况。

新版《有机产品认证管理办法》和《有机产品认证实施规则》的出台，与近年来国内食品安全形势、有机产业的发展以及认证监管方面出现的新问题密切相关。

（1）新有机产品认证制度出台的必然性。

①有机产业承载了太多的中国食品安全责任，促进了对新认证制度的修订。目前，有机产品主要还是指有机食品。有机食品得到国内消费者的广泛青睐，很多人认为，有机食品位于金字塔塔尖，是最健康、最安全的食品，夸大了有机食品健康的功能，使得公众对有机食品给予了过多的期望，有机食品产业也就承载了太多中国食品安全责任，其实这是

对有机食品产业的一种误解。近年来有机产品成为社会公众关注的焦点,为了确保有机产品认证质量和满足社会公众对有机产品更高安全性的期待,国家认证认可监督管理委员会以"严"字当头,进一步出台了对有机认证质量安全的监管的新措施。

②有机产业发展过程中不断出现的新问题促进了对新认证制度修订。由于商业竞争激烈、缺乏诚信等,有机产业发展过程中一些新问题也开始凸显:少数企业违规使用农药、抗生素、滥用投入品,伪造、冒用或者超期、超范围、不按要求使用认证标志,不规范使用有机产品标识标注,获证产品追溯体系不健全;少数认证机构把关不严,认证门槛较低,未严格依据认证规则和程序进行认证,对获证企业缺乏有效的后续监管措施。上述发展过程中出现的问题促进了新认证制度的出台。

③原认证制度中部分规定内容的缺失促进了新认证制度的修订。由于原认证制度中缺少进口有机产品监管等内容,主管部门管理职责、监管方式不明确,导致对进口有机产品的行政监管和行政处罚没有明确的法律依据和可操作性。

④与国际有机认证规定接轨的进一步需要促进了新认证制度的修订。发达国家和地区如欧盟、美国、加拿大都只有有机产品标志,而没有有机转换产品标志。新《有机产品认证管理办法》取消有机转换认证标志,这项规定意味着今后中国市场上只会出现有机产品,有机转换产品将不再出现。这项规定不但使得我国的有机产品认证标志的使用与国际直接接轨,而且将有利于消费者对有机产品概念进行统一识别,避免了混淆和误导消费者,从根本上杜绝了商家利用有机转换认证冒充有机认证的行为。

(2)新有机产品认证制度实施以来取得的成就。

①规范了有机产品的市场销售。有机产品的高市场价值吸引了一些唯利是图的生产企业,未经认证就在产品或者产品包装及标签上,标识"有机""有机产品""ORGANIC"等文字,甚至伪造、冒用国家有机产品认证标志,误导公众,导致消费者对有机产品的信任度直接下降。2011 年 10 月,国家认证认可监督管理委员会要求各认证机构应当充分利用现代成熟的防伪、追溯和信息化技术,结合国家认证认可监督管理委员会统一的编码规则要求,认证标志编码前应当注明"有机码"字样,赋予每枚认证标志唯一编码(应使用暗码),同时鼓励认证机构在此基础上进一步采取更为严格的防伪、追溯技术手段,确保本机构发放的每枚认证标志能够从市场溯源到每张对应的认证证书、产品和生产企业,做到信息可追溯、标识可防伪、数量可控制。为便利消费者和监管部门辨识,国家认证认可监督管理委员会建立了认证标志备案信息数据库,各认证机构应当将所发放的每枚认证标志编码和认证标志使用等方面信息及时传输至该数据库。国家认证认可监督管理委员会提供该数据库统一的查询方式,为社会公众和监管部门服务。新的有机产品防伪追溯标签的使用使得认证机构能够严格按照获证产品数量,控制认证标志的发放量,增加了消费者对有机产品的信任度,极大地净化了有机产品销售市场。

②保障了有机产品认证的有效性。新的有机认证制度明确规定,认证机构可采取必要措施帮助认证委托人及直接进行有机产品生产、加工者进行技术标准培训,使其正确理解和执行标准要求。这样从制度上保证了生产企业能够最大限度地与认证机构在有机标准的认识上取得一致理解。新制度要求现场检查时间应安排在申请认证产品的生产、加工过程或易发质量安全风险的阶段。因生产季节等原因,初次现场检查不能覆盖所有申请认证产

品的,应当在认证证书有效期内实施现场补充检查。对申请认证的所有产品均要进行检测,而不是基于风险选择部分产品抽样审核和抽检。对由多个农户、个体生产加工组织(如农业合作社,或"公司+农户"型组织)申请有机认证的,应检查全部农户和个体生产加工组织;对加工场所要逐一实施检查,需在非生产加工场所进行二次分装或分割的,应对二次分装或分割的场所进行现场检查,以保证认证产品生产、加工全过程的完整性,上述措施有力地保障了有机产品认证的有效性。根据国家认证认可监督管理委员会 2008~2013年的专项监督检查,有机产品质量的总合格率为 98.5%。总体上来说,有机产品的质量可信度是比较高的,有机产品认证的有效性是能够得到保证的。

③提高了有机从业者的诚信意识。原有的有机产品认证制度下,少数农产品生产单位(包括不少专业技术人才缺乏的单位)重认证结果,轻咨询工作,仅邀请质量认证咨询老师编写质量管理体系文件,很少请真正掌握有机产品生产和加工技术方面的咨询专家开展有机生产技术咨询,往往造成"两张皮",写的一套,做的可能是另一套,因而真正的有机生产水平并不高。还有一些没实施过农产品生产标准化管理的企业,或者从事其他行业的企业转投到有机生产行业,这些企业往往专业技术力量薄弱,有机生产、加工实际操作水平不高,按照有机产品标准生产的产品投入和产出严重失衡,结果导致了企业因为短期经济亏损而使有机生产不能持续发展,甚至半途而废。甚至极少数企业受市场驱动、急于求成,不认真贯标、也不积极采取措施切实提高产品的质量和企业管理水平,企图直接花钱买证。在新的有机产品认证制度下,加大了对不诚信生产企业的处罚力度,《有机产品认证管理办法》第四十四条规定获证产品的认证委托人提供虚假信息、违规使用禁用物质、超范围使用有机认证标志,或者出现产品质量安全重大事故的,认证机构 5 年内不得受理该企业及其生产基地、加工场所的有机产品认证委托。这些措施让失信者感到失信惩罚的恐惧,使得一些规模小、不诚信生产的企业不得不退出有机生产。能够坚持有机生产往往是一些理念比较端正,生产过程比较规范的企业,他们将诚信生产作为自己追求的目标,做有机产品标准的具体实践者。有机农产品生产企业要持续发展,没有诚信是不可能的,靠虚假骗取市场的信任,最终必然被市场所抛弃。

④完善了有机产业的监管体系。在原有的有机产品认证制度下,监管部门和认证机构之间存在有机认证信息不对称的情况,监管部门无法及时有效地获取认证机构对获证组织的认证活动,从而也无法有效地对认证机构及时进行监管。在新的有机认证制度下,国家认证认可监督管理委员会进一步完善有机产业的监管体系,建立了中国食品农产品认证信息系统,建立了有机产品认证的信息报告制度。该制度规定,认证机构应当及时向国家认证认可监督管理委员会网站"中国食品农产品认证信息系统"填报认证活动的信息,现场检查计划应在现场检查 5 日前录入信息系统。认证机构应当在 10 日内将暂停、撤销认证证书相关组织的名单及暂停、撤销原因等,通过国家认证认可监督管理委员会网站"中国食品农产品认证信息系统"向国家认证认可监督管理委员会和该获证组织所在地认证监管部门报告,并向社会公布。认证机构在获知获证组织发生产品质量安全事故后,应当及时将相关信息向国家认证认可监督管理委员会和获证组织所在地的认证监管部门通报。通过上述信息系统,各地监管部门能够迅速便捷地获取认证机构的认证活动信息,能够快速地对有机认证机构的认证活动实施监管。各地均加大了对有机认证活动的证前和证后的监

管力度，促进了有机产业监管体系的完善。

新的有机产品认证制度实施以来，取得了显著的成效，提高了社会公众对有机产品的信心。但随着有机产品认证制度的不断深入实践，新的问题不断出现，主要表现为：有机产品认证目录不能完全满足有机认证要求；有机产品检测和产地环境监测尺度不统一；小农户认证难度增大；认证成本大大提高，例如，有机码印刷、有机标签和数据上报，销售证控制，检查频次增加、产品检测、产地环境检测等，导致生产企业及认证机构的运营成本显著提高。新制度为了避免消费者混淆有机产品和转换期产品，取消了有机转换产品标志，规定转换期产品不能使用有机转换产品标志，且只能作为常规产品销售，导致企业在转换期的产品得不到市场认可，相对较高的投入不能回收，经济效益下降。认证机构填报"中国食品农产品认证信息系统"的操作比较烦琐。

3）对新有机产品认证制度实施的建议

21 世纪是质量的世纪，根据国务院颁布的《质量发展纲要（2010—2020 年）》的总体思路，认证已经从最初便利贸易的工具，发展成为服务政府监管的有效手段，应用越来越广泛，作用越来越凸显。从国内实际看，认证已纳入国家产业体系。结合我国有机产业发展的实际情况，我国的有机产品制度在适当的时候仍然可以进一步完善。

（1）完善有机产品认证目录。为保证有机产品的质量，对于一些目前有机生产技术成熟的产品，国家认证认可监督管理委员会将之列入了有机产品认证目录，作为认证机构开展认证活动的依据。对于一些目前有机生产技术尚不成熟的产品，国家认证认可监督管理委员会暂未将之列入有机产品认证目录。国家认证认可监督管理委员会创新推出有机产品认证目录极大地保证了有机产品的认证质量。但是由于产品种类繁多，难以将符合有机认证要求的产品全部列出，而生产企业在生产过程中又不断在申请新的有机产品认证，这些产品不在有机产品认证目录内，常常导致一些很好的产品不能得到认证机构认证。尽管国家认证认可监督管理委员会不断地在更新有机产品认证目录，但仍然难以满足社会需求。建议国家认证认可监督管理委员会可以将目前有机生产技术尚不成熟的产品如枸杞、蜂蜜等产品列入不能认证的范围，出台暂不予有机认证的产品目录，这样工作量可以大大减轻，也进一步增加认证目录的实用性和可操作性。

（2）在风险评估的基础上确定产品检测数量，合理控制生产成本。有机产品认证实施规则对产品的样品检测规定，认证机构应当对申请认证的所有产品安排样品检验检测，在风险评估基础上确定需检测的项目。此规定对于保障有机产品的质量起到了积极的作用。根据国家认证认可监督管理委员会 2011～2013 年的专项监督检查，有机产品质量的合格率均保持在 95%以上。总体上来说，目前我国有机生产企业规模还比较小，企业从有机生产上获利不大。对于申请品种数量比较少、产品附加值比较高的企业，这样的检测规定不会给企业带来压力和负担。但对于有机蔬菜生产企业，为了满足市场需求，一般都栽培几十个甚至上百个品种，如果检测全部品种，费用相当高昂，不少有机蔬菜生产企业难以支付，不得不退出有机生产行业。即使市场效益不错的有机蔬菜生产企业，也觉得所有产品检测给其造成了沉重的经济压力。有些有机生产企业为了能够保持有机认证资格，他们仅仅将其中的个别品种申请有机认证，而将绝大部分蔬菜品种按照有机生产方式进行管理，不申请有机认证，这样就避免了认证机构对所有蔬菜产品的检测。但是这种情况容易导致消费者对有机蔬菜生产企业产生误解，他们认为该基地的所有有机蔬菜均是获得有机认证机构认证的，用有机认证的要求和标准要求有机生产企业，实际上有机产品认证证书上仅仅覆盖了少部分产品。这样就造成了部分消费者投诉有机蔬菜企业涉嫌欺骗和欺诈。也有个别有机蔬菜生产企业在持有仅覆盖部分产品的有机认证证书时，对社会公众作误导性声明和宣传，让消费者误认为其基地的所有产品均是通过有机认证机构认证的。上述现象不利于我国有机蔬菜行业的健康发展。从我国有机蔬菜行业的持续健康发展角度来说，建议在质量总体可控制的基础上，对蔬菜产品可以采用抽样的方式进行抽检，不对申请认证的所有蔬菜样品进行检验和检测。

（3）适当降低对小农户的抽样检查比例。多农户参与的有机生产模式在世界范围内广泛存在，各国均对参与有机生产的农户规定了检查的比例，通常该比例为参与有机生产农户总数的平方根。如果认证机构觉得有必要，可以提高检查的比例。我国地少人多，农户分散经营在农村广泛存在，即使成立农业合作社，或采用"公司+农户"型组织的生产，统一有机生产的标准和规范，实际上操作的主体仍然为各个农户和有机生产者。我国目前规定必须对所有有机生产者或农户实施检查，从认证的有效性来讲，有一定的保证。但从管理体系运行的角度来讲，则没有必要。该合作社能否有效运行，关键在于该合作社是否构建了符合要求的有机生产管理体系。通过加大抽样的比例便能够了解该合作社的管理体系运行状况，而没有必要对所有有机生产者的生产情况进行检查全覆盖。建议适当降低对小农户的抽样检查比例，该比例的降低不会影响有机认证的有效性。

1.2.3　中国有机产品追溯体系建设

近年来，随着社会对食品安全和环境保护的关注度日益增长，中国有机农业以每年20%~30%的增长速度迅猛发展。中国有机产业强劲的发展态势不断地吸引越来越多来自社会各界的关注。自 2011 年底，随着有机产业内的一些负面新闻的陆续曝光，中国有机行业遭遇有史以来最大的信任危机，一场中国有机行业的寒冬来临。

为了进一步促进有机生产持续健康发展，规范有机认证和有机销售市场，提高有机产品认证有效性，增强有机产品的公信力，中国国家认证认可监督管理委员会（简称国家认监委）2012 年发布第 9 号公告《关于启用国家有机产品认证标志备案系统的公告》，并在《关于进一步加强国家有机产品认证标志管理的通知》（国认注〔2011〕68 号）中明确指出："鼓励认证机构采取更为严格防伪、追溯技术手段，确保发放的每枚认证标志能够从市场溯源到对应的每张认证证书、产品和生产企业。"

1. 溯源技术对我国有机产业发展的重要性和迫切性

面对这一形势，如何加强有机产品认证管理，实行有效监管是当前面临的重要任务。进一步建立和完善有机产品追溯体系，各种溯源技术的推陈出新适应新要求、新形势就显得非常重要。建立溯源技术是有机食品有效监管和企业自律的必然选择。建立全程溯源技术，提供有机食品生产加工全程的全部信息和产地数据，建立产地溯源技术和真伪鉴别技术，为认证和监管提供必要的信息和手段，将有效提高有机产品认证管理的效率。同时也能够最大限度地满足消费者知情权，为消费者选择消费有机产品提供依据，提高消费者信心，还能使企业准确和及时地把握生产、供应链信息，及时发现问题，尽快消除错误，最终增强食品企业的核心竞争力。

2. 溯源技术在我国有机产业中的应用

溯源技术在我国有机产业中应用的总体思路主要还是利用电子编码技术和数据库技术建立从产地、生产到销售全程的有机食品溯源技术体系，满足不同利益相关者（消费者、监管部门、企业等）对有机食品的信息需求。

目前主要采用在有机产品的最小包装上加施有机产品标签的方法来实现有机产品的溯源和防伪。近年来随着中国有机产业发展迅猛，有机产品标签的防伪追溯技术得到越来越多的关注。中国有机产品标签防伪追溯技术已经完成了几次发展，正逐渐步入自我完善，自我发展的佳境。

1）中国第一代有机产品标签

第一代有机产品标识采用激光防伪技术，但在有机产品数量上缺乏有效的溯源监管能力。当时的国家有机法规只要求有机产品外包装须加施中国有机产品认证标志和认证机构标志或名称，对于个别无良企业的超量印刷、使用，以及对有机产品的真假鉴别监管力度有限。

2）中国第二代有机产品标签

2012年3月1日起，随着中国有机产品新标准《GB/T 19630.1～19630.4—2011》的实施，第二代有机产品标识防伪溯源技术出现，它规定了每件有机产品的最小销售包装都必须加贴唯一的17位有机码的追溯标签，做到"一品一码"，唯一身份。第二代"有机码"的出现，将原来分贴的国家有机产品认证标志、认证机构标识"合二为一"，再加上产品标签编码、17位有机码，保证有机产品的真实性与唯一性，使得中国有机产品初步实现了"信息可追溯、数量可控制"，中国有机产品标识防伪技术迈出了自我完善的第一步，即从传统包装的真假防伪到对产品数量控制上的防伪。如图1.3所示。

中国第一代有机产品标签
(2005版)

正在使用的中国第二代有机产品标
签(2012版)

认证标志二合一

身份码(唯一性)

有机追溯码(17位)

图1.3　中国第一代和第二代有机产品标签

该有机法规实施一年多来，根据多方调研和反复论证，发现第二代有机产品标识防伪技术仍在某些方面存在局限性。一是实用性差，新标只能用于购买后，刮取有机码进行查询，而无法提供购买前的即时查询；二是便捷性差，人工输入有机码（17位），操作复杂烦琐，缺乏即时便捷性；三是标签查询率低，且消费者无法查询到深度的产品追溯信息；四是追溯码输入查询平台缺乏应用扩展性与整合深度。

3）中国第三代有机产品标签

为增强消费者查询的便捷性、更好地发挥有机产品标识溯源防伪技术的作用，作为中国有机产业的开拓者的南京国环有机产品认证中心（OFDC），联合上海绿度信息科技有限公司，尝试研发了新一代二维有机防伪追溯标签及管理系统，如图1.4所示。

图1.4　中国第二代和第三代有机码标签

我们根据目前智能手机在中国的普及程度以及二维码的应用情况，综合新版有机追溯防伪标签和二维码，设计了有机产品二维追溯码系统，并逐渐在OFDC获证组织中推广使用。二维有机防伪追溯码标签及其管理系统由二维有机防伪追溯码分配系统、二维有机防伪追溯码查询系统、有机产品追溯体系数据库组成。

具体工作流程如下：①企业将产品信息上报认证机构；②系统根据上报信息生成二维有机防伪追溯码并印刷标签；③企业对产品粘贴二维有机追溯码；④消费者用手机扫描二维码进行查询、反馈。

它是在传统包装的真假防伪和产品数量控制上的防伪技术基础上的又一创新。它既能实现购前即时查询功能，又能深化有机产品追溯体系，实现从农田到餐桌的全程监控，除此以外，二维有机防伪追溯标签及其管理系统还可设置企业介绍、相关资讯、电子商务和活动体验等拓展服务。

目前中国移动互联信息产业发展迅猛，城市智能手机普及率已高达35%，其中53%的人计划花更多时间使用智能手机。二维有机防伪追溯标签的研发在移动互联迅猛发展前提下，便利了有机产品消费者的查询、购买等需求，更好地满足了消费者的客户体验。

目前第二代有机产品防伪追溯标签只能在购买后刮开有机码区，获悉产品有机码后登录http：//food.cnca.cn查询后才可得知有机产品的相关信息。而使用二维有机防伪追溯标签后，消费者只需在智能手机安装二维码扫描软件，扫描二维码后就能获得欲购买产品的第一手信息，如产品名、认证机构、证书号、生产企业和产品规格等相关信息。消费者购买前便能获知有机产品的真伪，将会有效促进有机产品的消费。随着消费者自我保护意识的提高以及商家、媒体的大力宣传，第三代二维有机防伪追溯技术必将获得越来越广泛的应用。如图1.5所示。

4）中国第四代有机产品标签

由于二维码可储存丰富的产品信息，且通过加密不易被复制盗用的特性，今后可以在二维码上加入更多的有机产品生产与供应链全过程的数据信息，如生产基地的水、土、气检测数据，作物种植、收获情况，作物病虫草害防治记录，仓库出入库情况，产品加工、

图 1.5　模拟查询二维有机防伪追溯标签信息示意图

包装记录，工具清洁记录，产品销售、运输记录，物流信息，以及经销商、零售商信息等，真正实现有机产品从田间到餐桌的全过程追溯和监管。不久的将来，这可能是我国的第四代有机追溯标签的发展方向。

3. 有机溯源技术在中国的发展前景

二维有机防伪追溯标签及管理系统将会在不同程度上为消费者、监管部门、认证机构和获证组织提供更为便捷的服务：消费者在购买产品时，只需手机扫描产品包装上的二维追溯码，即可随时随地查询产品有关信息及企业信息，并可及时反馈虚假、错误信息，精确统计顾客数量、行为，以供获证组织参考调整其生产经营活动，更易于协助政府、行业、企业和认证机构做好信息防伪与追溯。在不久的将来，随着获证组织电子追溯系统的建立和完善，在信息匹配的前提下二维有机防伪追溯标签及管理系统还可以进一步实现二维码管理系统和获证组织完美对接。

通过二维有机防伪追溯标签及其管理系统的使用，能够方便监管部门监管执法，增强其快速反应和应对能力，并带动相关政府部门电子政务的推行；认证机构能够提高对有机认证企业的证后监督和服务水平，规范有机产品的销售；获证组织能够有效降低造假、售假带来的损害，同时还能通过该管理系统精确统计顾客数量、行为，以供获证组织参考调整其生产经营活动，从而起到降低成本投入、扩大市场收益、提升企业品牌价值的作用。

因此基于物联网建立的二维码追溯体系的使用推广可进一步促进食品供应链全过程追溯体系的建立，将有利于全面提高企业综合竞争力，促进社会诚信体系建设。对于促进有机生产持续健康发展，规范有机认证和有机销售市场，提高有机产品认证有效性，增强有机产品的公信力，推动有机事业与信息化技术相结合，进一步促进社会诚信体系的建设，将起到积极、深远的作用。

据了解，现在全世界大部分国家使用的有机产品追溯防伪技术都还停留在中国第一代有机产品追溯防伪标签技术阶段，中国目前使用的第二代技术已说明在这一领域中国已步入世界领先水平。第三代二维码技术正由 OFDC 大力在中国进行逐步示范推广，试图在有机产品标识防伪技术的探索道路上日臻完善，以推动有机事业与信息化技术相结合，帮助规范有机认证和有机销售市场,提高有机产品认证有效性,增强有机产品的公信力,促进有机生产持续健康发展,进一步促进社会诚信体系的建设。

希望第三代中国有机产品标识防伪技术(二维码技术)在中国的推广应用,不仅能解决中国有机产品的防伪和追溯问题,还能为全球有机产品的类似问题提供可以借鉴的案例和经验。

1.3　有机农业发展新潮流与趋势

目前有机农业的发展不仅仅限于有机种植、加工、养殖等生产环节,随着人们对有机理念的熟悉和认同,有机已逐渐形成一种时尚、一种潮流,更是一种生活的态度和方式,各种各样的有机生活方式涌现出来。

1.3.1　有机生态旅游

所谓有机旅行,又叫有机农场旅行,是指在尽量减少花费的情况下去国外的有机农场和庄园旅游,体验当地农家生活,以劳动换取旅费的方式。世界有机旅行组织(World-Wide Opportunitieson Organic Farms, WWOOF)是一个国际组织,为 1972 年在英国率先成立,当时的用意是为让都市人体验农村生活而推出一种"以工换食宿"的工作假期。在澳大利亚、新西兰、丹麦、哥斯达黎加等数十个国家运作多年,串连全球的有机农场主人与游客。依据 WWOOF 的准则,游客可以到参与 WWOOF 计划的农场打工,每天只需工作 4~6 小时,就可赚取农场提供的免费食宿。

这一概念在 20 世纪 90 年代中期快速发展。例如,"美国有机旅行协会"在网站上推荐在前菜、主菜、甜点至少有一项是有机农产品的餐厅;也会推荐使用无毒的、非化学的清洁用品的旅馆。在德国,德国铁路局、德国环境保护与自然保育协会,以及有机旅馆联盟(BIOHOTELS)共同合作,提供给爱度假的德国人不一样的选择。"环境保护与自然保育协会"提供补贴,旅客搭乘最环保的火车到达有机旅馆所在地。有机旅馆则提供有机饮食、健康课程及各种养生、美容及疗养服务。

与"有机旅行"类似的还有可持续的生态旅游,它是指在保存并维持当地自然环境和人文特色的前提下,对大自然的负责任的探索。那些真正将生态旅游和可持续发展实践到底的消费者,对于酒店提供的有机食品、无添加剂的化妆品和其他环境友好型产品更为青睐。他们更喜欢那些雇佣本地居民并向当地政府捐款的酒店。

目前国外一些高档酒店已看到这一产业的广阔前景,纷纷试图迎合这一快速增长的环保需求。希尔顿大酒店(Hilton Hotel)正在旗下的约 500 个分店引进无过敏客房,而威斯汀大酒店(Westin Hotel)刚刚宣布在其北美地区的所有分店实行一项禁烟的举措。另外,万豪大酒店(Marriott Hotel)也有一项绿色管理计划和在一些分店提供顾客需要的有机食品的举措。

同时,酒店所有者和管理者还会给有机食品安排一个专门的陈列橱。例如,小酒吧冰箱里的炸土豆片和可乐换成燕麦汁、无糖豆浆、鲜榨水果汁、椰子汁;在浴室采用环保产品消毒,将使用无添加剂的化妆品和有机棉制成的毛巾。他们觉得这对于上档次的酒店、乡村旅馆、含早餐的家庭旅馆以及专卖流行衣服的小商店来说是一种潮流和趋势。

一旦消费者在这样的酒店住过，体验到生态、环保、回归天然的乐趣后，他们必然会成为酒店的忠实顾客，并且还会口口相传，带动更多的潜在顾客群体，成为生态酒店的活广告。同时，生态旅游和有机农场也能因此产生更多的就业机会，从而提高许多地区居民的生活水平。

1.3.2　有机纺织品

在环境问题日益突出的今天，人们越来越关注环保，关注健康，回归自然的呼声越来越高。人们除了对纯天然生长的有机食品特别青睐，还对采用不施农药、化肥，又不涉及转基因品种的棉花作为原料加工成的各种有机纺织品也表现出浓厚的兴趣，并由此催生出有机棉纺产业。

近年来，全球有机棉纺织品发展迅猛，尤其是有机棉制品发展相当快，有机麻、丝绸等纺织品也逐渐兴起。有机棉的生产始于 20 世纪 80 年代，全球有机棉呈现"规模小、需求大、增长快"的发展态势。许多产棉国家对有机棉制品都采取积极的态度和有效的方法去大力研究和开发。

有机纺织品因其"环保、健康"的特点，符合婴幼儿的需求，也深受环保支持者的喜爱。目前大部分有机棉用于生产夏季服饰、T 恤衫、婴幼儿用品、毛巾和家用纺织品。而欧洲、美国、日本则是有机棉产品最大的消费市场，其中，瑞士和德国是欧洲最大的有机棉消费国。由于有机棉在服装、纺织品行业中的利润可观，早在 2007 年，世界上就已有50 多家公司制订了有机棉计划，世界排名前 200 位的最大零售商公司有 20 家已开始从事有机棉产品的销售。据国际知名组织（有机市场调查）发布的数据，从 2001 年起，每年有机棉产品的销售额均以 35% 的速率增长，2006 年，全球有机棉产品销售额已达 11 亿美元。在 2008 年，全球有机棉服装和家纺产品的零售销售估计达到了 32 亿美元，根据非营利组织有机棉交易所发布的 2006～2008 年有机棉的市场报告，这比 2007 年底的 19 亿美元上升了 63%（图 1.6）。

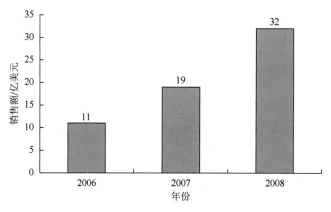

图 1.6　2006～2008 年全球有机棉销售额

国外有机棉销售市场红红火火，国内有机棉销售市场尚在培育之中。现大部分国内的有机棉纺企业产品都以出口为主,而且,国内有机棉纺企业主要出口的还是初加工的产品,如有机棉花、有机棉纱以及有机棉坯布。只有少量产品作为高档家纺用品和高档婴幼儿用品在国内销售。

国际上许多知名公司均瞄准有机棉纺织品这个潜在市场,纷纷涉足其中。根据现今全球有机棉纺产品的发展,他们大多先推出含有有机棉原料的环保产品(如有机棉与普通面料的混纺产品),然后根据市场认可度,逐渐提高有机棉的比例。

不难看出,有机棉产品已经成为国内纺织企业紧跟潮流的一个象征,在这场还在继续的博弈中,参与其中者各显神通,上中下游企业联袂出击,势必在掀起又一轮研发潮流的同时,达到多方的互利共赢。

随着全球有机棉销售前景一片光明,国外大多数的品牌和零售商纷纷不断扩大他们的生产线,据全球农业委员会预测,未来30年内,全球棉花产量的30%将由有机棉代替。

虽然有机棉产量增长迅猛,并且越来越多的零售商开始对有机棉面料产生兴趣,但目前此类产品在全球棉布产品总生产量中仍仅占1%的份额。这就意味着,前景看好、潜力巨大的有机棉产业有着广阔的发展空间,正吸引着越来越多的纺织服装企业加入其中。中国一些有前瞻性眼光的纺织企业已经在有机棉面料方面做出了一些成绩,有机棉面料正逐渐成为国内纺织企业关注的焦点。

据专业人士测算,如果我国有机棉实现产业化经营,投入与产出比例达到1∶20,投资回报率将达到1∶14,有望成为棉花和纺织品可持续发展的新的经济增长点。

1.3.3　有机护肤品

1. 什么是有机护肤?

有机护肤是一种尊重自然环境的概念,追求安全的概念及重视肌肤健康的概念。来自纯天然有机植物精华,成分天然、纯净、无添加,无任何化学污染的护肤境界,带给所有女性安全、健康、有效的护肤享受,令肌肤"有机"起来。

2. 什么是"有机护肤品"?

有机护肤产品除了所含的植物成分必须要由获得有机认证的有机植物所组成,产品中不能添加人工香料、色素及石油化学产品等对皮肤不利的成分,其中所添加的防腐剂及表面活性剂都必须受到严格限制,而且在制造过程中不能使用动物实验及利用放射线杀菌,其配方和工艺非常复杂。

除此之外还要提供给消费者全成分标示及正确信息、所含成分的生物可降解性、包装的环保回收问题,还有厂商的社会公益及责任都在被规范的范围内。

有机护肤品,倡导以尊重自然环境、追求安全单纯及重视皮肤健康的概念为出发点,倡导个人健康,也十分关注地球环境的保护,不做动物性实验,提倡公平贸易,这些都是重点所在。

有机护肤品在欧美市场的快速成长,令传统护肤产品黯然失色,已俨然成为护肤品业界的新贵。有机护肤品将成为国际化妆品追逐的一股潮流。

3. 为什么要使用有机护肤品?

皮肤是我们身体最大的器官,人体吸收的最大面积。若给皮肤吸收的物质来自天然有机植物,则能够避免皮肤吸收毒素和有害物质,避免过敏性反应,如此才能唤醒肌肤本身自然运作的功能,同为天然的人体及肌肤才能保持最自然健康的功能和最佳的平衡状态。

对于敏感性皮肤,对化学合成香精气味敏感者、孕妇、婴幼儿来说,有机护肤品能为他们带来贴心的呵护!

最新的化妆品研究表明,化学合成成分、转基因成分、生化制剂以及激素等对健康都可能是有害的。此外,合成的硅油、颜料、香料、有致癌隐患的防腐剂以及石油化工副产品(石蜡和凡士林)均对皮肤存在不良影响。

4. 有机护肤品的原料?

天然植物成分比例达到 99%以上,其中平均 85%以上的成分来自于有机农场的认证有机植物,倡导健康、无污染的有机生活理念。

有机护肤品的产生,从有机植物的种植方法到成分的提炼,都以保护地球生态,又同时令皮肤吸收到最有效的成分为原则。

无论在种植、采摘还是提炼等方面,完美融合认证的有机成分与先进科技集于一身,务求将自然生态和科学相结合。

有机活性配方,蕴涵多种珍贵的天然植物及天然香薰精油成分,多种维他命、抗氧化物、微量元素及重要的有机物质如氨基酸及脂肪酸,比一般护肤产品更具养分,能全面修护、紧致、保湿及活化肌肤细胞,提升肌肤水分,有助肌肤舒缓、修护、美白及抗敏,给肌肤带来专业的保养、无微不至的呵护,使肌肤绽放健康莹采。

尽管美容市场上充斥着约 200 多种化学成分与植物合成的香料,有机护肤品所添加的和这些化学成分与植物合成的香料相比,从本质上来讲也是完全不相同的。

有机护肤产品散发出迷人的天然植物、花草香味,它们的香味来自于有机天然植物和花草的复合精油和新鲜的有机花水。宜人的香气镇静、舒缓肌肤的同时,使人身心放松,同时提供给肌肤以最天然、纯净、有效的活性成分,使肌肤更细致、幼滑、光泽。

1.3.4　有机花卉

在中国,有机花卉尚未有单独的标准,也未提出"有机花卉认证"这个概念。而在以花卉著称的厄瓜多尔,人们为了避免许多花卉在种植过程中因防治病虫草害而可能施用的大量化学试剂对人体健康产生的不利影响,已经开始了开发有机花卉的产业。

厄瓜多尔的有机公司决定向消费者提供更健康无害的花卉来源。因为他们已意识到大批量花卉的生产所带来大量环境污染问题。他们已组织零散的小农户按照有机标准的要求进行生产管理,种上向日葵、马蹄莲、百合等各类花卉,并通过进行有机认证,将他们的土地转化为有机田地。

他们从 2002 年开始出口无毒的有机花卉。他们让花朵在开阔的田地里自然生长,尽量减少温室的使用。与其他在大批工业化生产设备下生长的花卉相比,有机花卉的寿命要长 15%。离开了温室，大多数玫瑰都无法在厄瓜多尔的强烈阳光下健康成长。为此，厄瓜多尔有机公司专门挑选了能适应当地湿热气候、直射阳光、火山岩土壤的玫瑰品种。依靠多样性，有机种植的玫瑰能在 4 星期里保持完美的外形。

大多数在厄瓜多尔种植有机花卉的农民都曾为大型常规农场工作，此前他们很少有时间管理自己的田地。现在他们不仅仅种花，还种植其他的作物，能够再次享受到与大自然的亲密接触。农民开始认识到通过种植有机花卉，他们所保护的不仅仅只是环境，还有自身的健康和心灵的慰籍。

如果停止喷施经常在温室内使用的有毒化学品，那么呼吸问题、基因问题，以及水和空气的污染等问题对有机农场来说都不会再是大问题。但是，这样种植花卉会需要更多的场地、时间和劳力，这会增加花的价格，而这样的价格不是所有人都愿意承受的。越来越多的消费者已经认识到：虽然花既不能吃，一般也不会直接接触皮肤，但花卉是一种生产长链的终产品，能对人类健康和生态环境产生影响。

数据显示，厄瓜多尔某公司每周出口的有机产品就达 1.2 万个单位，大部分销往美国，小部分销往德国。预计今后有机花卉的出口量将逐渐增加，他们已经做好向其他国家的消费市场扩展的准备。

为了在享受美丽的同时保护我们的健康，厄瓜多尔已经开始行动起来，在中国，我们同样应该看到其中的商机和发展潜力。

1.3.5　有机餐饮

有机餐饮是相对有机食品而言的。有机食品是指在接近自然的生态环境下自然生长或种植、养殖的动植物及其产品。土地、水源被严格监测，生产过程被严格监控，完全不含化肥、农药、生长激素，并且不采用转基因技术。有机食品不但安全，还有更丰富的营养及卓越的口感。有机食品在欧美已很普及，深受中高层消费者欢迎。以有机食品为食材、倡导健康饮食的餐饮业随之而被称为有机餐饮。尤其是在中国台湾，有机餐厅更是风靡一时。目前，欧美发达国家许多资深的有机认证机构多制定了有机餐饮服务的标准，并实施了有机餐饮服务认证，丹麦更是制定了有机餐饮服务的国家标准，促进了当地有机产业的发展和产业链的延伸。

随着中国有机产品市场的蓬勃发展，选择有机饮食已经逐渐成为人们追求健康生活的趋势。在北京、上海等大城市，有不少餐饮企业开始在其餐饮服务中注入了"有机"元素，为顾客提供有机菜品和饮料，倡导健康饮食理念，甚至直接冠以"有机餐厅"的名称，使得消费者除了直接购买有机原料和加工产品，增加了消费有机产品的另一种体验，受到广泛欢迎。

但与此同时，我国有机餐饮标准和认证制度的开发尚处于空白阶段，不能满足餐饮企业和消费者的需求。虽然同为有机餐馆，但由于没有统一标准和认证，不同的餐饮企业提供的有机餐饮服务存在相当大的差异，真伪难辨，市场认可度不高。

自 2013 年起，南京国环有机产品认证中心（OFDC）专门成立研究团队、积极尝试开发中国的有机餐饮标准，并着手研究有机餐饮认证制度。经过 1 年多的努力，OFDC 成功开发了《有机餐饮标准》(草案),并于 2014 年 5 月 20 日在北京举办了"OFDC 有机餐饮标准研讨会"。来自环境保护部、国家认证认可监督管理委员会、中国合格评定国家认可委员会、中国认证认可协会、中国有机产品认证工作组、扬州大学及国内有机餐饮领头企业的有关专家代表对该标准进行了深入探讨。2014 年底,《有机餐饮技术服务要求》被列入中国认证认可行业标准编制计划,标准编制组更引入了中国认证认可技术研究所、有机餐饮试点企业和餐饮行业权威机构中国烹饪协会,充实了标准编制组力量。

OFDC 推出有机餐饮标准及有机餐饮认证制度,填补了相关领域的空白,并有助于提高有机餐饮行业的规范性,确保消费者识别和获得真正的有机餐饮服务,同时维护和提高诚信经营的餐饮企业信誉。

第2章　烟叶有机生产发展概况

2.1　烟叶有机生产发展概况

随着人们生活水平的不断提高和对食品安全的日益重视，有机食品、绿色食品顺应市场消费潮流需求应运而生，且越来越受到消费者的青睐。同样，卷烟消费者对烟草消费的要求也越来越高，开始关注除烟草本害之外的烟叶农药残留、重金属、烟叶品质等问题。许多国家把烟草划为食品类或准食品类进行管理。因此，开展绿色、有机烟叶的研发是重视解决烟叶农药残留、重金属超标和泛施无机化肥致使烟叶品质下降、环境污染等问题的认知与探索。

2.1.1　国外烟叶有机生产概况

20世纪90年代，国际上开始生产有机烟叶，随着有机农业的发展，人们对吸烟品质和健康需求的提高，有机烟叶的生产也出现了不断增长的趋势。目前在加拿大、美国、巴西等已经开展了有机烟叶的生产。

1. 巴西烟叶有机生产

巴西联邦共和国位于南美洲东部，东临大西洋，国土面积851万km²，有1.7亿人口，海岸线总长约7400km，地处热带和亚热带，大部分地区平均降雨量在2000～3000mm，天然森林面积巨大，植被完好，土壤肥沃，十分有利于农作物的生长。巴西是世界第二大烟叶生产国，也是世界第一大烟叶出口国。巴西具有较适宜烟草生产的自然生态条件，烟草种植多分布在山岗丘陵地上，植烟土壤多为沙壤土，轻壤土，pH为5～6.3，有机质含量高，适宜优质烟叶生产。南部烟区年平均气温18.1℃（1月），最高月平均气温21.8℃，最低月平均气温15.3℃（7月），全年基本无霜，烤烟大田生长期降雨量1000mm左右，分布较均匀，较适宜烟草生长。

巴西烟叶种植主要集中在南部的三个州，其中国土最南部的南里奥格兰德州烟叶种植面积占全国的51%，圣卡塔琳娜州占32%，巴拉那州占17%。烟叶种类以烤烟为主，其他还包括白肋烟和少数晾晒烟（如高棚凉烟）。东北部的巴伊亚州和阿拉戈斯州主要生产雪茄烟叶，年产量2700吨左右。巴西近几年的烟叶种植面积为37.6万公顷左右，烟农数量约为18.6万户，户均土地16.1公顷，户均种烟面积2公顷。烟叶育苗从每年的5月到7月，移栽从每年的8月到10月，采收初烤从11月到次年2月，收购从12月到次年7月，加工从次年2月到8月。烟叶总收购量约为70万吨，其中烤烟产量60万吨左右，所产烟叶85%以上用于出口。

在烟叶生产上，巴西政府不直接参与烟草生产的组织管理，主要由烟草公司运作，烟农协会参与，实施公司+农户的管理模式。烟农与烟草收购公司签订一个季节的烟草收购合同，然后由烟草收购公司供应专用烟草农用物资、种子、农业贷款、技术指导、提供产品和材料运输服务，并实行全等级烟草收购。在烟草种植季节结束时，烟农可以解除合同改与其他公司签署合同。巴西的烟叶种植和经营全部由跨国烟草集团和私营烟草公司来运作，如环球烟草公司、苏萨·克鲁兹公司等。

巴西烟叶种植一直非常重视环境保护和烟叶生产的可持续发展，这为当地发展有机烟叶种植提供了良好的生产环境。采用各种措施提高烟农环境保护意识，鼓励烟农对耕地实行轮作，提倡一年两熟轮作制；实施玉米秸秆还田，提倡种植牧草，增加有机质；提倡采用免耕法和少耕法，减少对土壤结构的破坏，增加土壤有机质的积累，减少土壤和水分的流失。巴西烟叶病虫害发病较轻，就得益于对环境的保护和土地的用养结合，充分发挥自然生态系统的调控作用的基础上，使用生物农药制剂，很少或不使用化学农药，以减少农药残留，这样既降低了防治成本，又提高了烟叶的安全性。

YUMA 公司（德国）是全球第 1 家完全用有机烟叶生产有机卷烟的制造商，他们用于生产有机烟叶的土地都要闲置 5 年的时间，以净化原来种植作物时可能遗留下来的化学物质，然后才能种植烟叶，生产过程中不使用任何化学药品，没有杀虫剂，没有化肥，而且周围的作物都是有机作物，避免周围种植普通作物所带来的不良影响，如使用化肥等化学药品污染土壤。同时，充分利用巴西优良的烟草生长气候和土壤环境，生产出高品质的烟叶。面对生产优质烟叶必需的土地闲置和产量较低等问题，为鼓励烟农进行有机烟叶种植，YUMA 公司与烟农签订有机烟草种植合同，高价收购这些烟草，而且向烟农提供所需要的一切生产资料如种子、投入材料等。YUMA 公司的产品有低焦油和高焦油两种，低焦油的为 8mg，高焦油的为 10mg，产品的售价为 5.4 欧元/包。目前产品仅在德国销售，计划下一步在欧盟其他国家销售，随后再向世界上其他国家销售。

2. 美国烟叶有机生产

1）美国烟叶有机生产历史

美国是最早发展有机农业的国家之一，在全球有机农业中占有重要地位。根据国际有机农业运动联盟（IFOAM）与有机农业研究所（FiBL）等权威机构的统计，2010 年美国有机产品销售额居于全球首位，高于德国和法国；美国有机农业面积排在第三位，仅次于澳大利亚和阿根廷。

有机烟草及其市场形成诞生于 20 世纪 80 年代后期，1982 年，位于新墨西哥州的圣达菲天然烟草公司（Santa Fe National Tobacco Company）开始了有机烟叶生产，它们遵循印第安人烟草的生产方式，即天然原则来生产烟叶，用纯天然的烟叶，生产过程中无任何添加剂，没有叶茎、复原烟草薄片和碎烟叶。旗下天然美国精神（Natural American Spirt）品牌为 100%有机烟叶所生产，在美国的市场售价为 10～49 美元/包。1989 年，圣达菲天然烟草公司引进了在业内被称为“纯净无残留”（purity residue clean，PRC）的项目，这个项目走上了有机农业道路的第一步。该公司要求签约烟农不使用对环境有污染的化肥，公司支付给有机烟叶种植者的费用不仅涵盖了额外的劳动力成本，同时也考虑风险因素和证明土地可以进行有机烟叶生产需要的时间与精力。

在美国已有 2 万多个生态有机农场。产品要获得认证，生产者首先需要向有机系统计划（organic system plan，OSP）提出申请，并且其农事作业操作必须遵循国家有机计划规章操作（National organic program regulation）。

有机烟叶育苗方式采用常规育苗和漂浮育苗，常规育苗选择排水良好，背风向阳的土地作为苗床地，并且清除杂草及田间杂质，应用多种方式进行消毒，使用化学、蒸汽或日晒等方式进行土壤消毒，苗床地必须每年更换不同的地块，使用的肥料在上一年秋季施入土壤中，进行浅耕，在可能的条件下种植覆盖作物。漂浮育苗水培液肥料必须是可溶解的，可以采用鱼类和水草的溶解物或其他有机水培液允许使用的物质。苗床地应离生产大田有一定的距离，当烟苗移栽后要立即销毁苗床地以避免有害生物的滋生。

有机烟草种植实行轮作制度，这有利于保持肥力和有害生物的辅助控制，而且要求烟草与玉米、棉花及小粒型禾谷类实行轮作，避免与茄科作物轮作，并提倡4～5年的轮作制。采用单行独垄种植，行间距为（91～122）cm×47cm，种植密度依烟草类型和土壤基础肥力不同而不同。肥力采用标准商品肥料，主要为矿质来源的氮磷钾镁等，土壤 pH 控制在 5.5～6.5。另外，使用充分腐熟的圈肥是最为理想的，但应注意在上年的秋季施入，且与玉米施行轮作。田间管理采用机械和人工中耕以防除田间杂草，同时避免土壤表面结壳，增进土壤的透气性。采用人工或特殊机械打顶及抹除花芽，每7～10天进行1次，以防止种子形成，增加叶片生长势。有害生物控制，番茄天蛾、烟草天蛾的防治与其他农事操作相结合，实行人工捕捉。烟蚜的种群控制主要通过对残余作物秋季管理开始，即收获后适时翻耕、掩埋田间余物是消除和破坏越冬寄主，减少病虫源的重要措施，对所有鳞翅害虫都有很好的防效。烟叶成熟后进行分次采收，一般需要分5～6次进行，其间隔期为 5～10 天，采收烟叶分选后进行调制。调制是干燥、叶绿素分解和自然化合物转化形成期望的烟草产品的过程，科学的调制方法是品质形成所必需的。

3. 加拿大烟叶有机生产

加拿大位于北美洲北半部，北纬41°～83°，西经52°～141°。国土面积为990万 km²，人口 3000 多万。加拿大气候属于北欧形态的大陆型气候，冬季期长（12月至 3 月）气候寒冷，夏季期短（7、8月），而雨量集中在春季（4、5、6月）。年降水量由东南部的1000mm向西北递减到300mm 左右。

加拿大是世界上农业发达的国家之一。他们的烤烟生产至2015 年已有 122 年的历史了。为了提高烟叶质量，不断改进栽培技术，实行科学种植，加强对烤烟种植技术的研究。加拿大烟叶种植历史悠久，在 16 世纪欧洲殖民者到达之前当地原住民便已开始种植烟叶。其中，安大略省是其主要烤烟种植区。1957 年，安大略省烤烟种植者营销委员会开始负责管理烟叶生产各环节，并一直持续到今天。在其管理下，20 世纪50～90 年代烤烟种植范围一度扩大。但后来受多种因素影响，进入 21 世纪后，种烟规模开始缩小。1970 年，加拿大有 3000 多个烟叶农场，至 2007 年缩减为只有 650 个。而差不多在同一时期，安大略省烟叶产量从 1974 年的最高值 1.08 亿 kg 下降到 2007 年的 1600 万 kg。多年来，加拿大烟叶以无残毒、色泽好、质量高、糖碱比协调、焦油低、烟碱含量适中，群体经营水平高，在世界上享有盛名。

　　加拿大国土辽阔，气候凉爽，作物病虫害低，是生产有机食品的理想国家。加拿大也曾出现过农业与相关资源开发和保护方面的矛盾，特别是环境和粮食安全问题。为了实现农业可持续发展，加拿大从联邦政府、省政府到企业和农民，都越来越重视妥善处理资源开发和保护的关系，并积累了很多经验。加拿大涉及有机烟叶生产的有 3 个公司。"地球之母"是第一个 Ceremoial Tobacco 产品制造商，其产品采用 100%的有机烟叶加工而成，2005 年秋季开始销售。

　　4. 土耳其烟叶有机生产

　　土耳其地跨欧亚两大洲，国土面积 814578km², 全国人口约 8000 万。土耳其烟叶生产有着悠久的历史，并以生产香料烟而著称于世，是世界上最大的香料烟生产国和消费国，出口的香料烟也占国际市场总量的 50%。许多世界知名品牌的配方制作流程都有用到土耳其烟叶。爱琴海地区是世界上最著名的优质香料烟产区，这里有适宜于优质香料烟生产的地中海式气候。爱琴海香料烟产区主要集中在伊兹密尔和玛尼萨两地，共有 20 多个香料烟加工厂，较大的有 4 个，联一国际公司有 2 个加工厂，是当地最大的一家采购加工企业，公司在该地区主要种植和收购 Izmir、Bursa 和 Sumsun 3 个品种。

　　土耳其香料烟种植地区一般较为干旱，降水多分布在冬春 2 季。香料烟苗床期气温回升，并有一定的降雨，有利于香料烟的出苗和生长。移栽初期有一定的降雨，有利于香料烟的成活和生长。7～9 月，降雨量均在 35mm 以下，有利于烟叶的干物质积累、香气的形成和调制，调制季节几乎没有降雨。

　　随着人们环保意识的增强，如今越来越多的烟草公司开始关注有机烟叶。目前，土耳其烟农开始尝试种植有机香料烟。土耳其有机香料烟是 Sunel 烟草有限公司正在进行的一个试验项目。该公司计划 2012 年生产 30～40 吨有机香料烟，2013 年生产约 300 吨。到目前为止，Sunel 公司是土耳其唯一一家开始生产有机香料烟的公司，且已生产出少量通过认证的有机香料烟。

2.1.2　中国烟叶有机生产发展历程

　　有机烟草随着有机农业的不断发展，逐渐受到人们的重视和青睐。中国烟叶生产经历了无公害、绿色、生态、有机烟叶的发展阶段。

　　无公害烟叶是指不使用禁用的剧毒农药，农药残留不能超过标准允许量，但对化肥的使用没有做出明确规定；绿色烟叶标准更进一步，限量使用化学合成农药和肥料，对磷化物、有害重金属及细菌等含量都要进行控制，防治病虫害尽量使用生物技术和物理方法；生态烟叶是在绿色烟叶的基础上，对农药、化肥的使用有了更严格的要求和限制；有机烟叶在生产和加工过程中禁止使用农药、化肥、除草剂、色素、激素等人工合成物质。

　　2001 年国家烟草专卖局科教司提出开展"无公害"烟叶的研发并于 2002 年组织开展了有关"无公害"烟叶生产技术的研究课题，分别由国家烟草栽培生理生化研究基地、青州烟草所、云南省烟草研究所、中国科学技术大学等单位承担，分别在河南、山东、福建、云南、四川等烟叶产区实施。研究内容包括烟叶农药残留普查、有害成分的烟气转移、烟叶和植烟环境的安全标准制定、生产技术规范等五个专题。项目旨在从生产环境、生产过程等各个环节采取一些新技术和有效措施，控制污染源，减少有害物质进入烟草，在没有污染的情况下生产过程对病虫害实行以防为主、综合防治的措施，包括应用抗病品种；种子严格消毒加工；大棚漂浮育苗，严格消毒，防治病虫侵入；应用物理防治、生物防治病虫害技术，如性诱剂、频振杀虫灯、防虫网、银灰膜诱虫、杀虫、避虫；利用天敌灭虫，繁殖、散放烟蚜茧蜂；利用生物药剂防治病虫害；引进推广灭蚜新技术——灭蚜签，减少了病毒病的传播介体。栽培技术上采用小麦掩青、秸秆覆盖、绿肥掩青，增加有机质，培育壮苗，使用叶面肥、科学平衡施肥等提高作物免疫力。严格化学农药的使用范围、限次和安全间隔期。包装上使用不含有害物质的材料。但由于当时对烟叶"本害"与"烟叶受到环境污染，泛施农药、化肥而产生的公害"的认识不足及诸多客观条件的限制，此项研发没有深入。

2005 年 2 月 27 日《烟草控制框架公约》正式生效，对 100 多个国家产生法律强制力，不仅对烟草行业是一种约束，同时也预示着未来世界控烟政策的发展方向。我国在出口的烟叶中因含有转基因烟叶，在一些国家相继做出中断购买我国烟叶的决定和因农药残留超标退货等一系列事件的影响下，烟草的安全性及品质也成为我国烟草出口的瓶颈和公众关心的热点。

2007 年云南中烟工业公司原料部与宾川县烟草分公司合作在宾川县拉乌乡做了有机烟叶生产的初步探索，在国内尚属首次，旨在对有机烟叶生产地环境条件和有机烟叶农药、重金属残留量进行评估，为规模生产有机烟叶及其在卷烟工业上的使用作前期研究。也是树立云南"两烟"大省、强省的品牌形象，提高云南高档卷烟品牌市场竞争力，促进云南"两烟"可持续发展的有力举措。试验设置了常规农家肥为对照及不同有机肥处理 6.4 公顷。参照《有机产品第 1 部分：生产》（GB/T 19630.1—2011）和《绿色食品　产地环境质量》（NY/T 391—2013）中对产地环境的要求，以及《土壤环境质量标准》（GB 15618—1995）中二级标准 J、《地表水环境质量标准》（GB 3838—2002）、《农田灌溉水质标准》（GB 5084—2005）、《环境空气质量标准》（GB 3095—2012）等国家标准，对有机烟叶生产基地拉乌乡的有关生产情况进行分析评价，并参照有机茶叶的相关标准，比较分析了烟叶样品中有害物质和农药残留共 33 个项目。检测结果表明，2007 年试验种植的有机烟叶达到国家有机茶叶的标准。种植试验基地的农田灌溉用水和种植基地土壤环境质量优于国家标准《有机产品第 1 部分：生产》（GB/T 19630.1—2011）和《绿色食品　产地环境质量》（NY/T 391—2013）中对产地环境的要求。烟叶产品中 25 项农药没有发现残留，8 项有害物质（重金属）的检测值远低于对比的有机茶叶标准。国家烟草专卖局高度重视烟叶农药残留的问题，将无公害烟叶作为国家特色烟叶生产的重点内容之一。

2008 年云南中烟工业公司《云南特色有机、绿色烟叶及其生产技术标准研发》项目立项。此项目的立项标志着有机、绿色烟叶的研发在国内正式启动。该项目分 2 个层面分别在云南中烟工业公司和所属红塔、红云红河 2 个集团以及集团相应的州（市）公司烟叶基地开展。项目将研发有机、绿色烟叶产地环境评价体系；有机、绿色烟叶生产、加工技术标准规程；有机、绿色烟叶产品质量标准；完成有机、绿色烟叶相关认证、包装及其烟叶工业可用性评估等。

2010 年《有机烟叶》云南地方标准发布，2011 年 9 月，用有机烟叶卷制的卷烟"玉溪庄园"在中国隆重上市，标志着有机烟叶的研发与产品生产在国内全面启动。

我国有机烟叶产地选择高标准严要求，具有优良的生态环境。目前，我国有机烟叶发展较好的区域，大部分选择在生态环境优越、气候适宜、土壤有机质含量较高且污染较小的地区建立有机烟叶基地。如云南省精心打造的我国第 1 个烟草庄园——玉溪庄园，就选择在拥有充足光照、森林覆盖率很高，纯正自然形态的玉溪凤窝园；随后云南烟草又以同样的模式启动了保山、普洱、文山、临沧四大生态园区建设，充分保持云南有机生态烟叶的个性特色。而贵州作为我国优质烟叶产区，适宜的气候、土壤、水分等条件使该地区早已是烟叶王国，并形成了贵州烟草引以自豪的"北纬27°"原生态烟草产业带。同样地，福建烟草对有机烟草的生产区域也是精挑细选，以"6 个优选"为选择标准，总体概括为优选区域、优选田块、优选品种、优选农户、优选技术、优选烤房，只有符合这 6 个标准的地区才会考虑建立有机烟叶基地。而福建烟草拥有最佳生态环境的"通仙庄园"，也是按照"生态环境优良"这样的标准"精挑细选"出的。其他像广西中烟、陕西中烟等公司都积极探索了有机生态烟叶的种植模式，都是将优良的生态环境作为发展有机烟叶首要选择，这无疑确保了有机烟叶生产所需要纯净、自然、无污染环境要求。

实施生物综合防控体系，加强烟草害虫的防治。为了确保烟叶安全无农药残留，严格按照"有机"要求进行害虫控制。云南中烟在"玉溪庄园"有机烟叶技术试验区，采取了多种综合防治手段防治害虫。他们建立生物防控综合体系，采用"有机耕作措施防治+天敌控制+物理防治+生物药剂防治"相结合的办法，实施深翻土地，清洁田园，轮作倒茬作体系，开展昆虫性引诱剂、烟蚜茧蜂、频振灯等物理防治手段防控烟叶生产主要害虫，必要时开展人工捕捉除虫。而贵州烟草在有机生态烟叶生产过程中，强调禁用化学农药，100%使用物理防治。福建中烟积极对有机烟草种植户进行培训和指导，要求种植户采取设立防虫板、太阳能杀虫灯、诱捕器、烟蚜茧蜂等生物防治手段。总之，使用农药是最后的手段，而且必须使用生物有机农药，确保烟叶的安全性。从生产实践来看，烟草害虫生物综合防治已是共识，并在有机烟叶的生产中得到了广泛的应用。

100%施用有机肥料或生物肥料。为了环保并提高土壤的有机质含量，有机烟草在生产过程中仅能使用有机肥料或生物肥料。而经常施加的有机肥料有农家肥、各种饼肥以及堆肥，这些肥料所含的养分比较全面，肥效稳定而持久，能增强土壤的保水保肥能力，起到改良和培肥土壤的作用，有机肥料的这些特点和作用是化学肥料所不能代替的，也是人们认可的。而不断发展的生物肥料也促进了传统生产由无机向有机生产的转变。科学实验和大田多点试验表明，生物肥料不仅是植物理想的生长调节剂，而且表现出良好的沃土、净土、环保、高产、优质、低耗效果。云南烟草在有机烟叶的生产过程中，除使用天然肥料外，大力开发生物有机肥生产系统，为烟草庄园的有机烟叶生产提供肥源。

挑选适宜烟草品种，确保特色和增产增收。目前，我国一些科研机构针对不同地区有机烟叶种植品种都做了大量的研究工作。而有机烟叶发展较快的地区，也都结合了当地地理位置、气候条件，摸索选择优良高产抗病强的品种，确保烟叶具有鲜明的风格特点。像云南烟草是清香型风格的典型代表，为了彰显特色，云南烟草在种植园区则大力推广 K326 和 NC71 特色品种。而贵州烟草则充分发挥"北纬 27°"原生态烟草产业带不同地形、不同农业气候的特点，精选南江 3 号、春雷 3 号、特字 400 等品种，使这条黄金产业带上出产的烟叶涵盖了清香型、浓香型、中间香型、中偏清香等多种风格，扩展了有机烟草的用料范围。而福建烟草则结合当地低海拔，生态环境优良、多山的地形特点，在不同区域试点种植云烟 87、红花大金元和 C2 品种。

强化烤房建设，提高烟叶烘烤技术水平。为了确保有机烟叶烘烤质量，一些有机烟草种植区实施了烤房的技术改造，采用了新的烘烤方式。如云南烟草采用 3D 烟叶烘烤新模式集中统一烘烤，降低烘烤成本及污染。而福建烟草在对种植区域及种植户的选择时，就把是否具有良好烘烤设施这一条件作为挑选标准之一，为了支持有机烟叶的生产，福建烟草也是优先安排密集式烤房建设和技术改造，并派专人做好烟叶烘烤、储存环境的清洁工作。

总体而言，我国有机烟叶生产在进行大量的试验和生产方式探索后，已经积累了很多的经验，新技术和新方法的推广应用，使有机烟叶的生产栽培模式逐步成型，有些技术措施已经走在了国际前沿。随着这些成熟经验和生产方式的制度化、标准化，将会有力推动我国有机烟叶的生产发展。

2.1.3　现阶段我国烟叶有机生产探索发展的意义

（1）有机烟叶开发与烟草种植的可持续发展。有机烟叶生产遵循自然规律和生态学原理，采用可持续发展的农业技术以维持持续稳定的农业生产体系。这与烟草的可持续发展在某些层面上有一致性。

（2）有机烟叶开发与特色优质烟叶。有机烟叶是在一系列有机农业标准（将来逐步演变为有机烟叶生产标准）要求下，生产出来的优质烟叶。在一定程度上就是一种特色烟叶，是在原有栽培调制基础上发展出来的更高意义上的卷烟原料。有机烟叶将丰富特色烟叶的内涵和提升烟叶特色。

（3）有机烟叶将促进烟草种植整体水平的提高。一般情况下，有机烟叶的吃味、香气质量等内在质量要高于普通烟叶，有机烟叶（概念）卷烟一旦被消费者接受，必将带来有机卷烟大发展，这将会促进有机烟叶产区生产技术进一步提升。在生产有机烟叶过程中，会有遇见新问题、解决新问题的过程，必然有一些新的技术出现。这些技术被普通烟叶种植体系的借鉴，将会促进普通烟叶种植技术水平的提升。

（4）有机烟叶开发与降害减焦。从 20 世纪 50 年代初，英国皇家医学会首次官方报道吸烟危害健康至今，吸烟与健康问题一直受到各国政府、烟草行业及医学界的高度重视。近年来，全球性的反吸烟运动日益高涨，烟草行业受到的社会压力也越来越大。在此背景下，国际卷烟市场出现了加速向低焦油、低烟碱和低有害成分卷烟发展的趋势，并对烟气有害成分进行分析研究。现有资料表明，有机烟叶燃烧时所释放的有害气体明显低于普通烟叶。有机烟叶卷烟将会推动中式卷烟进入降害减焦新时代。

（5）有机烟叶开发与烟草行业社会责任。在某种意义上，有机烟叶开发是消费者对"诚信、道德、有良知、有社会责任感"的烟草农业的渴望和回归需求。有机烟叶杜绝了农药残留、重金属等安全隐患的困扰；有机卷烟产品的有害气体释放量明显低于普通卷烟，安全性大大提升。有机烟叶开发在引导农业安全生产（质量安全和环境安全），提升烟草行业社会形象方面将会起到不可估量的作用。

2.2　烟草对生态条件的要求

烟草生产是自然再生产过程和经济再生产过程相结合的物质生产。烟草是适应性较广的经济作物，在所有从事种植业生产的农业区域，烟草几乎都可以生长。从北纬60°到南纬45°的广阔范围内都有其分布。然而，烟草对环境条件的变化又表现得十分敏感，环境条件的差异以及农业生产技术措施的不同，不仅能影响烟草的形态特征和农艺性状，而且还能导致烟叶化学成分的变化，影响烟叶质量和工业可用性。因此，优质烟叶的生产具有很大的局限性和严格的环境要求。

烟草的生长和品质是植物体内各种生理活动协调进行的结果。凡能影响烟草生理生化活动的外界条件都能影响烟草的生长和品质。土壤、温度、水分和光照是影响烟草生育和品质的重要生态因素。只有各种生态因素合理地结合起来，烟草才能较好地生长发育，生产出工业可用性较高的优质烟叶。一般说来，温暖多光照的气候和排水良好的土壤，对各类烟草都适合。但适合烟草生长的生态条件与生产优质烟草所需的生态条件不尽相同。在我国烤烟是最主要的烟草类型，本节主要讨论生产优质烤烟的生态条件。

2.1.1　气候条件

1. 温度

烟草原产亚热带，是喜温作物，可生长的温度范围较广，地上部为8～38℃，最适温度是28℃左右；地下部为7～43℃，最适温度是31℃左右；烟草的三基点温度见表2.1。烟草种子发芽的适宜温度为25～28℃，在适宜温度内，温度高，出苗早，幼苗生长快，若出苗期气温低于11℃，烟株易发生早花；低于18℃种子发芽缓慢，超过35℃会遭受伤害，影响正常发芽。在大田生长前期，日平均气温低于18℃，特别是在13℃左右时，将使生长受到抑制而促进发育，导致烟株早花，从而减产降质，低温若遇多雨和寡照的气候条件，更易早花。在大田生长中、后期，日平均气温低于20℃，烟叶同化物质的转化和积累会受到抑制，烟叶成熟缓慢，气温越低，烟叶质量越差。就温度条件来说，成熟期的气温状况对烟叶质量的影响最为显著，通常把烟叶成熟期的日平均气温作为判别生态适宜类型的重要标志。统计资料表明，烟叶成熟期气温在20～28℃的范围内，烟叶的内在质量有随着平均气温升高而提高的趋势。唐远驹等在贵州省的调查资料更加明显地反映出这一点（表2.2）。因此，将日平均气温≥20℃的持续日数作为划分烤烟适宜生态类型的主要标志之一。《全国烟草种植区化》研究表明，日平均气温≥20℃的持续日数≥70天是烤烟最适宜或适宜生态类型的重要标准；为了保证经济价值最高部位烟叶能在最适宜的条件下成熟，日平均气温≥20℃的持续日数不能少于50天，故把>50天作为次适宜类型的界限。

表 2.1　烟草的三基点温度　　　　　　　　（单位：℃）

作物	最低温度	最适温度	最高温度
烟草	8	28	38

在烤烟生产过程中，烤烟的最适温度为 25～28℃，如果烟株生长一直处于最适温度，虽然生长迅速，营养体庞大，但植株往往比较纤弱，不利于烟叶品质的形成。一般认为，要获得品质优良的烟叶，成熟期的日平均温度应不低于 20℃，较理想的日平均温度是 20～25℃，并需持续 30 天以上，持续时间越长烟叶品质越好；气温超过 35℃，则烟碱含量过高，品质变差。我国主要烟区地处亚热带和暖温带，气温条件均能达到这一要求。以生产优质烟叶著称的云南烟区来看，叶片成熟期的平均温度大多在 20℃以上，最高温度和最低温度的变动幅度较小。

表 2.2　成熟期平均气温与烤烟质量

成熟期日平均气温/℃	烟叶物理性状			烟叶化学成分						烟叶内在质量		
	颜色（10分）	光泽（10分）	油润（10分）	总糖/%	还原糖/%	总氮/%	烟碱/%	蛋白质/%	总糖与烟碱比	香气（20分）	吃味（20分）	杂气（10分）
16.6	8.0	6.0	4.0	36.26	31.5	1.15	0.61	4.88	59.44	12.0	8.0	7.0
20.5	8.0	8.0	4.0	41.28	32.4	1.48	1.29	5.58	32.00	14.0	8.0	7.0
22.6	7.0	7.0	4.0	25.33	19.8	1.23	1.34	5.25	18.9	14.0	9.0	7.0
24.9	9.0	8.0	4.0	24.48	20.5	2.10	1.54	7.69	15.90	15.0	9.0	8.0
27.2	8.0	8.0	4.0	18.68	16.7	2.18	2.91	8.12	6.42	17.0	10.0	8.0

注：引自贵州省烟草种植区划报告

烟草为了正常完成自己的生命周期，需要一定的积温。烟草生长期间，只有积温满足其生长发育的需要，才能获得优质稳产的烟叶。在≥10℃的活动积温少于 2600℃的地区，难以完成正常的生长发育过程。如果生长期间的昼夜平均温度较低，烟株为满足自己所需要的温度总和，生长期延长，直接影响烟叶的产量和品质；相反，平均气温高的地区，烟草生长期较短。《全国烟草种植区化》将≥10℃的活动积温＞2600℃作为划分烤烟适宜生态类型的主要标志之一。

昼夜温差对烤烟质量的影响，现在学术界观点尚不一致。过去一般认为昼夜温差大有利于同化物质的积累，因而有利于优质烟的生产。但植物生理学的研究表明，在烟叶成熟期间，昼夜温差大能促进叶片同化产物向根、茎及生殖器官运转，不利于在烟叶内的积累；相反，昼夜温差小，由于同化产物向其他器官的运转缓慢，烟叶内积累较多的同化产物，对烟叶品质有利。也有研究表明，在昼夜温差 5.4～15.9℃范围内，昼夜温差大小与烟叶质量没有确定的关系。

2. 光照

烟草是喜光作物，光照条件对烟草的生长发育和新陈代谢都有较大影响。烟草只有在充足的光照条件下才有利于光合作用，提高产量和品质。从烟株自身生长发育方面来说，强烈的光照才能使它生长旺盛、叶厚茎粗、繁殖力强。但从人们对烟叶品质的要求来看，在强烈日光照射下的烟叶，叶片的栅栏组织和海绵组织加厚、机械组织发达、主脉凸出、叶片厚而粗糙、形成"粗筋暴叶"、油分不足、烟碱含量过高、烟叶质量较差；此外，过分强烈的日光还会引起日灼病，使叶尖、叶缘和叶脉产生褐色的枯死斑，这对烟草本身也不利。如光照不足，则光合作用受阻、生长缓慢、组织内部细胞分裂慢、细胞倾向于细胞伸长和细胞间隙的加大、机械组织发育差、烟株生长纤弱、成熟延迟、干物质积累减少、叶片大而薄、香气不足、内在品质差。左天觉指出，当光照不足时，叶片会生长不良，不能达到真正的成熟，进而影响叶片质量；当阳光充足并且有适度的高温时，有利于烟草干物质的生产和积累。因此，从烟叶质量的角度出发，要求光照充分而不强烈；在烟叶成熟期，充足、和煦的光照是生产优质烟叶的必要条件。

烟草的需光量，因烟叶着生部位而不同，一般来说，光饱和点由下部叶片向上部叶逐渐增加，同时需光量又随生育期的变化而变化，苗期的光饱和点在 1 万～2 万 lx，大田期在 3 万～5 万 lx。这是对烟草离体叶片测定的结果，是烟草顺利生长所需要的最低界限。实际上烟叶成熟阶段在 10 万 lx 的强光下，群体的同化物质总量仍随光强度的增加而增加。

光照对烟草的影响不仅在于光照强度，还在于光照时间的长短。左天觉认为，烟草是日中性作物。大部分烟草品种对光照长短的反映呈中性，即不敏感；只有少数多叶型品种呈明显的短日性，它们在日照较短的情况下，才能现蕾开花。光照时间的长短，不仅影响烟草的发育特性，而且与烟草生长也有密切关系。在一定范围内，光照时间长，延长光合作用，可以增加有机物质的合成；当光照时间减少到每天 8h 以下时，烟株生长缓慢，茎的伸长延迟，叶片数减少，植株矮小，叶色黄绿，甚至发生畸形。在一般情况下，烟草在大田生长期间日照时数达到 500～700h，日照百分率达到 40% 以上；采收期间日照时数达到 280～300h，日照百分率达到 30% 以上，才能生产出优质烟叶。大田日照时数在 200h 以下，日照百分率在 25% 以下，采收期间日照时数在 100h 以下，日照百分率在 20% 以下，烟叶品质较差。日照时间越长，越有利于叶内有机物质的积累，在热量不足的地区，用延长日照时间弥补是可行的。

烤烟在生育期要求日光充足而不十分强烈，每天光照时间以 8～10h 为宜，尤其在成熟期，光照充足是生产优质烟叶的必要条件。总体上，$300～600\mu mol/m^2s$ 为烟叶光合作用运转及酶活的最适光强。强光下（大于 $900\mu mol/m^2s$ 光强）烟叶发生光抑制。云南烟叶品质居全国首位，优良的气候条件，尤其日照强度是主要因素之一。云南烟草多栽培在丘陵地带，光照不太强，尤其是大田生长期处在 6～7 月份，雨量较多，除阴云密布的雨天，经常是多云间晴、晴间多云、多云间阴、阴间多云的天气，阳光穿过云层，时遮时射，形成和煦的光照条件，有利于烟草的生长，因而形成的烟叶品质较好。

3. 降水

烟草比较耐旱，但为了获得理想的产量与优良的品质，烤烟适宜种植在降水量充足而且分布较均匀的地区。因此，适宜的降水量是生产优质烟草的又一主要气候条件。烤烟的需雨量较大，在充足的雨量条件下，形成的烟叶组织疏松，叶脉较细，有利于烟叶品质的提高。如果雨量分布均匀，温度和其他条件都比较合适，烟叶生长良好，含氮化合物含量较低，调制后色泽金黄、桔黄。在生产上，如果降水不足，烟株生长缓慢、植株矮小、叶片小而厚、组织粗糙、单位叶面积较重、叶色较绿、不易落黄、烟碱含量高、糖类物质含量较低、烟味辛辣、品质欠佳。如果降水过多，烟叶生长旺盛、细胞间隙大、组织疏松、叶片大而较薄、调制后颜色较淡、香气不足、烟碱含量相对较低；此外，降雨过多可使气温降低，空气湿度增加，日照减弱，烟叶有机物质积累减少，在高温情况下容易发生病害。可见降水过多或长期干旱，对于生产优质烟叶都是不利的。日本西川等指出，在土壤含水量较高时，烟草生长较好，但在土壤水分过高时，因土壤空气少，根系呼吸和吸收养分能力降低，因氧气缺乏，烟株萎蔫或底烘，甚至枯死。若土壤水分持续降低，则有烟株常常出现蒸腾耗水大于吸水量现象；若烟株体内的水分入不敷出，则烟株的生长点和上部叶片会从下部叶片夺走水分和养分，下部叶膨压不足，开始萎蔫，有时受灼伤或导致底脚叶过早衰老枯黄。左天觉指出，当一块烟田淹水 4h 时，这块烟田就会受到伤害，如果延长到 48h，产量就会下降 15%。

降水对烟草的影响不仅于年降水量的多少，而且取决于雨量的分布。生育期雨量过分集中或出现暴雨对烟株生长不利，理想的雨量分布情况是在移栽期间降水较多以利还苗，还苗后降水少一些，以利生根，团棵后有充足的雨水供应以促进旺盛生长，成熟期雨量少有利于适时成熟采收。具体的降水适宜标准是：旺长期以前，烟株小、耗水量低、适度干旱能促进根系发育，此期的月降水量以 80～100mm 较为理想；旺长期耗水量最大，在降水量均匀的情况下，月降水量 200～260mm 即可满足需要；成熟期需要多光照的气候，以月降水量 120～160mm 较理想，此期雨量过多影响烟叶的正常成熟，特别是多雨寡照，对烟叶质量的不良影响更大。我国山东、河南烟草生长期间的月平均降雨量为 100～130mm，贵州、云南烟区为 180～200mm。

烤烟大田期对水分的要求有前期少、中期最多、后期少的特点。移栽期到还苗期，叶面蒸腾量小，平均每天耗水量 3.5～6.4mm；还苗期到团棵期，平均每天耗水量 6.6～7.9mm，土壤水分保持在田间持水量的 60% 为宜，低于 40% 则生长受阻，高于 80% 则根系生长较差，对后期生育不利；团棵期至现蕾期，平均每天耗水量 7.1～8.5mm，土壤水分保持在田间持水量的 80% 为宜，此期如缺水，则根系发育不良、生长受阻，若长期干旱，会出现早花；现蕾期至成熟期，平均每天耗水量 5.5～6.1mm，土壤水分保持在田间持水量的 60% 为宜，此期水分应稍少些，可提高烟叶品质，如土壤水分过多，易造成贪晚熟品质下降。

4. 灾害性天气

烟草是叶用经济作物，栽培烟草的目的是要得到完整无损的叶片。烟草个体较大，叶片大而柔嫩，大风和冰雹等灾害性天气对烟叶的危害比其他任何作物都严重，无论是在苗床还是大田期，都可能会带来严重的损失。因此，在烟草生育期内经常出现气象灾害的地区，不能安排烟草种植。对烟草影响较大的气象灾害主要有风害、冰雹和霜冻、低温和高温、水涝和干旱等。

烟草植株高大，特别是大田后期株高叶茂，容易遭受风害。5 级以上的大风对烟草危害很大；尤其是接近成熟的烟叶，遇到强风叶片互相摩擦产生伤斑，伤斑初呈浓绿色，后又转为红褐色，最后干枯脱落，形成不规则的破洞，对产量和品质会产生严重的影响。一般烟株上部叶片受风害较为严重，受害的叶片称为"风靡"。有些地区，在生长期间的干热风，虽然风力不大，但空气干燥，影响烟叶生长。叶片成熟期遇到10m/s的大风，就会造成危害，轻则擦破叶片，降低品质；重则烟株倒伏或叶片折断。

霜冻是影响烟草生长发育和品质的气候因子之一，烟草不仅幼苗易受霜冻危害，成熟的叶片受到霜冻也严重影响品质。受霜冻的烟叶从叶尖开始，初呈水渍状，后变为褐色，严重影响烟叶品质。因此，烟草应适时移栽，尽可能在无霜的适宜温度下完成整个生育期。

冰雹的危害性很大，一经发生，会使烟叶出现大量残伤破损，等级降低。其危害程度因冰雹的大小、下冰雹的时间长短和烟草生育时期而不同。苗床期遭受冰雹灾害，只要烟苗的顶芽未被打断，仍可移栽；移栽后，在烟草旺长期以前若遭受冰雹袭击，及时采取中耕、追肥等促进生长的措施，在提高主茎烟生长的同时，可根据生长季节和烟株生长情况培育杈烟，以弥补部分损失；在接近成熟期遭受冰雹灾害，则会造成难以弥补的损失。冰雹无论大小都会给烟叶带来不同程度的危害，因此，在经常遭受冰雹灾害的地带，冰雹往往成为种烟的限制因子。

当气温低于8℃时，烟草生长受阻。烟草在苗期能忍受短时0℃左右的低温，但易造成冷害。轻度的冷害，经过追肥和加强管理措施，仍能恢复生长。如长时间处于-3～-2℃的低温，则烟株死亡。此外，在苗期或移栽后长期生长在低温条件下，易导致早花减产。相反，温度过高对烟叶的产量和品质也产生严重影响。程林仙等认为，烤烟生长期内温度高于35℃时干物质的消耗大于积累，使烟叶质量明显降低。李琦等研究表明，烟叶成熟期温度过高，即使是短期的高温也会破坏叶绿素，影响光合作用，从而使新陈代谢失调，明显地影响烟株的生长、成熟和烟叶的品质。李卫东等也指出，烟叶成熟期高于26℃，则导致烟叶品质大幅度下降。

烟田干旱缺水，烟株生长缓慢，甚至停滞不前，叶片小而厚，组织紧密，蛋白质、烟碱等含氮化合物增加，烟味辛辣，品质低劣。相反，烟田排水不良，出现水涝，会严重降低植烟土壤的溶氧量，影响烟草根系的通气条件。烟草在伸根期，出现水涝会影响根系的形成和发育；旺长期出现水涝，则容易发生病害；在成熟期出现水涝，则不利于烟叶成熟落黄。如果烟田受涝严重，土壤中缺氧除影响根系生长和对养分的吸收，还会因土壤中还原物质的增加而使烟根中毒，甚至腐烂，严重时烟株发生萎蔫或死亡。当烟田出现淹水时，烟株各部位烟叶中的总氮含量显著提高，而可溶性糖和氧化钾显著降低。烟叶的化学品质随淹水时间、淹水深度的增加呈显著下降的趋势；处于旺长期的烟株对水涝最敏感，此期淹水则烟叶品质下降最明显。

2.2.2　地形地貌和海拔

在跨几个气候区的大范围内，气候条件是烟叶能否良好生长发育的主导因素，但在同一个气候区的小范围内，地形地貌就对烟叶质量的好坏起主导作用。地形地貌可以导致热量和雨量在一定范围内的再分配，会使不同区域内的温、光、水和热量条件有所差异，也会深刻影响土壤理化性状，特别是土壤空气、土壤温度和土壤养分等性状，从而影响和决定着烟草的生长发育及烟叶质量。烟草的生长发育和产量、品质与地形地貌有着密切的关系。一般来说,生产优质烟草的地形地貌以山坡地、山麓和丘陵地为好。从世界烟草生产情况来看,在日本多雨的条件下,种植在排水良好的丘陵地带的烟叶品质较好;美国烤烟质量最优的产地也在丘陵地区;津巴布韦烤烟则多种植在多山高原地区。20世纪60年代,我国烟草科技工作者对河南省优质烟叶原料基地的研究表明,山坡地所生产的烟叶无论外观质量还是烟气质量都明显优于平原地区所产的烟叶。80年代初,河南、山东和安徽等省的烟草种植区划研究也都进一步证实了这一结论,并把地形地貌类型作为划分烤烟适宜生态类型的重要因素。通过对山东丘陵和平原地所产烟叶的内在质量鉴定资料统计分析,发现两者在香气质、香气量及评吸总分上,丘陵地区所产烟叶都明显地优于平原地区,而且差异分别达到显著和极显著水平。

地形地貌的农业地质背景特点和地形坡度常影响烟草品质和种植区的布局,通常坡度角在0°~5°的地带有利于烟草发展,坡度角大于25°者,一般为林区荒坡或悬崖,对烟草的发展不利。丘陵地自然坡度15°以下的耕地为宜烟耕地,平地次之,洼地最差。有微斜坡地带,具有土壤质地适中、水分易补易排等特点,适宜烟草生长,属发展优质烤烟的优势背景区。在侧阳坡地带,具有烤烟适宜生长的热量、光照条件,对烤烟品质有利。山地平台、桌状山、锯齿形山坡地貌,这类地貌岩石风化产物来源单一,风化积存少或被冲刷迁移,不利成土,多形粗骨土,对烤烟生长皆不利。河边滩地由于冲积物多含易溶解于水的氯离子,且含量往往超过烤烟对氯离子的要求(大于30×10^{-6}),导致烤烟品质下降,也是属于不宜烤烟区的地质背景地带。地势的高低对烟草的生长发育和产量品质有密切关系。在山麓和丘陵地区,地势较高,排水良好,地下水位较低,土壤速效氮含量一般较低,含钾量较高,有利于烟草的生长,所产的烟叶往往品质较好。低洼地带排水不畅,地下水位较高,土壤黏重且养分不协调,所以烟叶往往品质较差。

不同海拔条件下,烤烟的品质也不同。韩锦峰等对河南烟区不同海拔烟叶香气物质含量测定结果表明,随着海拔的增加,烤烟叶片中苯甲醛、大马酮、类胡萝卜素、总酚、绿原酸、芸香甘等18种香气物质含量明显增加,茄尼酮和其他成分的含量减少,因此认为,烤烟种植在一定海拔的地带,有利于清香类物质的增加。根据云南省烟草科学研究院的研究,随着海拔的增加,烟叶中的总糖、还原糖、施木克值和糖碱比增加,而烟碱、蛋白质和总氮含量降低(表2.3)。云南和贵州省区划研究结果表明,在海拔超过1800m的地区,难以生产出优质烤烟;尽管云南烤烟在海拔800~2200m的范围都有栽培,但优质烟一般分布在海拔为1400~1800m的地区。

表2.3 海拔对烤烟化学成分的影响

海拔/m	总糖/%	还原糖/%	总氮/%	烟碱/%	氧化钾/%	蛋白质/%	糖碱比	施木克值	氮碱比
1400~1600	27.5	21.8	1.98	2.42	1.59	9.76	11.36	2.81	0.82
1600~1800	33.0	25.4	1.89	2.61	1.80	8.97	13.10	3.69	0.70
>1800	35.5	29.3	1.66	1.94	1.69	8.25	19.90	4.31	0.92

上述情况充分说明,地形地貌对烟叶品质有着深刻的影响。生产实践也证明了中低山、

低山、丘陵、高原都是适宜于烟草生产的地形地貌条件。故此，应将地形地貌作为划分烟草适宜生态类型的判别标志之一。

2.2.3　土壤条件

烟草对土壤的适应性很强,各种类型的烟草都有比较适宜的土壤.烟草除重盐碱土外,几乎在各类土壤上都能够生长发育,但烟草对土壤条件的反应也相当敏感。烟草的产量、化学品质、评吸品质和烟叶的工业可用性与土壤的类型和理化性状密切相关。即使在较小的区域内,品种相同、栽培技术措施和调制技术相似,仅由于土壤中某些理化性状不同,便会导致所产烟叶质量有明显差异。左天觉指出,土壤中充足的通气、供水和氮素营养是叶片最大限度扩展的三个关键因素.优质烟的生产对土壤条件的要求比较严格,土壤质地、肥力和通气状况是决定烟草生长适宜程度的基本条件,土壤酸碱度是重要的影响因素,土壤含氯量是限制因素。因此,选择适宜的土壤是优质烟生产的重要环节。

1. 土壤质地

土壤质地是指土壤中的砂粒、粉粒和黏粒的相对组成。根据土壤中砂粒、粉粒和黏粒的比例可以把土壤分为砂土、壤土、黏土和中间过度类型的砂壤土和壤砂土。土壤质地决定和影响土壤的蓄水性、导水性、保肥力、保温性和导温性以及土壤耕性等,对烟叶产量和质量有重要的影响。

砂土含黏粒少,含砂粒较多,粒间孔隙较大,热容量小,土温变化快,昼夜温差大,透水性能良好,保水保肥能力差,有机质含量少,肥力较低,土体结构多为粒状结构。在水分供应充足的条件下,烟株生长前期能够早生快发,生长较快,生长中后期烟株容易脱肥早衰。生产的烟叶一般叶片薄,油分差,烟碱含量较低,烘烤时易变黄,烤后颜色较淡,燃烧性好,香味较淡。

黏土含黏粒较多、砂粒少,粒间空隙小,土体结构多为块状结构。该类土壤一般含有机质较多,保水保肥性强,养分含量高,土温比较稳定。被黏粒吸附的阳离子,不易被雨水和灌溉水淋洗流失,并能缓慢而不断地供给烟草吸收利用。黏质土通气性差,好气性的微生物活动受到抑制,有机质分解比较缓慢,施入有机肥料容易累积和保存,养分释放比砂性土缓慢,肥效长,供肥稳。烟株前期生长较慢,烟株生长中后期土壤供氮能力较强,不易落黄,造成贪青晚熟;生产的烟叶叶片较厚,组织粗糙,不易烘烤,烤后叶片颜色深,烟碱等含氮化合物含量高,抽吸劲头大、吸味辛辣,品质不佳。但在山坡黏质土壤或有适量砂砾的黏质土壤上仍可生产出品质较好的烟叶。

壤土颗粒组成中黏粒、砂粒、粉粒的比例适当,土体结构多为团粒结构,兼有砂土和黏土的优点。其特点是砂黏适中,大小孔隙比例适当,通气透水性良好,有机质含量适中,保水保肥性强,供肥速率适中。烟株在生育前期能够正常生长,达到正常的个体长相和群体结构,进入成熟期能够适时落黄成熟。所产烟叶身份适中,组织疏松,烟叶抽吸劲头适中、烟气吸味协调。因此,壤土是理想的植烟土壤。全国优质烤烟基地的土壤大多处在轻黏土、壤土、砂壤土的范围内。

砂壤土和壤砂土含氮量低,尤其是含铵态氮低,保氮力弱,土壤有机质含量较低,土体结构多为疏松的大团粒结构。烟株在生育前期能够快速生长，达到正常的个体长相和群体结构，由于土壤中可矿化为无机氮的有机氮含量低，故烟株进入成熟期能够快速进入碳氮代谢转换期，烟叶落黄成熟集中。所产烟叶身份适中，组织疏松，烟叶抽吸劲头适中、部位间品质差异小，烟叶香气量足，香气质好，吸味较为协调。

土壤质地与烟株生长发育、养分吸收也有密切的关系。盆栽研究表明，黏土上生长的烟株总糖含量较低，氮、钾含量较高；随土壤中砂粒的增加，总糖增加，氮、钾含量下降，根系的干重及根的氮、钾在全株中所占的比例增加，而在叶中所占比例明显下降。土壤质地对烟叶钾含量的影响最大，土壤质地越黏重则烟叶钾含量越低。烟叶钾含量与土壤粒径1～0.2mm 的土粒含量呈极显著正相关。云南部分烟区烟叶钾含量低的主要原因是土壤质地过于黏重，烟株根系不发达，限制了烟株对钾素的吸收与积累。因此，选择砂壤土或壤土种植烟草并进行土壤改良对提高烟叶品质具有重要意义。

2. 土壤酸碱度

土壤 pH 是代表土壤溶液中氢离子活度的负对数，又称为土壤的活性酸度，是土壤酸性的强度指标。通常按土壤酸碱度的强弱，划分为 6 个等级（表 2.4）。土壤酸碱度与土壤的固相组成有关，又与交换性阳离子的组成有关。因为 pH 是离子在土壤固相与液相之间平衡状况的综合反映，其重要特点易变性较大。所以在耕地土壤中它极易受耕作、施肥、灌溉、排水等人为措施的影响而发生相应的变化，从而可采取适当措施加以调节。

表 2.4　植烟土壤酸碱度分级

土壤 pH	<4.5	4.5～5.5	5.5～6.5	6.5～7.5	7.5～8.5	>8.5
反应级别	极强酸性	强酸性	微酸性	中性	微碱性	强碱性

酸碱度是土壤的基本性质之一，根际 pH 主要通过影响根系生长和土壤中的养分状态、转化及其有效性等方面制约烟草的生长发育、产量和品质。首先，土壤中有机态养分要经土壤微生物参与活动，才能使其转化为速效态养分供植物吸收，而这些微生物大多数在接近中性的环境条件下生长发育，因此土壤中养分的有效性一般以接近中性反应时为最大。如土壤中的氮素绝大部分以有机态存在，因而在 pH 为 6～8 时内有效性最大；磷酸盐在 pH 为 6.5～7.5 时有效性最大，当 pH 超过 7.5 时易被钙离子固定，在 pH 低于 6.5 时由于可溶性铁、铝增加而形成磷酸铁、铝，使其肥效降低；钾、钙、镁等营养元素的盐类在酸性土中可被溶解，呈有效态，所以钾、钙、镁的有效性以 pH 为 6～8 时最高；但微量元素如铁、锰、硼、锌一般在酸性土壤中因可溶而有效度提高，在石灰性土壤中则因容易产生沉淀而有效性降低。总的来说，土壤酸性越强，土壤有效养分越缺乏，微酸性至中性时，有效养分较多。

烟草对土壤酸碱度的要求并不严格，在 pH 为 4.5～8.5 时均能生长。但不同的酸碱条件对烟叶生长及品质有明显的影响。根据国内外生产实践和研究证明，烟草适宜的土壤酸碱度为微酸性到中性，这与土壤中各种营养元素最大有效性的适宜 pH 范围基本一致。烟株在伸根期时，处于弱酸性条件下长势最强，其叶绿素含量、净光合速率、叶绿体 Hill

反应强度、硝酸还原酶和谷丙转氨酶活性及氨基酸含量均高于中性及弱碱性（pH≤8.0）条件。旺长期时，弱碱性处理的植株生长加快，碳氮代谢水平提高，超过中性及弱酸性处理。根际 pH 从 5.5 升至 8.0，烤烟对硝态氮的吸收减少，而对铵态氮的吸收增加，吸氮总量呈上升趋势。酸性条件下烟株现蕾较中性及碱性条件下提早 5～6 天，烟草根系生长迅速，根干重增加，并能促进烟草对氮、钾的吸收和利用，烟草对磷的吸收几乎不受 pH 的影响。pH 超过 8.0 时不宜种植烟草，pH 为 5.5～8.0 可能生产出优质烟。烟草根系对根际的 pH 具有较强的自我调节能力，即使土壤环境的 pH 不在烟株生长的最适宜范围内，烟草具有将其根系 pH 调节至适宜范围的能力。国外主要优质烟生产国，美国、津巴布韦等植烟土壤 pH 一般在 5.5～6.5；我国烤烟区的土壤，由于灌溉和施肥等问题，近年来土壤 pH 偏高，只有在云南、贵州的大部分土壤和黄淮烟区的少数土壤，pH 低于 7.0，北方烟区 pH 为 8.0 以上的尚不在少数。考虑到我国的实际情况和病害的控制问题，全国烟草种植区划研究在适宜生态类型划分标准中，把土壤 pH 为 5.0～7.0 作为烟草适宜类型范围，把 pH 为 5.5～6.5 的土壤作为烟草最适宜类型范围。

中国农业科学院烟草研究所对全国 1983～1984 年 119 份土壤和烟叶成对材料的分析表明，植烟土壤 pH 与烟叶内在质量之间呈负相关（$r=-0.9372$），随着土壤 pH 的增高，烟叶品质一般呈降低趋势。在土壤 pH 为 5.6～7.0 范围内，烟叶内在质量的评吸总分之间差异不显著；但在土壤 pH 为 7.1～7.5 范围内，烟叶内在质量则显著降低（表 2.5）。进一步分析显示（表 2.6），当土壤 pH≥7.1 时，烟叶的评吸余味显著变差，刺激性和杂气明显增加。

表 2.5 不同土壤 pH 与其所产烟叶的内在质量差异显著性

土壤 pH 范围	内在质量（平均分，满分 100 分）	差异显著性	
		5%	1%
5.6～6.0	76.21	a	A
6.1～6.5	73.49	a	A
6.6～7.0	73.32	a	A
7.1～7.5	68.42	b	B

表 2.6 不同土壤 pH 与其所产烟叶的余味、杂气、刺激性的差异显著性

土壤 pH 范围	余味（15 分）			杂气（10 分）			刺激性（10 分）		
	平均分	差异显著性		平均分	差异显著性		平均分	差异显著性	
		5%	1%		5%	1%		5%	1%
5.6～6.0	11.59	a	A	7.40	a	A	7.38	a	A
6.1～6.5	11.22	a	A	7.31	a	A	7.32	a	A
6.6～7.0	11.11	a	A	6.89	ab	A	7.36	a	A
7.1～7.5	6.67	b	B	6.50	b	A	6.78	b	B

3. 土壤肥力

土壤肥力是反映土壤肥沃性的一个重要指标，它是衡量土壤能够提供和协调作物生长

所需养分、水分、空气和热量的能力。土壤肥力的高低，对烟草产量和品质有很大的影响。不同烟草类型，对土壤肥力的要求不同。左天觉认为烤烟要求土壤肥力适中的土壤，白肋烟要求肥沃的土壤，香料烟则要求贫瘠且氮素含量较低的土壤。

土壤有机质泛指土壤中以各种形式存在的含碳有机化合物。土壤有机质是土壤的重要组成部分，是各种营养元素的主要来源，它对土壤的理化性质、生物性状和土壤肥力有重要的影响。土壤的含氮氧化合物有机态占95%以上，土壤中的磷有20%～50%是有机磷化物；土壤有机质中的腐殖质能吸附较多的阳离子，具有较好的保肥性和缓冲能力，有利于土壤团粒结构的形成，改善土壤的物理性状；此外，有机质又是土壤微生物必不可少的碳源和能源。一般来说，土壤有机质含量是土壤肥力的一个重要指标。在一定范围内，土壤有机质含量越高肥力性状越好。对烤烟来说，在有机质含量适中的土壤上能生产出品质较好的烟叶。在有机质含量过高、肥力水平较高的土壤上，所生产出的烟叶主脉粗、叶片肥厚、烟碱和蛋白质等含氮化合物增高、色泽较差、品质不良。在有机质含量过低，营养贫乏的情况下，烟株生长势弱，植株矮小，叶片小而薄，产量和品质均较差。根据全国烤烟种植区划小组对全国烟区土壤取样分析的结果，我国植烟土壤有机质平均含量为1.5%，与世界其他主要产烟国家相比，土壤有机质含量较低。如美国种烟土壤有机质含量一般为2%～2.5%；巴西的植烟土壤80%都是丛林或牧场开垦的，土地既肥沃又疏松，95%植烟土壤有机质含量都大于3%。一般来说，土壤有机质含量高低对烟叶品质的影响并不是主要的，往往是施肥量控制不当对烟叶品质的影响更大。

烟草生产对土壤养分的要求，有其一定的特殊性。实践证明，富含磷、钾及微量元素的土壤，是生产优质烟的基本条件；土壤中有效氮含量及供氮能力的调节是影响烟草生育和烟叶产质量的重要因素。在烤烟生产中这一点尤为显著，烤烟在生育前期需要有充足的氮素供应，才能保证烟株茎叶生长良好，而到烟叶成熟期氮素供应则需及时降低到适当水平，以保证烟株体内代谢能适时由蛋白质的旺盛合成转化为淀粉的积累，才有利于烟叶品质的形成。调节土壤养分供应能力，除采取恰当的施肥措施外，还可利用不同质地的土壤调节供应养分能力；如选择砂性大的土壤种植烤烟，可有效地提高烟叶质量。烤烟适合种植在肥力中等的土壤上，所以植烟土壤要求氮素含量中等偏低，磷钾相对丰富，微量元素供应充分或至少不十分缺乏。一般认为，土壤有机质低于2%、全氮含量不高于0.15%、碱解氮不高于150mg/kg、土壤磷钾中等丰富、速效磷大于10mg/kg、速效钾大于120mg/kg、土壤含氯量小于30mg/kg的土壤适宜于优质烟生产。我国植烟土壤在不同烟区均有不同程度的缺乏微量元素，造成烟株缺素症的表现，影响烤烟质量。特别是普遍缺硼，部分缺锌、缺锰、缺钼等微量元素。故烤烟生产中应注意微肥的施用。

4. 土壤含氯量

烟草对土壤含氯量极为敏感，氯极易被烟株吸收而在叶片中积累。尽管少量的氯对烟草生长、代谢和烟叶质量都是有益的，但当烟叶含氯量超过限制时，会成为影响其燃烧性的最主要因素。国内外研究结果证明，土壤含氯量与烟叶含氯量呈正相关。当烟叶含氯量大于1%时，就对烟叶燃烧性产生不良影响；含氯量超过1.5%，便会产生不同程度的熄火现象。含氯量高的烟叶不但燃烧性不良，而且杂气、刺激性重，工业可用性较低。20 世纪 60～70 年代，在黄淮烟区曾较大范围出现熄火烟叶，主要原因就是在含氯量较高的土壤上种植烤烟或是利用含氯量较高的地下水灌溉造成的。

通过测定全国各烤烟产区 154 对土壤-烟叶样品，发现土壤含氯量与烟叶燃烧性呈极显著负相关，相关性可用下式表示：

$$\hat{Y} = 1873X - 1.8370$$

式中，$\hat{Y}$ 为烟叶的阴燃持火力，s；X 为土壤氯离子含量，mg/kg。

据研究，不致熄火烟叶的最低阴燃持火力为 2s，即持火力 $\hat{Y}=2s$，土壤含氯量 $X=42mg/kg$。因此将土壤含氯量 45mg/kg 作为我国烟草种植生态次适宜区的最高上限是较为恰当合理的。按以上公式计算，土壤含氯量为 30mg/kg 时，烟叶的阴燃持火力为 3.6s，如果达到这个标准，燃烧性就不会成为烟叶质量的限制因素。所以，把土壤含氯量 30mg/kg 作为烟草种植适宜区和最适宜区的最高上限。

2.2.4 烟叶有机生产的适宜区域类型划分

1. 烟叶生产的适宜区域类型划分原则

烟叶生产适宜区域类型的划分是以烟草生产的生态条件为依据，包括无霜期、温度、雨量、日照、地势和土壤等因素。根据全国烟草种植区划研究结果，烟叶的生态适宜区域类型划分为最适宜、适宜、次适宜、不适宜四级。

1）最适宜类型

自然条件优越，虽有个别不利因素，但通过一般农艺措施容易改造和补救。能够生产出优质烟叶（烟叶内在质量优点多而突出，缺点少而容易补救）。主要生态指标如下：

①无霜期＞120 天；

②≥10℃的积温＞2600℃；

③日平均气温≥20℃的持续日数≥70 天；

④0～60cm 土壤含氯量＜30mg/kg；

⑤土壤 pH 为 5.5～6.5；

⑥地貌类型为中低山、低山、丘陵。

2）适宜类型

自然条件良好，虽有一定的不利因素，但通过一般农艺措施较容易改造和补救。生产的烟叶使用价值较高（烟叶内在质量优点较多，虽有一定缺点但有可以弥补的措施）。主要生态指标如下：

①无霜期＞120 天；

②≥10℃的积温＞2600℃；

③日平均气温≥20℃的持续日数≥70 天；

④0～60cm 土壤含氯量＜30mg/kg；

⑤土壤 pH 为 5.0～7.0；

⑥地貌类型为中低山、低山、丘陵。

3）次适宜类型

自然条件中有明显的障碍因素，改造和补救困难，生产的烟叶使用价值低下（如烟叶燃烧性不良或其他不可弥补的缺陷）。主要生态指标如下：

①无霜期≥120 天；

②≥10℃的积温＜2600℃；

③日平均气温≥20℃的持续日数＞50 天；

④0～60cm 土壤含氯量＜45mg/kg。

4）不适宜类型

自然条件中有限制性因素，并且难以改造或补救，烟株不能完成其正常的生长发育过程或虽能正常生长，但烟叶的使用价值极低（如黑灰熄火）。主要生态指标如下：

①无霜期＜120 天；

②0～60cm 土壤含氯量＞45mg/kg。

2. 烟叶有机生产的适宜区域类型

烟叶有机生产过程中，不使用任何化学合成的农药、化肥、生长调节剂、基因工程获得的生物及其产物；通过采取一系列可持续发展的农业技术，来培肥土壤和消除烟叶的外源有害物质。生产过程中主要使用有机肥进行土壤培肥，综合应用农业措施、物理和生物防治方法进行病虫害综合防治，采用人工除草、人工抑芽。与烟叶常规生产相比，烟叶有机生产用工多、生产成本高、产量略有下降、烟叶安全性有所提高。故而，烟叶有机生产应选择烟草最适宜或适宜生态类型进行，才有利于烟叶有机、优质、安全、特色风格的形成。

适宜烟叶有机生产的生态类型的主要生态指标如下：

①无霜期＞120 天；

②≥10℃的积温＞2600℃；

③日平均气温≥20℃的持续日数≥70 天；

④0～60cm 土壤含氯量＜30mg/kg；

⑤土壤 pH 为 5.0～7.0；

⑥地貌类型为中低山、低山、丘陵。

2.3 烟叶有机生产产地环境要求

烟草虽然不是食品，但由于抽烟时烟气可以通过呼吸系统直接进入肺部和血液，直接影响人体健康，所以各国均将烟草作为准食品进行严格管理。烟草制品的安全性与烟叶生长的环境息息相关。据文献报道，选用含钾量高的红棕壤土和红黄沙壤土种烟。增施磷、钾肥，土壤 pH 为 5～5.6 较适宜降焦。《有机产品第 1 部分：生产》（GB/T 19630.1—2011）第 5.3 条对于种植基地的产地环境更是具有明确规定。作为香烟原料的烟叶如需获得有机认证，其生产基地也需要满足有机种植对于产地环境的要求。

2.3.1 有机种植环境要求

《有机产品第 1 部分：生产》（GB/T 19630.1—2011）第 5.3 条要求，有机生产需要在适宜的环境条件下进行。有机生产基地应远离城区、工矿区、交通主干线、工业污染源、生活垃圾场等。这是对基地选址的原则性要求，主要是避开各种污染源，降低受到污染，导致产品质量不合格的风险。同时，良好的环境也有利于形成适合有机种植的生态系统。

《有机产品第 1 部分：生产》（GB/T 19630.1—2011）第 5.3 条同时要求土壤环境质量符合 GB 15618—1995 中的二级标准，农田灌溉水质符合 GB 5084—2005 的规定，环境空气质量符合 GB 3095—2012 中二级标准的规定。

1. 土壤环境质量要求

土壤环境质量应符合表 2.7 的规定。

表 2.7 有机生产土壤质量标准　　　　　　　　　　　（单位：mg/kg）

项目	pH	
	5.0~6.5	6.5~7.0
汞≤	0.30	0.50
砷≤	40	30
铜≤	50	100
铅≤	250	300
镉≤	0.30	0.60
铬≤	150	200
锌≤	200	250
镍≤	40	50
氯化物≤	30	
六六六≤	0.50	
滴滴涕≤	0.50	

2. 农田灌溉水质量要求

灌溉水质应符合表 2.8 的规定。

表 2.8 有机生产灌溉水质量要求　　　　　　　　　　（单位：mg/L）

项目	限值
五日生化需氧量≤	100
化学需氧量≤	200
悬浮物≤	100
阴离子表面活性剂≤	8
水温/℃≤	35

续表

项目	限值
pH	5.5~7.0
全盐量≤	1000c
氯化物≤	350
硫化物≤	1
总汞≤	0.001
镉≤	0.01
总砷≤	0.1
铬（六价）≤	0.1
铅≤	0.2
铜≤	1
锌≤	2
粪大肠菌群数/（个/100ml）≤	4000
蛔虫卵数/（个/L）≤	2

3. 环境空气质量要求

环境空气质量应符合表 2.9 的规定。

表 2.9　有机生产产地环境空气质量要求　（单位：mg/m^3）

项目	限值	
	日平均	1h 平均
总悬浮颗粒物 TSP（标准状态）≤	0.30	—
可吸入颗粒物 PM10（标准状态）≤	0.15	—
二氧化硫 SO_2（标准状态）≤	0.15	0.50
氮氧化物 NO_x（标准状态）≤	0.10	0.15
二氧化氮 NO_2（标准状态）≤	0.08	0.12
一氧化碳 CO（标准状态）≤	4.00	10.00
臭氧 O_3（标准状态）≤	—	0.16
苯并[a]芘 B[a]P（标准状态）/（$\mu g/m^3$）≤	0.01	—

注：日平均指任何 1 天的平均浓度；1h 平均指任何 1h 的平均浓度

2.3.2　烟叶有机生产基地选择

在选择有机烟叶生产基地时，除了通过检测获取基地土壤、灌溉水和环境空气质量数据，确认其满足有机产品标准对于基地环境质量的要求，还必须考虑基地的自然环境条件、基地的土地使用历史以及邻近土地的利用情况，并系统分析这些因素对于有机烟叶生产的风险。

1. 基地的自然环境条件

选择有机烟叶生产基地时，应考虑以下原则：
（1）布局在最适宜烟叶种植区；
（2）不能选择低凹地、长期渍水和土壤受污染的田地；
（3）土壤质地为中壤、砂壤或轻壤，土壤肥力中等，植烟土壤坡度≤15°；
（4）土壤耕作层（0～60cm）氯含量小于 30mg/kg；
（5）种植区域内不能有受污染的河流。

2. 土地使用历史

基地土地使用的历史将影响基地种植有机烟叶的适宜性。对土地以前的使用历史可从如下四个方面进行评估。
（1）前茬作物。例如，棉花的除草剂用量很大，可能造成有机烟叶检出农药残留。烟草是忌连作作物，在烟草轮作周期中前作的选择是轮作成败的关键，选择烟草前作主要从以下两个方面来考虑：一是前作收获后土壤中氮素的残留量不能过多，否则烟草施肥时氮素用量不易把握，直接影响烟叶的产量和品质；二是前作与烟草不能有同源病虫害。应避开前作为茄科、葫芦科作物的地块，宜选择前作为禾谷类作物或油料作物的地块，如水稻、小麦、油菜等地块。
（2）工业和军事用途。例如，如果以前曾用作停车场，会有较多的汽油污染。
（3）垃圾填埋或矿业用地。基质中的有些垃圾可能会污染以后种植的农作物，或突然沉陷，危及地上的工作人员。
（4）自然植被：可能潜藏病虫害和杂草危害。

通过土地使用历史评估，尽可能避免错误选址导致无法纠正的环境或产品质量问题，并将无法回避的风险作为有机烟叶生产的关键控制点，制定相应对策，形成计划并实施。

3. 邻近土地利用情况

烟叶有机生产基地应远离城区、工矿区、交通主干线、工业污染源、生活垃圾场等污染源，与交通干线的距离＞1000m；水土保持良好，生物多样性指数高，相对封闭且与外界有隔离带，具有可持续生产能力；尽可能选择当地政府和农业部门对烟叶有机种植支持力度较大的地区。

选择有机烟叶生产基地时，还应对有机生产区域受到邻近常规生产区域污染的风险进行分析。如果邻近常规地块，则常规地块漫灌时的排水，或下雨时形成的地表径流，常规地块喷施农药造成的飘移，都可能带来禁用物质的污染。在存在风险的情况下，则应在有机和常规生产区域之间设置有效的缓冲带或物理屏障，以防止有机生产地块受到污染。若能选择地势比常规生产区域较高、位于上风向的地块作为有机烟叶生产基地则更好。

缓冲带可以是一片耕地、一条沟或路、一片丛林或树林，也可以是一片荒地或草地等。物理障碍可以是一堵墙、一个陡坎、一个大棚或一座建筑等。总之对周边潜在的污染要能起到有效的隔离作用。缓冲带如果种植作物，则这些作物不能作为有机产品销售，但也应按照有机生产的要求进行种植。

第3章 烟叶有机生产技术体系

3.1 烟叶有机生产特色品种筛选

3.1.1 有机特色品种要求

有机种子是专门为从事有机栽培的农场或客户生产的、完全不采用化学处理的农作物种子。具体指在有机栽培条件下生产，经精选充分生理成熟，健康无病虫，并经引发具有高活力、发芽整齐、生长快速、正常幼苗多、成苗率高的高质量种子。

根据欧盟有关规定，从 2004 年起，该地区的有机栽培者，只能使用"有机种子"生产有机农产品。有机种子生产是指选用具有抗病虫、高活力遗传特性的优良品种种子，在有机栽培条件下栽培，使其达到充分生理成熟时期收获，通过精选，剔除不饱满、低活力种子，并经物理方法杀菌、杀虫和引发生产高活力种子的生产技术。美国农业部国家有机计划建立有机作物生产验证的指导方针。根据 2011 年 6 月发出的一项指导草案，有机农民可以使用非有机种子种植验证有机作物，但这项豁免仅限于没有适当的形式、品质或数量的有机种子在市面上时才适用。有机烟种子和种苗，在得不到认证的有机种子和种苗的情况下（如在有机种植的初始阶段），可使用未经禁用物质处理的常规种子。

品种对烟叶质量和香型风格具有重要影响，有机特色品种应以工业品牌为导向，对现有常规特色品种进行刷选，选取工业可用性好，在有机烟叶生产基地适应性较好，抗病性较好的优良品种作为有机烟叶生产特色品种。并依据品种特性，形成配套的栽培技术体系。

3.1.2 主要特色品种介绍

1. K326

K326 品种是美国 1983 年育成，亲本是 McNair30×NC95 纯系。1985 年引入我国，经过试验示范，全国烟草品种审定委员会认定为优良品种。1988 年经云南省农作物品种审定委员会审定为推广品种，1986～1988 年参加全国烤烟良种区域试验，1989 年全国烟草品种审定委员会审定为全国推广良种。

株式筒形或塔形，株高 110～130cm，节距 4～4.89cm，茎围 7～8.90cm，叶数 24～26 片，可采叶 18～21 片。腰叶叶形长椭圆形，叶色绿色，叶尖渐尖，叶缘波浪状，叶面较皱，叶耳小，主脉较细，叶片厚度中等，叶肉组织细致，茎叶角度大。花序集中，花冠淡红色。移栽至中心花开放 52～62 天，大田生育期 120 天左右。田间生长整齐，腋芽生长势强。高抗黑胫病，中抗青枯病、南方根结线虫病和北方根结线虫病，抗爪哇根结线虫病，感野火病、普通花叶病、赤星病和气候型斑点病。

原烟桔黄色，油分多，光泽强，叶片结构疏松，身份适中，主筋比 28.97%；总糖

26.38%左右，烟碱 2.01%～3%，蛋白质 10.77%左右，总氮 2.07%，施木克值 2.45，氮/碱 1.03，糖/碱 13.12；评吸香气质尚好，香气量足，浓度中等，有杂气，劲头适中，有刺激性，余味尚舒适，燃烧性强，灰色灰白。

2. NC71

NC71 是由云南省烟草农业科学研究院与玉溪中烟种子有限责任公司于 2009 年从美国—巴西布菲金种子公司引进，于 2011 年 8 月通过全国烟草新品种农业评审，于 2012 年 12 月 11 日通过第六届全国烟草品种审定委员会审定。

NC71 性状稳定，株型南方烟区表现为塔形、北方烟区为筒形，叶片长椭圆形，叶色绿，茎叶角度中等，主脉粗细中等，烟株整齐度好，田间生长势中至强，分层落黄特征明显，大田生育期 120 天左右。平均打顶株高 102.8cm，略高于 K326 和 NC89；有效叶片数 21.1 片，多于 K326 和 NC89；茎围 8.9cm，节距 4.5cm；腰叶长 65.7cm，腰叶宽 27.7cm，叶片大于 K326，略大于 NC89。NC71 抗根结线虫病，中抗黑胫病，中感赤星病，感 TMV，综合抗病性与 K326 相当。综合经济性状优于 K326 和 NC89。

NC71 原烟成熟度好，颜色多桔黄，光泽中至强，油分有，叶片结构疏松，叶片厚度适中，外观质量总体上与 K326 和 NC89 相当。原烟总糖 29.0%、还原糖 24.5%、总植物碱 2.82%、总氮 1.74%、氧化钾 1.74%、钙 2.66%、镁 0.35%，总体协调性略好于或与对照 K326 和 NC89 相当。香气质较好，香气量和劲头适中，杂气较轻，余味干净舒适，感官评吸质量略好于或与对照相当。

种植 NC71，中等肥力田块，施肥量与 K326 相当，氮磷钾配比以 1：1.5：（2.5～3）为宜，在 TMV 和赤星病高发区慎重选择种植。NC71 易烘烤，在烘烤过程中，叶片变黄速度和失水速度中等，略快于 K326。只要注意控制好温湿度，使变黄与失水协调好，就能烘黄烤香。

3. 红花大金元

红花大金元原名路美邑烟，1962 年云南省路南县路美邑村烟农从大金元变异株中选出，因花色深红而得名，是云南烟区的主要栽培品种之一。

株式筒形或塔形，株高 100～140cm，节距 4～4.7cm，茎围 9.5～11cm。叶数 20～22 片，可采叶 15～18 片。腰叶长椭圆形，叶尖渐尖，叶面较平，叶缘波浪状，叶色绿色，叶耳大，主脉较粗，叶肉组织细致，茎叶角度小，叶片较厚。花序集中，花冠深红色。移栽至中心花开放 52～62 天，大田生育期 120 天左右。中抗南方根结线虫病，气候型斑点病轻，感赤星病、黑胫病，中感野火病和普通花叶病。

原烟金黄色、柠檬黄色，油分多，光泽强，富弹性，身份适中，单叶重 8～12g，主筋比 29.11%；总糖 26.02%～31.93%，还原糖 20.88%～26.76%，总氮 1.71%～2.01%，烟碱 1.92%～2.61%，蛋白质 9.19%～11.00%，施木克值 2.37～3.47，氮/碱 1.13，糖/碱 9～12.23；评吸清香型，香气质好，香气量尚足，浓度中等，有杂气，劲头适中，燃烧性强，灰色白。

栽培技术要点：适宜在中等肥力的地块种植，氮磷钾比例 1：1：2，亩栽 1000～

1200 株，中心花开放时打顶，留叶 18～20 片。红花大金元叶片落黄慢，充分成熟采收，严防采青，烘烤中变黄速度慢，而失水速度又快，较难定色，难烘烤。变黄期温度 38～40℃，变黄 70%～80%，注意通风排湿，40℃保温就控制在 36～38℃，43℃烟叶变黄 90%，45℃保温使烟叶全部变黄。定色前期慢升温，加强通风排湿，烟筋变黄后升漫转入定色后期，干筋期温度不超过 68℃。

4. KRK26

烤烟 KRK26 为津巴布韦烟草研究院（Kutasaga）2001 年推出的烤烟新品种。是由 MS K326 与 RW（抗角斑病 1 号小种和根结线虫病的品系）杂交选育的雄性不育杂交种。

该品种株型为塔型，叶形长椭圆，茎叶角度中等，主脉中等。平均打顶株高 140cm，可采叶数24 片，茎围10cm，节距6cm，腰叶长71cm，宽31cm。大田生育期130 天左右，生长势强，中抗南方根结线虫病，中感赤星病，感普通花叶病和黑胫病。中下部烟叶分层落黄明显，上部烟叶集中成熟。烤后原烟成熟度好、颜色多桔黄、叶片组织结构疏松、正反面色差小、成熟颗粒好、光泽强、油分多、厚薄适中，烟叶外观质量优于对照 K326，主要化学成分比例协调。

该品种需氮量中等偏少、需钾量稍多、需磷量中等，氮磷钾配比为 1：（1～1.5）：3.0。亩栽烟 1000 株左右，行距 120cm，株距 55cm。采取"足叶封顶"技术，当大田烟株第 26～28 片叶长至 15cm 左右时，将第 26 片叶及上部多余叶片一起打去，同时摘除底脚叶 2～3 片，确保单株有效叶不超过 24 片。采用低温调湿变黄、稳温控温定色的方法烘烤，干球温度 43℃以前烟叶充分变黄、拖条。在黑胫病和普通花叶病毒病高发区慎重选择种植。

5. NC297

1998 年由美国金叶种子公司育成的杂交 F1 代品种。株型为塔型，叶形长椭圆形，打顶株高 103～136.38cm，打顶后有效叶片数 26 片，腰叶长 56.97～71.75cm，宽 20～30cm，节距 3.39～4.88cm，茎围 9.25～11.22cm。

抗旱性强，苗期长势强，大田生长前期长势稍弱，栽后 50 天生长势强，叶色清秀，群体长势整齐，中下部叶片稍薄，中上部叶片适中，移栽至中心花开为 53～60 天，大田生育期 125 天左右。全田 50%的烟株中心花开时封顶，留叶 20～22 片，彻底打杈，坚持成熟采收，重点预防赤星病。平均亩产量 140～175kg，NC297 品种抗 TMV、黑胫病、青枯病、南方根结线虫，中感赤星病。

NC297 品种总体较易烘烤，烤后颜色桔黄，成熟度好、结构疏松光泽中等至强，油分稍有至有，结构尚疏松至疏松。下部烟叶表现为"通身"变黄特点，不耐烤，小筋变白后才可转火，否则易烤成青筋烟叶；中上部烟叶耐烤易烤，变黄速度与失水干燥速度配伍性较好，变黄速度与 K326 相近，失水速度比 K326 慢。

6. 云烟 85

云烟 85 是云南省烟草科学研究所用云烟 2 号和 K326 杂交选育而成。1996 年通过全国烟草品种审定委员会审定。株式塔形，株高 150～170cm，节距 5～5.8cm，茎围 7～

8.03cm，叶数 24～25 片。腰叶长椭圆形，叶尖渐尖，叶色绿色，叶面较平，叶缘波浪状，叶耳大，叶肉组织细致，茎叶角度中等，花序松散，花冠红色。移栽至中心花开放55 天，大田生育期 120 天左右。田间生长整齐，腋芽生长势强。高抗黑胫病，中抗南方根结线虫病，感爪哇根结线虫病，耐赤星病和普通花叶病。

原烟总糖 23.26%、烟碱 2.26%、总氮 1.96%、蛋白质 9.81、施木克值 2.37 左右，糖/碱 10.29，氮/碱 0.87；评吸香气质好，香气量尚足，杂气微有，劲头适中，刺激性微有，余味尚舒适，燃烧性强，灰色灰白。云烟 85 耐肥性强，适宜在中等肥力以上田地种植，亩施纯氮 8～10kg，每亩 1100 株左右，氮磷钾比例 1:1:2，现蕾时打顶，留叶 18～20片。该品种大田生长初期如受环境胁迫（干旱等），有 10～15 天抑制生长期，要根据年份的气候、雨量等特点因素，合理掌握封顶时间，不过早封顶，以免烟株后期长势过头。

云烟 85 比 K326 变黄速度略快，失水速度平缓，容易烘烤，可与 K326 同炉烘烤。在采收充分成熟烟叶的基础上，变黄期温度 38～40℃，使叶片基本变黄，定色期 52～54℃，将叶片基本烤干，干筋期温度不超过 68℃，烤干全炉烟叶。

7. 云烟 87

云烟 87 是云南省烟草科学研究所、中国烟草育种研究（南方）中心以云烟 2 号为母本，K326 为父本杂交选育而成。2000 年 12 月通过国家品种审定委员会审定。

云烟 87 株式塔型，打顶后为筒型，自然株高 178～185cm，打顶株高 110～118cm，大田着生叶片数 25～27 片，有效叶数 18～20 片。腰叶长椭圆形，长 73～82cm，宽 28.2～34cm，叶面皱，叶色深绿，叶尖渐尖，叶缘波浪状，叶耳大，花枝少，比较集中，花色红。节距 5.5～6.5cm，叶片上下分布均匀。大田生育期 110～115 天，种性稳定，变异系数较 K326 小。抗黑胫病，中抗南方根结线虫病，耐普通花叶病，抗叶斑病，中抗青枯病。移栽至旺长期烟株生长缓慢，后期生长迅速，生长整齐。

云烟 87 品种下部烟叶为柠檬色，中上部烟叶为金黄色或桔黄色，烟叶厚薄适中，油分多，光泽强，组织疏松。总糖含量 31.14%～31.66%，还原糖含量 24.05%～26.38%，烟碱含量 2.28%～3.16%，总氮含量 1.65%～1.67%，蛋白质含量 7.03%～7.85%，各种化学成分协调，评吸质量档次为中偏上。

云烟 87 最适宜种植海拔为 1500～1800m，海拔超过 1800m 的烟区采用地膜栽培技术，也能获得优质、适产、高效益。适应性广，抗逆力强。云烟 87 苗期生长速度快，品种较耐肥，需肥量与 K326 接近，针对云烟 87 前期生长慢、后期生长迅速的特点，基肥不超过 1/3，追肥占 2/3，分两次追施较为合理，并根据年份的气候、雨量等特点因素，合理掌握封顶时间，不过早封顶，以免烟株后期长势过头。云烟 87 烟叶变黄速度适中，变黄较整齐，失水平衡，定色脱水较快，烟叶变黄定色、脱水干燥较为协调，容易烘烤，烘烤特性与 K326 接近，可与 K326 同炉烘烤。

8. 翠碧 1 号

烤烟品种翠碧 1 号为福建省宁化县张仁琳等于 1977 年从特字 401 变异株中选育而

成，1982 年定名翠碧 1 号，1989 年 6 月通过省级审评，1991 年通过全国烟草品种审定委员会认定为优良品种。现主要在三明烟区大面积种植，龙岩的长汀有部分种植。

该品种株式塔形，打顶株高 95～105cm，茎杆粗壮，可采叶数 18～20 片，叶片长椭圆形，叶色绿，叶尖渐尖，叶面稍平，叶缘波浪状，叶脉中等，叶肉组织细致，叶片厚薄适中。该品种较耐寒，生长前期遇低温不易早花，在三明烟区一般 11 月中上旬播种，1 月下旬至 2 月上旬移栽，大田生育期 150 天左右。该品种需肥较少，中等肥力，亩产125～150kg。烟叶田间较不耐熟，烘烤时要适当延长变黄期，烤后烟叶正黄～金黄，身份中等，油分足，弹性强，香气质好。该品种适应性好，耐旱、耐寒，耐瘠薄，感青枯病、黑胫病，较耐花叶病，抗气候斑点病。

3.2 烟叶有机生产育苗技术

有机烟叶育苗是有机生产的重要环节，烟苗素质直接影响大田期有机烟叶的生长发育质量，是获得优质适产有机生产烟叶的基础。与常规育苗相比，有机育苗对于育苗场地选址、育苗环境控制、育苗过程管理、育苗技术措施等都有着更高的要求。有机烟叶育苗要求必须在有机烟叶产地内，严格选址，育苗过程中必须采用经有机评估机构评估准许用于有机生产的肥源和药剂进行营养物添加和有害生物控制。如美国在烟叶有机生产中，避免在水床中直接施入盐形态的肥料，而是使用可溶性的鱼类和海藻产品替代。有机育苗与常规育苗均以培育出无毒壮苗作为最终目标，除此之外还应做到苗壮、苗足、苗齐和适时。目前来说，有机烟叶育苗方式主要有常规育苗和漂浮育苗。

3.2.1 有机烟叶育苗要求

1. 壮苗

培育壮苗，是保证烤烟优质适产的首要任务。壮苗代谢正常，有机养分合成积累多，营养充足，分配合理，幼苗生长健壮，发育正常，大小适宜，结构合理的烟苗，壮苗具有组织充实，贮藏营养物质多；根系发达，发根力强，移栽时带土多，移栽后能迅速恢复吸收能力，促进地上部分成活快。壮苗还苗快，还苗时间短；壮苗移栽后能耐旱抗旱；壮苗移栽缺糖少，大田生长整齐，能充分利用土地，田间成熟一致，便于管理和采烤。

常规育苗的壮苗标准是：有一个发达完整的根系，云南烟区称为螃蟹根、侧根、须根多，壮苗一般有 50～70 条侧根，壮苗根系干重为 0.05～0.12g，苗高 15～20cm；节间短粗，茎高 5cm，有 9～10 片真叶，具有 5～6 片充分成长的真叶，叶片厚实，叶色绿而不浓不淡，叶片青，无病虫害；壮苗单株叶面积为 150～300cm^2；单株干重 0.5～1.0g；苗龄适宜；叶片组织致密，叶片单位面积重大，壮苗临界含水率低，持水能力大，因而具有良好的耐旱能力。

漂浮育苗壮苗标准是：苗龄为出苗后 50～60 天，育苗期间气温高的地方苗龄可减少3～5 天，而气温低的地方苗龄则相应增加 3～5 天，茎高 10～15cm，茎围 2.2～2.5cm，叶色黄绿，清秀、整齐无病，根系发达，茎秆柔韧性好。

2. 苗齐

培育出的烟苗不仅生长健壮，而且还要大小整齐一致。移栽到大田后，生长和成熟也整齐一致，便于栽培管理和采烤。如果烟苗大小、长势大小不一，大田期吸收水肥能力和所占空间有很大差异，难以形成优质烟整体健壮的群体结构。

3. 苗足

按当年大田种植计划，大田面积和大田移栽密度，保证有数量充足的壮苗，不缺苗，并有一定数量的预备苗作补苗等备用，以完成种植任务，一般每亩栽烟 1000～1300 株，还要多育 15%～20%的预备苗，作为补苗用。

4. 适时

适时指在最适宜的移栽节令内，能育出适龄的壮苗。避免"苗等地"和"地等苗"两种现象。

3.2.2　有机种子

有机农业要求有机栽培应使用有机种子和种苗，在得不到认证的有机种子和种苗的情况下（如在有机种植的初始阶段），可使用未经禁用物质处理的常规种子。但是国际有机农业运动联盟（简称 IFOAM）发布了一项倡议：自 2010 年 1 月 1 日起，所有有机作物必须使用有机种子。该规定一出台就受到了美国、日本、欧盟等众多发达国家和地区的积极响应，并以立法的形式规定下来。

有机种子是专门为从事有机栽培的农场或客户生产的、完全不采用化学处理的农作物种子。有机种子生产是指选用具抗病虫、高活力遗传特性的优良品种种子，在有机栽培条件下栽培使其达到充分生理成熟时期收获，通过精选，剔除不饱满、低活力种子，并经物理方法杀菌、杀虫和引发生产高活力种子的生产技术。

目前烟叶有机生产中，一般采用裸种和有机包衣种。有机烟叶育苗采用裸种后，其体积只有包衣种的几十分之一，外层不含杀虫剂、杀菌剂、无机肥、滑石粉等，种子直接撒在苗床地上，使烟苗的根部直接接触土壤，烟苗根部相比更加发达，茎部长得更加强壮，有助于移栽以后的成活率。目前，研究机构已研发出适用于有机烟叶育苗的有机包衣技术和矿物型包衣技术。通过比较单一矿物材料、复合矿物材料的包裹成球率、外观质量、种子发芽率、裂解度和裂解率等为指标，优选出适合有机种植的复合矿物材料包裹剂。被包衣的烟草种子率不低于 98%，单粒率不低于 95%。包裹后，丸粒大小均匀、色泽一致、外观质量较好，含水量 7%～8%，发芽率达到 95%以上，相关指标不低于常规包衣种子。目前，此项技术已得到小面积推广示范。

图 3.1 为有机包衣种子工艺加工流程。

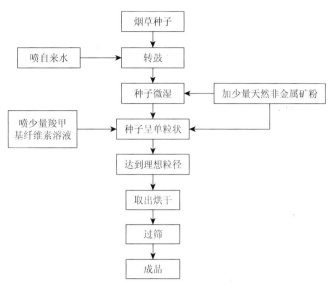

图 3.1　有机包衣种子工艺加工流程

3.2.3　常规育苗技术体系

（1）苗床地选择。烟草幼苗的特性是喜温、喜肥、怕涝、易感染病虫害，因此，有机常规育苗对苗床地要求较为严格。首先，有机烟常规育苗苗床地应在有机烟叶生产基地内进行，并与生产大田保持适当距离；苗床地不能选择近年内种过茄科作物的田块作苗床，以减少病虫的传播及危害，也不宜选择蔬菜地作苗床；苗床地应选择在背风、向阳、地势较高而且平坦、阳光充足的地方，苗床土地要肥沃，土层深厚，土质疏松，结构良好，春季升温较快，加之有充足的养分，幼苗能很快生长。

（2）苗床规格。苗床以 1×10m 为一个标准厢，厢铺上 7cm 左右厚的营养土，母苗床面积（包括作业道、水沟、畦埂）以 1：100 左右，即 100 亩大田，需育苗地 1 亩左右。畦埂高 15～20cm，宽 20～30cm，形成下宽上窄的土埂，踩踏紧实，畦与畦之间设人行道和排水沟，注意苗床北、东、西三面有适宜的防风障。

（3）营养土配制。营养土是为了满足幼苗生长发育而专门配制的含有多种矿质营养，疏松通气，保水保肥能力强，无病虫害的床土。营养土一般由肥沃的大田土与腐熟厩肥混合配制而成。1/3 打细过筛的腐熟厩肥加 2/3 松散肥沃的细土，并加入有机评估机构评估准许用于有机烟叶生产的商品有机肥 1kg。

（4）播种。播种前一天浇透厢面水，播前再浇水到厢面约有 2cm，水分落干后即可均匀播种。播后在苗床上加上覆盖物保温，出苗后，加强苗期水分管理。

（5）间苗。间苗是培育壮苗的关键，间苗分 2 次，第一次间苗在小十字期进行，要求间密留稀，间弱苗留好苗，间苗后苗距以 2cm 为宜。第二次间苗在大十字期进行，重点间出弱苗和病苗，间苗后苗距 4～5cm，保证成苗 300～400 株/m^2。

（6）假植。到 4 片真叶后，选健壮无病、大小一致的烟苗假植于 6cm×8cm 的营养袋中，袋间缝隙用细泥土填平，子苗床与亩苗床面积以 2：1 为宜，假植后浇足定根水后盖上拱膜。

（7）施肥。假植烟苗成活后 15～20 天采用通过有机认证的肥源以及天然矿质元素或采用有机烟叶允许使用的肥料兑水提苗 2～3 次。

（8）病虫害防治。病虫害防治坚持预防为主原则，发生病虫害时可采用有机烟叶允许使用的植物保护产品和措施进行防治。

（9）炼苗。移栽前 7 天采用控水法进行炼苗，在每天上午 9 点到下午 4 点进行揭膜，晚上盖膜，烟苗以白天不出现萎蔫就不浇水，出现萎蔫时适当补充水分，浇水量以保持营养袋土表层 4cm 湿润即可。

（10）壮苗标准。苗期 60～70 天；根干重＞0.05g；茎秆高度 12～15cm；茎秆直径＞0.5cm；茎秆韧性强；根冠比＞0.15；健壮、整齐、无病菌。

3.2.4　有机漂浮育苗

漂浮育苗是目前烟叶生产中最常用的育苗方式，即采用有机烟叶生产允许的材料制成育苗盘，填充基质后，将种子播种在基质上，将育苗盘移到育苗池中漂浮在有机烟叶生产允许的营养液表面完成整个育苗过程。漂浮育苗的基本原理就是用基质代替土壤固定烟苗根系，并由营养液提供烟苗生长所需的养分和水分。有机漂浮育苗是在常规漂浮育苗基础上发展起来的，其对育苗设施及过程有着更为严格的要求。

1. 有机漂浮育苗的组成

1）育苗棚选址

有机烟育苗棚应选择在有机烟叶生产基地内，且避风向阳，地势平坦、地下水位低、靠近洁净水源，交通方便的地方建盖。

2）育苗棚规格

育苗棚建造方向尽可能选择南北向。根据育苗棚规格可分为大、中和小育苗棚，大、中育苗棚可根据统一标准建造，主要由棚架、棚膜、通风门窗、遮阳网、防虫网等组成；小棚育苗建造相对简单，建棚前首先用空心砖支砌育苗池，育苗池应排列有序，每排育苗池间留出 1.5～2.0m 宽的作业道，池间间隔 0.5～0.8m，池内宽 1.35m，池长则因育苗棚规格而定。需要注意的是：池的长宽应比实际放入的育苗盘总长宽 3～4cm，消毒后铺垫底膜建棚。目前生产上采用 15m、9m、6m 三种规格的标准钢架小棚，棚宽 1.57m、高 0.8m，棚架间距 0.5m。棚架搭好后，在棚架上覆盖一层防虫网，再盖一层 0.1mm 的聚氯乙烯塑料膜，在膜外加盖 70%遮光率的遮阳网，用卡子或绳子将网、膜封严固定。

3）育苗物资

（1）育苗盘。育苗盘主要承担装盛基质、使基质和烟苗漂浮在营养液表面生长的作用。育苗盘规格可以根据各地使用习惯制定，常用的为 162 孔，规格为 66cm×34.5cm×5.5cm。为了实现育苗盘育苗过程中的有机育苗，贵州省烟草科学研究所发明了有机烟叶漂浮育苗盘，它采用有机物制成或在烤烟用漂浮盘上覆盖有机物质层，实现与无机物的隔离。

（2）基质。基质是整个漂浮育苗技术体系的关键，基质主要起到对烟苗生长提供固定和支撑作用。组成漂浮育苗基质的主要原料有腐熟的植物秸秆、褐煤、腐殖土、草炭、膨胀珍珠岩、蛭石。根据烟苗对培养基质的要求，2009 年由国家烟草专卖局发布了烟草漂浮育苗行业标准（YC/T 310—2009），标准中烟用基质的主要理化指标见表 3.1。

表 3.1　烟草漂浮育苗基质理化指标（YC/T 310—2009）

项目	要求
pH	5.0～7.0
1～5mm 粒径/%	≥40
容重/（g/cm³）	0.10～0.35
总孔隙度%	80～95
有机质含量/%	≥15
腐殖酸/%	10～40
电导率/（μs/cm）	≤1000
有效铁离子含量/（mg/kg）	≤1000
水分/%	20～45

4）营养液

有机烟叶生产禁用任何化学肥料，因此，常规漂浮育苗常用的全营养液或复合肥不能用在有机漂浮育苗技术体系中。有机漂浮育苗营养物质采用通过有机评估机构评估准许用于有机生产的肥源以及天然矿质元素（具体可参见附录）。来源于植物和动物的有机肥源是有机漂浮育苗最好的肥源，有机肥中不但含有烟苗生产所必需的营养元素，还含有丰富的微量元素。研究表明，有机营养液对烟苗根系生长和发育有明显的促进作用，所育烟苗根系发达、根粗壮、数量多，且显著增加了根生物量和根冠比。其中，作物秸秆和饼粕是最直接和简单的肥源，将植物秸秆（除茄科外）充分高温腐熟，腐熟后加水进行 10～15 天充分发酵处理，过滤所得滤液就可用于有机漂浮育苗的营养液。另外，沼气液和动物来源的鱼粉也可用于有机营养液。

5）水质

水质管理有机漂浮育苗中的重要环节，水质对营养液pH和各种元素吸收利用均有影响。育苗过程中的用水必须清洁、无污染，可用自来水、井水，不应使用可能被烟草的病菌或除草剂等污染的水源，以防黑胫病、根黑腐病等发生。水质成分允许范围见表 3.2。

表 3.2　烟草漂浮育苗水质成分允许范围

成分	允许范围
pH	6.0～7.5
电导率/（mmho/cm）	0.0～0.75
碱度/（mg/L）	50～100
硝态氮/（mg/L）	0.0～5.0

续表

成分	允许范围
磷/（mg/L）	0.0～5.0
钾/（mg/L）	0.0～5.0
钙/（mg/L）	40～100
锌/（mg/L）	15～50
铜/（mg/L）	0.0～2.0
铁/（mg/L）	0.0～2.0
锰/（mg/L）	0.0～2.0

2. 有机漂浮育苗技术体系

1）消毒

有机烟叶漂浮育苗体系中的消毒操作室培育无毒壮苗的关键环节，一旦消毒不严格或不彻底，育苗场地、设施和器具带有病原菌，将会对育苗质量带来巨大影响。因此，育苗前一定要做好基质、育苗盘、育苗池和育苗棚的消毒工作。有机漂浮育苗消毒主要涉及基质和育苗盘消毒、育苗设施消毒、剪叶器械和操作过程消毒等。消毒所用药剂必须符合有机生产标准中对设施消毒和清洁药剂的规定（表 3.3），禁止使用违禁药剂避免对有机烟叶生产造成污染。

表 3.3　清洁剂和消毒剂（GB/T 19630.1—2011）

名称	使用条件
醋酸（非合成的）	设备清洁
醋	设备清洁
乙醇	消毒
异丙醇	消毒
过氧化氢	仅限食品级的过氧化氢，设备清洁剂
碳酸钠、碳酸氢钠	设备消毒
碳酸钾、碳酸氢钾	设备消毒
漂白剂	包括次氯酸钙、二氧化氯或次氯酸钠，可用于消毒和清洁食品接触面。直接接触植物产品的冲洗水中余氯含量应符合 GB 5749—2006 的要求
过乙酸	设备消毒
臭氧	设备消毒
氢氧化钾	设备消毒
氢氧化钠	设备消毒
柠檬酸	设备清洁
肥皂	仅限可生物降解的，允许用于设备清洁
皂基杀藻剂/除雾剂	杀藻、消毒剂和杀菌剂，用于清洁灌溉系统，不含禁用物质
高锰酸钾	设备消毒

（1）基质和育苗盘消毒。有机漂浮育苗必须对基质进行消毒，基质的消毒方法很多，生产上常见的消毒方法有高温消毒和斯美地熏蒸消毒。基质厂较常采用的是高温消毒法，此法不污染环境，高温条件病虫草害均得到很好清除，同时此法也适用于有机生产。斯美地熏蒸消毒效果较好，但不能应用于有机生产。目前漂浮育苗基质已全部由专业厂家生产，在生产过程中已对基质进行了消毒操作。但是就有机烟叶生产来说，我们还应追溯育苗基质的来源及相关消毒处理方法，以防对有机生产造成的危害。

育苗盘是传播病害的一条重要途径，除首次使用的新盘外，育苗前苗盘必须消毒。消毒的方法是用 15%次氯酸钠溶液喷洒苗盘，用塑料薄膜密封 24h，然后用清水彻底冲洗干净。也可以直接往苗盘上喷洒纯次氯酸钠或 0.05%～0.1%的高锰酸钾溶液，然后用清水冲洗干净。

（2）育苗池、育苗棚消毒。对育苗设施特别是育苗棚和育苗池的消毒，对控制苗期病虫草害的发展蔓延具有重要意义。育苗前必须彻底清除育苗大棚外围环境及排水系统的杂草杂物，保持环境清洁卫生，并结合整个育苗过程中长期、多次的消毒工作，尽量将育苗棚发生病虫害的可能性降到最低点。对育苗棚和育苗池的消毒时间应不少于 2 个星期，对于曾经发生过病虫害（特别是花叶病）的大棚，应提前 1～2 个月开始翻池土、通风、打药进行消毒，用不同的消毒药剂进行重复消毒。一般可选用 1：1：（150～200）波尔多液喷施，200 倍的漂白粉溶液或 0.1%高锰酸钾溶液或生石灰水对场地周围、漂浮池拱架进行消毒。

（3）剪叶器械和操作的消毒。剪叶是培育壮苗不可少的一项措施，剪苗是病害传播的主要途径，特别是烟草普通花叶病。因此，剪叶器械应严格消毒，避免传播病害。①剪叶人员进入苗棚前严格洗手、消毒并套上鞋套，鞋底经消毒池消毒后方可进入育苗大棚内（可用 10%漂白剂或 0.05%～0.1%的高锰酸钾溶液作消毒液）。②采用手工剪叶或弹力剪叶器剪叶，将剪刀用浓肥皂水或 10%二氧化氯溶液 200 倍液进行浸泡消毒，然后再进行剪叶。可准备两把剪刀交替消毒和使用，每剪 5～6 盘消毒 1 次，采用电动剪叶器剪叶的，每剪半池烟苗用 10%二氧化氯 200 倍液进行消毒处理。③剪完叶后剪刀或剪叶器械应进行消毒后再收藏，同时修剪下来的烟叶应及时清理出棚外，并把落在苗盘上的叶片清理掉，以避免叶片腐烂，而导致根腐病的发生。④在剪叶过程中，若发现病株应停止剪叶，拔除病株后用肥皂水认真洗手，并用消毒液对剪叶器械进行认真消毒后，才可继续进行剪叶。⑤当发现苗盘内出现病株，应首先拔除病株，再喷施抗病毒药剂。

（4）水体消毒。用自来水等饮用水育苗时不必对水体进行再消毒，若育苗用水清洁度差，可用漂白粉 10～20g/t 水或 98%高锰酸钾 10～20g/t 水进行水体消毒，加入消毒剂后，应搅拌均匀，消毒 1～2 天后，再适当搅动，让气体溢出，然后再放入播好种的育苗盘。

2）装盘

基质装盘的质量对培育壮苗具有重要作用。首先，应选择平整、卫生的场地作为装盘场地，并注意场地的清洁消毒工作。装盘的总体原则是均匀一致，松紧适度。装盘前将基质喷水搅拌并充分混匀，水分把握以"手握成团，触之即散"为标准（含水量30%～40%）。然后将基质至于距地面20～30cm处放下，反复进行 2～3 次，如此反复几次，使每个苗穴的基质装填均匀一致，装满后轻墩苗盘 1～2 次，让基质松紧适中，用刮板刮去多余的基质，检查并充实未装满基质的育苗孔。

基质装盘过程中一定要注意保证基质装填均匀，过紧或过松均会对幼苗生长产生不利影响。基质装得过多，过于压实，会影响烟苗根系的生长，影响营养液的供给，如果基质装得太松，育苗盘漂入营养池后，基质中会出现断层，影响营养液从毛细孔中上升，出现干穴现象，影响烟苗的出苗和生长，同时基质装得太松，基质吸水后会下落，造成育苗穴中基质过少，也将影响烟苗的正常生长。基质装盘时还应注意每个孔穴边界不能留有基质，应用刮板刮去多余的基质，避免由于基质过多造成各个孔穴烟株的根系串在一起，影响移栽时取苗的工作。

　3）播种

根据当地移栽期确定播种时间，包衣种在移栽前 65～70 天播种，气温偏高的烟区，可稍微提前。每个育苗孔穴内用手工或播种器播 1～2 粒包衣种子。播种后在育苗盘上方均匀反复喷洒清水，以确保包衣种子吸足水分，外壳裂解，然后在种子表面均匀撒一层 2～4mm 厚的基质，再将育苗盘移至已灌好营养液的苗池中进行漂浮育苗。要让其自然吸水，切勿用力下沉育苗盘试图加快吸水，这样会使基质流失，造成干穴。

　4）水分管理

漂浮育苗水分管理的原则是"先少后多"。从播种到大十字期时，由于气温较低，若池中水分过多，升温缓慢，将使池水和基质中的温度低于气温，因此池中水分要少，一般水深控制在 5cm 左右。烟苗生长进入大十字期后，由于气温在逐渐升高，水分的蒸发加大，营养池中的水深可加到 5～10cm，原则上使育苗盘与池埂平齐时池水深度正好合适。也有一些烟区由于育苗初期温度过低可采用湿润育苗，待烟苗出齐后又再放入育苗池进行漂浮育苗。

　5）养分管理

育苗基质中不含养分或含量很低，只可满足烟苗最初生长的需要，因此应在育苗池中施肥，以促进烟苗健壮生长。经国内外大量研究证明，烟苗生长早期（播种后 30 天前）营养液中氮素浓度为 75mg/kg 为宜，播种 30 天以后以 150mg/kg 为宜，磷和钾的浓度按氮、磷、钾比例 1∶0.5∶1 添加即可。有机烟漂浮育苗体系中，作物秸秆和饼粕是最直接和简单的肥源，将植物秸秆（除茄科外）充分高温腐熟，腐熟后加水进行 10～15 天充分发酵处理，过滤所得滤液就可用于有机漂浮育苗的营养液。另外，沼气液和动物来源的鱼粉也可用于有机营养液。在施用有机肥源过程中，注意防止有机肥营养液施用过多造成上部生长过于繁茂，相互遮蔽，组织柔嫩，抗性差，易受病虫侵染的情况。施入育苗池中的营养液在池中要混合均匀，可分多个点施入池中，适当搅拌。为满足烟苗最初生长的需要，应在育苗池中不断补充、添加营养液以促进烟苗健壮生长，一般在烟苗生长的整个过程中施肥 2 次即可。

营养液的酸碱度通常采用 pH 来表示。烟苗的根系在 pH 为 5.0～6.8 的弱酸性范围内生长较好，因此营养液的 pH 也应控制在这个范围内，每次配制时调整 pH 均需调整。pH 过高（≥7.0）会导致铁（Fe）、锰（Mn）、铜（Cu）和锌（Zn）等微量元素沉淀，使作物不能吸收利用。pH 过低（<5.0），可使烟株吸收某些元素过量而导致植株中毒。pH 不适宜，烟株的反应是根端发黄和坏死，叶片失绿。

6）温度管理

育苗从播种到成苗过程中，温度调控至关重要。一般来说，温度主要通过棚膜的揭盖和覆盖遮阳网进行管理。温度计应悬挂于育苗棚中央的漂浮盘上方烟苗 50～100mm 处。温度控制的最关键时期是种子的出苗期，即从播种到全部萌发这段时间（播种后两周）。烟草种子发芽的最适温度为 25～28℃，最低温度为 10～12℃，最高温度为 35℃。温度高于 28℃，虽发芽和生长较快，但发芽率降低，温度低于 18℃时发芽缓慢，会延长出苗时间，而且降低烟苗的整齐度。胚根穿出种皮后，幼芽在温度 17～20℃下虽然生长得相当快，但在穿破种皮之前必须有较高的温度才能迅速发芽。因而在播种时温度条件不能达到发芽适宜温度（棚内温度18℃）的地区，建议使用催芽包衣种。

低温可导致烟苗的发芽率降低，出苗缓慢，如果出现小于 2℃极端天气烟苗就会受冷害，叶片出现畸形、发黄，在 6 叶龄以前长时间处于低温环境中，会在移栽后出现早花现象。在烟苗达到最大出苗率后，夜间温度在 13～16℃或者以上，白天在 27～30℃为宜。当温度高于 35℃时会灼伤苗叶、出现死苗，因此在漂浮育苗过程中，当棚内温度高于30℃时必须打开门窗通风降温。当棚内温度低于16℃时，必须关紧门窗保温，有条件的地方可进行加温。出苗后最低温度可降低至 12℃，当温度低于临界温度时，除覆盖塑料膜外，可采用草帘覆盖保温。温度过高的危害更大，高温可引起烟苗死亡，降低成苗率，特别是在 4 片真叶前，对热害十分敏感，烟苗生长环境的温度应控制在 35℃以下。4 片真叶以后，抗热性增强，但温度偏高，烟苗失水快，易出现基质表面盐渍化，对烟苗生长不利。漂浮育苗中，高温伤害问题十分突出，短时间的阳光照射即可引起棚内温度过高。在出苗期间在棚膜上覆盖一层遮阳网，对防止阳光直射造成室内温度过高保证出苗率有显著效果，但时间不可过久，烟苗生长到小十字期后可以适当减少遮阳网的遮盖时间，以免引起光照不足，导致幼苗生长不良。到十字期后可揭除遮阳网。在烟苗生长过程中防止高温伤害的关键是增加通风。

7）湿度的管理

塑料棚的密闭性好，因此当温度降低或突然降温时，棚内极易由于湿度过大而结露，在棚顶上形成水滴。水滴落下易击伤烟苗，因此发现这种情况，即使棚内温度已低于18℃也必须开门窗通风排湿。

8）间苗和定苗

在小十字期进行，拔去穴中多余的苗，空穴补一苗，以保证每穴一苗。间苗做到去大去小、去病去弱，使整盘烟苗均匀一致。

9）锻苗

锻苗的目的是增强烟苗的抗逆性和移栽大田后提高移栽成活率和还苗速度，促进烟苗的早生快发。锻苗可在移栽前 1～2 周或烟苗第三次剪叶后进行。具体方法为揭去苗棚薄膜（保留防虫网），加强光照和通风，使烟苗完全接触外界环境，若育苗后期气温较高，可考虑昼夜通风。移栽前 10 天排掉营养液，断水断肥。当烟苗萎蔫早晨不能恢复时喷水，使叶片挺直。如此反复，干湿交替练苗。

10）病虫害防治

漂浮育苗由于采用苗棚育苗，烟苗集中，温度高湿度大，如管理不善极易导致病害的传播流行。因此，苗期病虫害防治极其重要。烤烟漂浮育苗的病虫害防治要以预防为主，消除病源，控制发病条件。

首先应该做好育苗环节中的消毒工作，从育苗场地、育苗用具、育苗人员及操作过程中都应严格按照消毒程序进行操作。育苗棚应严格规范出入人员，进入苗棚人员必须要用消毒液或肥皂洗手、并对鞋底进行消毒。操作人员不得在棚内抽烟、吃东西，不得在营养液中洗手、洗物品等。在剪叶过程中，剪叶人员及设备都应进行严格消毒，修剪的叶片应及时带出销毁，不得留在育苗区域内。在育苗过程中，一旦发现病株要及时清除，同时对其他未感病的烟苗喷施防治药剂。对于烟草病毒病的预防尤其重要，在剪苗前或剪苗后应及时喷施防病毒病的药剂。

3.3 烟叶有机生产种植制度选择

种植制度是耕作制度的中心环节，是各种作物在一定土地面积上的分布配置，以及不同作物之间种植方式的总称，其内容包括作物布局与复种、间作、套作、轮作等。烟草是忌连作作物，连作严重影响烟株生长发育，降低烟叶质量，连作的烟株田间长相、长势、产量、产值、外观质量均低于轮作；连作还会影响烟叶内在化学成分的协调性，随着连作年限延长，连作使烟叶的总糖、还原糖含量下降，烟叶内在化学成分的平衡和协调失衡。另外，长期连作造成了土壤物理化学性质恶化，土壤微生物种群数量分布等出现失衡，优势种群数量趋于单一；大量研究结果表明，连作田块的土传病害发病率远远高于轮作田块。因此，坚持进行轮作对烟叶产质量具有重要作用。

轮作是我国烟区用地与养地相结合的传统经验，大量研究资料表明，通过轮作可以改善烟株生长环境，提高烟叶产质量，并对栽培制度与作物布局产生较大影响。首先，轮作对植烟土壤结构的改良、土壤肥力的提高和烟株生长小环境的改善有着很大的作用。其次，轮作对烟株生长过程中的很多病害和杂草都有明显的防治效果。有条件的地方水旱轮作，实行稻烟轮作，水旱交替，能显著提高土壤肥力，减轻病虫害的危害。如稻烟轮作，对土传病害的防治效果特别显著，对赤星病、蛙眼病等其他病害也能起到减少初侵染源、降低危害的作用。同时，轮作能改善土壤肥力，为烟草生长提供良好的环境。进行烟草和多种其他作物的合理轮作，利用生物多样性来保护烟田环境，从而提高烟叶产质量。

就有机烟叶生产来说，种植制度选择必须满足三个条件：①禁止连作，并按照有机生产方式和烟叶生产特点实行轮作；②避免与茄科、葫芦科作物进行轮作；③轮作期间的所有作物均采用有机生产方式进行管理。目前，有机烟叶生产主要有"烤烟-休闲""水-旱""旱-旱"轮作技术体系。

3.3.1 休闲

休闲轮作能较好地使植烟土壤恢复地力，消除病虫源。在休闲期间，对烟田进行深翻、晾晒、休耕，因地制宜种植生长期短的豆科绿肥作物或富钾作物如籽粒苋、秋荞。绿肥以豆科和禾本科作物居多，其主要特点是速生快长，生物量大，根系穿透能力强，使土壤疏松和加深土层厚度。光叶苕、毛叶苕、紫云英、印度麻、黎豆、薇菜、芫菁、大瓜草、苜蓿、野燕麦、掩青大麦、掩青黑麦等都是较好的绿肥品种，其中，以禾本科的绿肥最好。美国、巴西等国以在前作栽种高碳氮比的掩青黑麦等禾本科绿肥居多，一般不做特别处理，直接翻耕还田或粉碎后直接翻耕还田。

3.3.2 水旱轮作

水旱轮作，是指在同一地块上有顺序地轮换种植水稻和旱地作物的种植方式。这种轮作方式造成的干湿交替的环境有利于土壤团粒结构的形成，孔隙和滞水特征明显改善；通过冬翻晒垡，改善土壤透气环境，好气性微生物活动增强，有机质分解加快，还原物质在土壤中的积累，对作物根系生长造成的伤害降低。水旱轮作主要在生产水稻的坝区和部分河谷地区，这类地区水利条件较好，排灌方便，土壤肥力多为中等或偏高，土壤质地多为壤土。云南烟区进行水旱轮作的作物主要有水稻、油菜、小麦、蚕豆等，少数地区还种植洋葱、大蒜等作物。如表 3.4 所示。

水旱轮作方式主要有三年六熟制：第一年：烤烟-菜（麦类、蚕豆）→第二年：水稻-麦类（蚕豆、油菜、绿肥）→第三年：水稻-麦类（蚕豆、油菜、绿肥）。两年四熟轮作制：第一年：烤烟-油菜（麦类、蚕豆）→第二年：水稻-蚕豆（麦类、油菜、绿肥）。

表 3.4 云南不同有机烟叶生产基地水旱轮作模式

基地名称	轮作作物
玉溪市峨山县岔河乡凤窝	烟叶-油菜（除虫菊）-优质水稻-油菜（除虫菊）-烟叶
玉溪市元江县咪哩乡紫驼骆	烟叶-小麦（蚕豆）-水稻（红米）-小麦（蚕豆）-烟叶
楚雄双柏县大庄镇古木村委会	烟叶-小麦（大麦、蚕豆、油菜）-水稻-小麦（蚕豆）-烟叶

3.3.3 旱旱轮作

有机烟叶旱旱轮作应避免选择茄科作物、葫芦科作物和蔬菜地作为前作，可选择玉米、麦类、豆类、高粱等作物与烟草轮作。禾本科作物是烟草的最佳前作，禾本科作物从土壤中吸收的氮素较多，而磷、钾相对较少，利于烤烟的养分平衡。美国的烤烟一般是烟草-棉花（大豆）-牧草-烟草，3 年一个轮回轮作。旱旱轮作主要有三年六熟轮作制：第一年：烤烟-油菜（麦类、绿肥）→第二年：玉米-麦类（蚕豆、油菜、绿肥）→第三年：玉米（红薯、豆类）-麦类（蚕豆、油菜、杂粮或休闲），两年四熟轮作制：烤烟-油菜或小麦-玉米-豆类、秋荞或绿肥-烤烟。如表 3.5 所示。

表 3.5 云南不同有机烟叶生产基地旱旱轮作模式

基地名称	轮作作物
玉溪市峨山县岔河乡文山	烟叶-冬闲-甜脆玉米-冬闲-烟叶
玉溪市元江县咪哩乡紫驼骆	烟叶-小麦（蚕豆）-糯玉米（甜脆玉米）-小麦（蚕豆）-烟叶

续表

基地名称		轮作作物
	普洱市宁洱县勐先乡安宁坟箐社	烟叶-小麦（蚕豆）-紫糯玉米（甜脆玉米）-小麦（蚕豆）-烟叶
	楚雄双柏县大庄镇古木村委会	烟叶-小麦（蚕豆）-甜脆玉米-小麦（蚕豆）-烟叶
大理市	永平县北斗乡黄连村	烟叶-绿肥-甜脆玉米-绿肥-烟叶
	南涧	烟叶-啤大麦-玉米-啤大麦-烟叶
昭通市	昭阳区	烟叶-萝卜（休耕）-玉米-萝卜（休耕）-烟叶
	巧家	烟叶-绿肥（休耕）-玉米-绿肥（休耕）-烟叶
	曲靖富源	烟叶-绿肥-甜脆玉米-绿肥-烟叶

3.4　烟叶有机生产移栽操作技术

3.4.1　大田整地

1. 整地的必要性

有机烟叶生产整地的总体要求为深耕、早耕、平整、净细。通过大田深耕可以改善土壤物理性状，增强土壤透气性和保水性，提高土壤蓄水和保肥能力，提高土温，微生物活性增强，加速有机物质分解，协调土壤水、肥、气、热状况，促进根系向宽、深方向发展，扩大吸收水分、养分面积，增强抗旱、抗倒状能力，为地上部分健壮生长打下良好基础。深耕、早耕结合增施有机肥料，更能提高土壤肥力，深耕宜早、早耕可使土壤经过凝冻与曝晒，消灭病菌，虫卵和杂草，减轻病虫害，烟株长势旺盛，烟叶产质提高。

2. 整地

整地时期与方法随栽培制度而不同，云南烟区多为一年两熟的耕作制度，前茬作物收获后应立即深耕、早耕、耙碎平整。土质黏重，地下害虫较多，秋作物收获后应及时深耕、早耕，经过日晒或冬季低温冷冻土块自然疏松，底土经过风化土性良好，并可大量消灭地下害虫。如果是水稻田栽烟，应在收割水稻前排落干，收割水稻后深翻耕，晒透底土，促使底土温度升高，土壤充分风化，冬闲空地一般应在大春作物收获后，深挖、深锄，将地表杂草及作物残茬全部埋于土壤中，第二年开春后再浅耕，细耙碎土。

对于可以实行机械化耕作的基地，按"统一作业，统一单价，统一调度，统一收费，统一供应油料"的办法组织机械作业专业户实施机耕工作。机耕要求地烟深度 25cm 以上，田烟深度 30cm 以上。

3. 理墒

烤烟栽培要求垄作，垄作便于排水和降低垄体土壤湿度，有利于排涝防病；垄作松土层厚，有利于保墒抗旱，并可提高地温 0.5～1.0℃；垄作能增加土壤通气性，改善土壤水、热、气状态，促进土壤养分的释放，使植株根系发达，发棵快，成熟快，增加产量，提高品质。

理墒是在烟地经过深耕施肥，耕地和平整之后，移栽前 10～15 天理好。墒的高度、宽度主要根据地势及土壤质地情况而定。一般来说，地下水位高，雨水较多，排水较差的黏壤土栽烟时，墒面宜稍窄，沟宜深；沙质土壤，缺水多旱的山坡地，墒面宜稍宽，沟略浅。

理墒的总体要求：墒平、土细、沟直、沟底深浅一致，边沟边墒沟稍深，便于排水。如果墒面高低不平，易积水，沟底高低不平，则排水不畅，雨水来时，易积涝成灾。墒的方向应根据地形地势，排灌条件决定，以接受阳光充足均匀，便于管理，排水防涝和水土保持为原则。一般南北向较好，因南北向多受日照时间长，受热均匀，有利于通风透光，可以提高品质。但北风吹比较猛烈时，也采用东西向，以减少叶片的相互摩擦。坡地的墒向与坡向垂直或成斜角，并在墒的上方开挖排水沟，以减少水土流失。地烟理墒高度 35cm、墒面宽 35～40cm、墒底宽 80～90cm，田烟理墒高度 40cm，墒面宽 35～40cm、墒底宽 80～90cm，沟宽 15～20cm，沟底留少量土作为压膜边用。土细、沟直、墒体饱满、呈板瓦形。

3.4.2　种植密度

烤烟种植密度与烟叶的产量和质量的关系十分密切。烟叶单产量高低取决于每亩株数、每株叶数和每片叶干重三个因子。种植过密，虽然每株数、叶数增加，但田间郁蔽，中下部叶片光照不足，通风不良，因而叶片小而薄，单叶重低，产量也低，同时烟叶烤后质量低劣。此外，过密易导致病虫害大量发生。种植过稀，叶干重增加，但总株数、叶数减少，同样不能增产。过稀还易造成烟株贪青晚熟，延长收获期。同样难以获得高质量的烟叶。因此，有机烟叶的合理密度必须根据烟草类型和生长发育特性，并结合栽培技术措施来确定，使群体和个体都能比较健康地得到发展，以便经济有效地利用生产条件，特别是光能、地力，从而达到优质适产的目的。

烟草品种的生育期长，植株高大，叶数较多，茎叶角较大，株型松散或需光量较大者，种植密度宜稀；反之生育期短，植株矮小，叶数较少，茎叶角小，株型紧凑，需光量较小品种，种植密度宜稍密。地势较平坦，气候温和，雨量充沛，无霜期长，栽培水平高，肥水充足，烟株长势茂盛的烟区，种植密度稀；反之地势较高，气温较低，雨量不足，无霜期短，栽培水平低，肥水不足，烟株生长势较差的烟区，种植密度宜稍密。

有机烟叶种植密度一般比常规种植烟叶密，密度原则上比常规生产多 15%～25%，多数研究指出，有机烤烟种植密度应控制在 18000 株/hm^2 以下较为适宜。

3.4.3　移栽技术

1. 移栽期确定

适宜的移栽期对有机烟叶充分利用当地自然资源，保证大田正常生长发育，获得优质适产烟叶具有重要作用。确定移栽期时应充分利用当地有利生态条件，尽可能避开不利因素的影响，并根据烟叶生长发育特性，兼顾烟株的正常生长发育与成熟期烟叶品质形成需要的适宜气候因素，确保有机烟叶优质适产。影响移栽期的主要因素有气候条件、品种特性和栽培管理措施等。我国主要烟叶主产区自然条件差异较大，北方烟区移栽期主要受温度和霜期的制约，南方烟区无霜期长，水热资源丰富，移栽期确定主要考虑如何充分利用光热资源，以尽可能提高烟叶品质。

优质烟叶生产对温度的要求是前期稍低，中期渐高，后期较高。大田期生长最适宜温度为 25~28℃，低于 13℃以下，烟株生长缓慢，叶缘弯曲。如果在生长前期较长时间处在 13℃以下的低温环境，将抑制烟株生长，而促进花芽过早发育，导致"早花"现象。温度高于 35℃，生长受到抑制，叶片变粗硬，叶边干枯变褐，品质变差。成熟期较好的温度对烟叶品质形成有利，一般来说，烟叶成熟期在 20~28℃为宜，以 24~25℃最好。如果成熟期遭遇 17℃以下低温，烤后烟叶严重挂灰，严重影响烟叶品质。因此，要想取得优质烟叶，移栽期的确定必须要兼顾大田生育期两头的温度，即移栽时温度要稳定通过 13℃，并尽量保证烟叶成熟期处于一个相对较高的温度范围。

降雨的分布是影响烤烟移栽最重要的因素之一，优质有机烟生产对降雨有着较高的要求，移栽至还苗期，降水较多，有利于烟苗成活，一般月降雨量 100~130mm 较为理想；还苗至团棵，烟株小，耗水量低，适度干旱能促进根系发育，此期的月降水量以 80~100mm 较为理想；旺长期生长快，耗水量大，月降水量 100~200mm 即可满足要求；成熟期需要多光照的气候，以月降水量100mm 左右较为理想，有利于烟叶落黄和成熟采收，提高烟叶品质。如果此期雨量过多会影响烟叶的正常成熟，特别是多雨寡照，对烟叶质量的不良影响更大。因此，确定移栽期必须充分考虑当地降雨的分布情况和年际间的变化，保证烟叶生长需水特性与降雨量的协调配合，特别是无灌溉条件的烟田移栽期的确定，更应该充分考虑降雨分布的影响。雨季开始得早，可以早移栽，反之移栽可以稍微晚一些。云南烟区雨季始期的早迟年度间差异大。但一般 5 月中旬至 6 月初进入雨季，雨季的早迟年度间有差别，从云南雨季开始总体情况来看，以 5 月初至 5 月中旬移栽为好。

另外，品种特性、复种方式和烟苗素质等因素也是影响移栽期的重要因素。在烟叶生产中，应充分考虑有机烟和前后茬作物的衔接问题。移栽期确定还应考虑品种特性，对低温反应敏感的烤烟品种，应充分考虑低温对其造成的影响，适时晚栽更容易获得优质适产烟叶。另外，烟苗达到成苗标准时，应及时移栽，避免出现"苗等地"或"地等苗"。成苗过早而不能及时移栽，势必造成烟苗生长过大，长成高脚苗，移栽后成活率降低，大田生长参差不齐，成熟不一致，难以获得优质适产。成苗过迟而不能适时移栽，移栽期的推迟，导致烟草整个生育期的推迟，很容易在烟叶成熟后期受到不利天气的影响，使烟叶品质和产量受到损失。

2. 移栽方式

1）常规移栽

（1）打塘。根据栽烟密度确定的株距进行打塘，可采用拉线定位或啤酒瓶定位等方法，确保塘距一致，这样烟株的生长才能均匀整齐。漂浮育苗一般配合明水深栽技术，因此打塘要深，塘深一般不小于 15cm。营养袋假植育苗的塘要打得深，把营养袋土和烟苗根系壅严。另外，用移栽器移栽则不需要打塘。

（2）移栽。移栽时做到统一时间，同一片区集中在短时期完成移栽，才能保证烟株生长整齐。应避免中午烈日下栽烟，以免烟株体内失水过多，不利成活；大雨后不宜马上栽烟，应待土不粘锄时再栽，这样便于操作，不会引起塘土板结。

漂浮育苗明水深栽的操作要点为：先将塘内注满水（1.5～2kg），用一个大约20cm长的小铁铲顺塘中央插到塘里，插入深度为15cm，然后将铁铲向前方移动7～10cm，塘水会顺着铲子背面渗入土壤中，烟苗可以顺着铲子的背面放下，然后抽出铲子，向外移动5cm，再次插入土壤中，将铲子推回5cm，可以使湿润的土壤盖住所有的根部，并贴在烟茎秆的周围，这样可以确保根系周围的所有空隙向上排出空气，烟苗根茎与湿润的土壤紧密接触。等水全部渗进土壤后，用干细土将塘口盖好，阻断土壤毛细管的水分蒸发；墒面留1～2cm的苗头。

营养袋苗移栽的操作要点为：先将塘土敲得细碎，基肥与塘土拌匀，避免烟苗直接栽在肥料上而造成烧苗。拌塘后随即扒开塘土，将袋苗植入塘心，用双手捏住袋沿，轻轻向上退出营养袋，用细土将营养袋土盖严，轻轻压紧，使袋土低于塘口3～5cm，根不外露，栽稳直立，整齐端正。若烟苗过大，应把下面的叶片摘去，较大的叶片掐去一半，减少烟株的蒸腾作用，提高抗旱能力。

（3）病虫害防治。移栽后，地下害虫和根茎病害常造成烟草大田生长前期的缺塘、死苗，严重影响烟株的田间生长整齐度，从而影响烟叶的质量。因此，移栽后必须特别加强对地下害虫、根茎病害的防治。

（4）查苗补缺。为保证有机烟大田生长整齐一致，移栽后2～7天每天要进行查苗补缺，发现缺苗的要及时补栽同一品种的预备苗；同时，要做到弱苗、小苗偏重管理，并根据实际情况对成活后的补苗、弱苗和小苗施偏心肥和浇偏心水，促使其尽快生长，赶上其他烟苗，确保全田烟株大小一致。

2）膜下小苗移栽

有机烟膜下小苗移栽是指用小苗移栽，及时覆盖地膜，保持小苗在膜下生长一段时间，充分利用地膜覆盖的保温保湿作用，缓解春季低温、干旱对烟株前期生长的不利影响，促进烟苗早生快发的一种抗旱节水的移栽方式。烤烟膜下小苗移栽可促进烟株早生快发，使大田生产期前移，避开病虫害高峰和烟叶成熟后期低温，使烟叶早成熟、早采收，提高烟叶产质量，增加经济效益的有效措施。

（1）烤烟膜下小苗移栽的主要优势。节约成本，降低风险。由于烟苗长至四叶一心至五叶一心即可移栽，苗床面积减少（育苗盘从162孔改为300孔以上），育苗期较常规育苗缩短15天左右，育苗物资和用水也相应减少。苗床面积减少，育苗期缩短，减少了苗期管理的用工；同时膜下小苗移栽时间较常规地膜烟提前，错开了农事活动的高峰，请工较容易，工价较低。

增温保墒，改善土壤结构。膜下小苗移栽，可以保墒和提高土壤温度，利于烟苗移栽成活，防止低温或霜冻伤害烟苗，有效解决烟区春季低温或干旱对大田移栽造成影响的问题。另外，膜下小苗移栽可以防止土壤板结，提高肥料利用率，增进肥效，减少肥料施用量。

调整移栽期，提高移栽成活率。采用小苗移栽可以提前移栽期和成熟期，移栽期可提前 15 天左右，成熟采收期也相应提早 10 天左右。这在很大程度上能克服移栽期及采收期的不利气候因素。另外，移栽后烟苗成活率较自然气候条件下常规移栽提高 30%左右，缓苗期短，还苗快。

节水抗旱。从移栽至第一次追施提苗肥，通常不需要再浇水，较常规方法节约用水量 50%以上，不仅可减轻劳动强度，减少劳动力投入，而且抗旱效果明显。

趋利避害，提高产质量。由于较传统移栽期提前 2 周以上，避开烟叶病虫发生高峰期，减轻病虫危害，同时抑制杂草生长，增强烟株的抗逆能力。调查表明，膜下小苗移栽，有效叶可增多 1～2 片，烟叶产量和产值较常规提高 20%左右。烤后烟叶中上等比例高，烟叶钾离子含量较高，且组织较松软。

（2）关键技术要点。育苗盘的选择。常规漂浮育苗盘孔数多采用 162 孔和 200 孔，由于膜下小苗在四叶一心到五叶一心时即可移栽，减少了其在苗盘中的生长时间。因此，膜下小苗育苗盘孔数可相应增加，从烟苗的素质、育苗成本来看，一般选择 300～500 孔的育苗盘为好。

移栽要求。移栽时，小苗的高度对膜下移栽质量及移栽后烟株生长发育及产质量均具有重要影响。一般来说，移栽时烟苗的自然高度在 5～8cm，即四叶一心至五叶一心，烟苗根系活力较强、发病率较低、烟苗叶片光合速率也相对较高，移栽后烟株生长较为迅速，产量、产值及上等烟比例等经济性状较高。另外，烟苗必须在膜下能正常生活一段时间，才能充分发挥膜下移栽的优势，一般来说应保证烟苗能在膜下生长 10 天左右。因此，烟塘大小必须适宜，烟塘直径以 35～40cm 为宜；深度 15～18cm 为宜；烟塘太浅烟苗很快顶住薄膜，烟塘太深则掏苗后不易盖土压膜；在部分耕作层较薄植烟土壤上，烟塘太深可能使烟株根系在犁底层的土壤中，影响烟株生长。

地膜颜色。地膜颜色对膜内外温度影响较大。据报道，白色和黑色两种颜色地膜内的温度都高于膜外，中午前后差异最明显，白色地膜膜内比膜外温度最高高出 15℃左右，接近 60℃；黑色地膜膜内比膜外温度最高高出 10℃左右，高于 50℃；两种地膜膜下土温白天差别不大，夜间白色地膜处理土温稍高，这是由于白色地膜透光性较好所致。因此温凉烟区可酌情使用白色地膜，其他烟区建议使用黑色地膜。

移栽时间。膜下小苗移栽时间要结合当地气温、降水和茬口等综合考虑。最好做到进行破膜掏苗后，能与当地有效降水相吻合，即在当地有效降水来临前 2 周左右进行移栽，较为适宜。烟苗移栽过早，如果长时间接不上有效降水，则会增加抗旱成本和田间管理成本，烟苗可能会出现早花或蹲塘现象；移栽过晚，栽后便赶上雨季来临，则膜下小苗移栽的优势不能得到充分发挥。

定根水量。膜下小苗移栽的定根水量主要根据土壤类型、土壤墒情和水源条件决定，一般在 1～3kg。由于地膜有较好的保水作用，水分过多则不利于烟苗根系发育和烟株生长。不同的定根水量对膜内温度影响不大，但对膜内的湿度影响很大，在温度过高、湿度过大的环境下会增加青枯病的发病概率。

膜内 45℃要破口。移栽后应适时破口，若破口不及时会导致田间整齐度差，因此适时破口是膜下小苗移栽的重要环节和关键技术之一。膜下移栽改变了移栽后烟苗的生长环境，破口前膜内温度中午较膜外高出 10℃左右，夜间高出 1～3℃；破口后膜内外温度差别不大，夜间仍略高于膜外。适宜的环境温度利于烟苗的生长发育，破口时间应根据当地气候条件综合考虑，当日天气预报最高温度超过 25℃后（这时黑膜膜下温度将超过 45℃），应及时进行破口，以防高温灼伤烟苗或膜内层凝结的水珠滴落烫伤烟苗。破口大小一般以 3～5cm 直径为宜，过大会减弱地膜的保水作用，过小则又起不到降温排湿的效果。

（3）注意事项。把准节令，培育小苗。小苗苗龄一般为 30～35 天，苗高 5～8cm，四叶一心至五叶一心，烟苗清秀健壮整齐度好。最好安排在掏苗后 7～10 天能接上当地降水的时间移栽。烟苗培育要根据移栽节令，确定适宜的播种时间。

及早整地。应选择冬闲田或者种植早熟小春作物的田块，每亩准备 500～800kg 腐熟农家肥条施。理墒要做到墒面平整、高起垄、深打塘。塘直径 35～40cm，塘深 15～18cm。

防虫施肥，先浇水后栽烟。移栽前需进行地下害虫的防治，最好能针对当地常见病虫害带药移栽。同时每亩用 10kg 的复合肥溶解在定根水中，栽前根据墒情，每塘浇 1～3kg 定根水，水下渗至土不沾锄头时，用小锄头或小木棍等挖一小穴（深 4～6cm），放入小苗，然后用细干土覆盖保水。

边移栽边盖膜。盖膜后要确保烟苗顶部与地膜有 7～10cm 的距离，并保证移栽当天盖好地膜。

勤于观察，适时破口。小苗移栽后，要注意天气的变化，当气温升高，天气预报中最高温度超过 25℃时，膜下温度可能超过 45℃，要及时破口，降温排湿。

适时露苗、掏苗。当烟苗生长至顶端与地膜基本接触后，须将薄膜破口直径扩大到 10cm 以上，露苗 1～2 天后，再进行掏苗。掏苗前将剩余基肥环施或兑水浇施；晴天掏苗要在早晚进行；阴天全天都可进行掏苗。

覆土封穴，查苗补缺。烟苗掏出后，立刻用细土埋住烟苗的基部，把薄膜口封严，使烟塘呈凹形盘状以便存留雨水。掏苗封穴时，根据墒情酌情补水 1～2kg。发现缺塘及时用稍大的烟苗补苗，并对新补烟苗进行偏重水肥管理。

及时防病。膜下小苗移栽主要的病害是青枯病和黑胫病，因此掏苗后要及时对青枯病和黑胫病进行防治。

及时揭膜培土，加强管理。因小苗膜下移栽是大塘浅栽，要及时揭膜培土，以促进烟株生长。

3.5 烟叶有机生产施肥技术

烟叶有机生产所施用肥料应对环境、土壤微生物、烟叶品质无害。肥料必须为有机肥料，禁止使用化学合成肥料、人粪尿、工业和城市污水污泥。农家肥料应经高温腐熟，杀灭各种寄生虫卵和病原菌、杂草种子，卫生指标应符合相关标准要求，且农家肥中不能混有茄科和葫芦科作物的秸秆。有机肥堆制过程中允许添加来自于自然界的微生物，但不可使用转基因生物及其产品。非人工合成的矿物肥料和生物肥料只能作为培肥土壤的辅助材料，而不可作为系统中营养循环的替代物。矿物肥料必须保持其天然组分禁止采用化学处理提高其溶解性，肥料中的微生物菌种应是非转基因生物。使用的叶面肥应通过有机认证或经认证机构许可，使用的微量元素肥料，应是天然物质。

3.5.1　烟草营养

烟株正常生产发育需要 16 种必要的元素，需要量大的营养元素有 9 种，即碳、氢、氧、氮、磷、钾、钙、镁、硫，又称为大量元素；需要量很少的元素有 7 种，即铁、锰、硼、锌、铜、钼、氯，又称为微量元素。根据 Mccants 和 Wolz 等的研究，生产 100kg 烤烟（包括地上和地下部分）需要从土壤中吸收氮 8.65kg、磷 1.49kg、钾 9.88kg、钙 6.80kg、镁 2.72kg、硫 2.23kg、锰 0.087kg、硼 0.087kg 及钼、铁、铜、锌等微量元素，烟草吸收最多的营养元素是钾，其次是氮和钙。尽管对这些营养元素的需要量差别很大，但是对烟草生长发育都是不可缺少的。烟株吸收的碳、氢、氧来自空气中，其他 13 种元素靠根系从土壤中吸收，矿物质营养元素主要由根系从土壤中吸收，叶面也能吸收一部分。

1. 大量元素

氮素对烤烟产量和质量的影响较大。是细胞内氨基酸、酰胺、蛋白质、生物碱等化合物的组成成分。蛋白质是生命的基础，是细胞质、叶绿素酶等的重要构成物质，是对烟草产量、质量影响最大的营养元素。氮素过多，则生长过分旺盛，叶色浓绿，成熟迟缓或不能成熟，烤后外观色泽暗淡，烟叶中蛋白质、水溶性氮、烟碱含量高，碳水化合物含量低，吸味辛辣，杂气重，刺激性强，缺乏烟草特有香气，致使品质低劣，有时甚至失去使用价值。土壤供氮不足，烟叶产量降低，烟叶烤后色暗，光滑，组织欠佳，叶小而薄，吃味平淡，香气差。氮量过多，烟叶产量略有增加，但烟叶成熟期迟缓，或不能落黄，烤后叶片外观色泽暗淡，油分差，吃味辛辣，工业利用率低。

磷素对烤烟质量也有显著的影响，是细胞内磷酸腺苷、糖酯、磷酯、核酸及含磷辅酶的重要组成部分。磷在体内的能量代谢、碳水化合物代谢、氮代谢以及物质运转过程中起重要作用。烟株缺磷时，碳水化合物的合成、分解、运转受阻，蛋白质、叶绿素的分解亦不协调，因而叶色呈现浓绿色或暗绿色。由于磷在体内易于移动，磷素不足时，衰老组织中的磷向新生组织中转移，使下部叶片首先出现缺磷症状，叶面发生褐色斑点，而上部叶仍能正常生长。生育前期缺磷，植株生育不良，抗病力与抗逆力明显降低；生育后期缺磷，成熟迟缓，烤后干叶油分差，香吃味浓，品质不佳。磷素过量时，叶片早衰，主脉变粗，叶肉粗糙，叶色暗，易碎，燃烧性差。另外，磷素不足造成体内代谢紊乱，也会降低植株对氮、钾等养分的吸收。

钾素是烟草吸收量最多的营养元素。它不是植株的结构成分，通常被吸附在原生质的表面，对参与碳水化合物代谢的多种酶起激活作用，与碳水化合物的合成和转化密切相关；钾能提高蛋白质分解酶类的活性，从而影响氮素的代谢过程；钾离子能提高细胞的渗透压，从而增加植物的抗旱性和耐寒性；钾也能促进机械组织的形成而提高植株的抗病力。钾可以提高烟叶的燃烧性，提高烟草的吸食品质，故烟草含钾量亦被视为烟草品质的重要指标之一。由于钾在烟植体内呈离子态存在，容易移动，当供钾不足时，衰老组织内的钾向新生组织移动。当叶片含钾量低于某种程度，氮钾比例失调时，就会出现缺钾症状，首先在叶尖部出现黄色晕斑，随缺钾症加重，黄斑扩大，斑中出现坏死的褐色小斑，并由尖部向中部扩展，叶尖叶缘出现向下卷曲现象，严重时坏死枯斑连片，叶尖、叶缘破碎。烟株早期缺钾，在幼小植株上，症状先出现在下部叶片上：叶尖发黄，叶前缘及叶脉间产生轻微的黄色斑纹、斑点，随后沿着叶尖叶缘呈 V 形向内扩展，叶缘向下卷曲，并逐渐向上部叶扩展。田间缺钾症状，大多在进入旺盛生长的中后期，在上部叶片首先出现，除严重缺钾外，下部叶片一般不出现缺钾症。在生长迅速的植株上，症状比较急并在氮素过多时会更为严重。另外，过多的钾并不造成明显可见的症状。

2. 中微量元素

镁的最主要功能是作为叶绿素的中心原子，位于叶绿素分子结构叶琳环的中间，是叶绿素中唯一的金属原子。镁是酶的强激活剂，烟草中参与光合作用、糖酵解、三核酸循环、呼吸作用、硫酸盐还原等过程的酶，都要依靠镁来激活。镁在有些酶中的激活作用是专性的，如磷酸激酶、磷酸转移酶等，而对有的酶则是非专性的，如烯酸酶、三坡酸循环中的脱氢酶等。缺镁时叶绿素的合成受阻，分解加速；同时叶绿素内类胡萝卜素的含量降低，因而使光合作用强度降低。镁在体内容易移动，缺镁时生理衰老部位中的镁向新生部位移动，所以，烟株缺镁时，下部叶失绿发黄，叶边缘及叶尖开始发黄并向上扩展，严重时，除叶脉仍然保持绿色黄绿色外，叶片将全部变白，叶尖出现褐色坏死。

烤烟中钙的含量很高，正常情况下烤烟灰分中钙的含量仅次于钾。但由于受土壤条件的影响，许多烟区烟叶中钙的含量却都超过了钾。吸收的钙一部分参与构成细胞壁，其余的以草酸钙及磷酸钙等形态分布在细胞液中。钙与硝酸态氮的吸收及同化还原、碳水化合物的分解合成有关。钙在烟株体内是不能再利用的营养元素，缺钙时淀粉、蔗糖、还原糖等在叶片中大量积累，叶片变得特别肥厚，根和顶端不能伸长，植株发育不良。症状首先出现在上部嫩叶、幼芽上，叶尖叶缘向叶背卷曲，叶片变厚似唇形花瓣状，叶色呈深绿；症状严重时顶端和叶缘开始折断死亡，如继续发展，由于尖端和叶缘脱落，叶片呈扇贝状，叶缘不规则。幼苗期缺钙，叶片皱缩、弯曲，继而尖端和边缘部分坏死，最后生长点死亡；留种烟株在开花前缺钙，花蕾易脱落；开花时缺钙，则花冠顶部枯死，以致雌蕊突出。缺钙的叶较厚并且有时比正常叶绿，在较老的叶上症状逐渐变得不明显，而且很少出现在下部叶上。钙对镁及微量元素有拮抗作用，能减轻微量元素过多引起的毒害。但钙吸收过多，容易延长营养生长期，成熟推迟，对品质不利。

硫是体内胱氨酸、半胱氨酸、蛋氨酸等氨基酸，维生素 B1、H 等，脱氢酶辅酶 A 及参与氧化还原过程中含有 SH 基化合物等的组成部分。硫在生长发育中起重要作用。在深厚、粗糙、有机质含量低而且没有施过硫肥的土壤上，很可能会出现缺硫现象，因为硫会积累在土壤较深层，故缺硫一般发生在根系扩展以前早期的生长阶段。与氮相反，缺硫烟株症状先出现在上部叶，生长初期烟株上部叶片变成淡绿色，叶脉呈黄白色。严重时上部叶变为淡黄色，中下部叶片颜色褪绿，并有黄色斑驳。花蕾细小柔弱不能正常结实，且开花期较正常烟株延迟。

　　铁主要分布在叶绿体内，参与叶绿素的合成过程。铁也是与呼吸有关的酶：细胞色素酶、细胞色素氧化酶、氧化还原酶、过氧化氢酶等的组成部分。铁素营养缺乏时，叶绿素合成受阻。铁在烟株体内不容易转移，因此，缺铁首先表现在顶端和幼叶失绿黄化、脉间失绿，叶脉仍然保持绿色；严重缺铁的烟株上部的幼叶整片黄化，叶片基部黄褐色，留下清晰的叶脉呈绿色，似网纹状，老叶仍然保持绿色。由于土壤中含有大量的铁，田间很少发生缺铁症状。但是，在排水和通气不良的地块，土壤氧化还原电位较低时，高价铁离子被还原成易吸收的低价铁离子，土壤中铁离子浓度大大增加，若铁离子浓度达 100μg/ml，容易发生吸铁过多，导致铁在叶组织中沉积，产生铁中毒症状，下部叶先出现棕色斑块，叶片失绿较严重，上部烟叶失绿较轻，但棕色斑块也很明显。吸铁过多，烤后叶片呈现不鲜明的污斑，叶呈灰至灰褐色。产生品质低劣的灰至灰褐色叶片。

　　锰是许多氧化酶的组成成分，在与氧化还原有关的代谢过程中起重要的作用。锰在烟株体内不易移动，所以锰不足时，新生的嫩叶首先出现缺绿症状。缺锰主要发生在过多地施用了石灰以及可利用的锰较少的土壤上（pH 为 6.2 以上）。缺锰烟株的叶脉间失绿，呈花纹状，沿支脉及叶缘变黄褐色，缺锰烟叶软下披，开始有黄褐色小斑点，逐渐扩展分布于整个叶面。缺锰所致的叶斑易与气候斑相混淆，与气候斑不同的是，缺锰植株的发育受到阻碍，被影响的叶褪绿明显，并且随着斑点的联合和死组织穿孔而最终楼烂。如果根的生长受到限制，斑点会进一步发展到中部叶，有时还发展到上部叶。

　　由于硼既不参加植物体的结构，也不是酶的组成成分或激活剂。所以，有关硼的生理生化功能尽管有不少证明，但仍然不是十分明确。总的来说，硼主要是参与细胞伸长、细胞分裂和核酸代谢，与碳水化合物和蛋白质的合成密切相关，影响组织分化与细胞分裂素和尼古丁的合成。在烟株体内，硼只能通过木质部向上运输，基本上不能通过韧皮部向下输送，因此，硼基本上不能被再利用，一旦在某一部位沉积，就不能再迁移。因此，缺硼往往发生在新的生长点上。近年来的相关研究表明，增加烟叶硼含量有利于改善烟叶香吃味。当土壤含硼＜0.5μg/ml 或植株含硼＜20μg/ml（水溶性 B）时，可视为缺硼。缺硼烟株矮小瘦弱、生长点坏死，停止向上生长，叶色失绿变淡，生长缓慢，顶芽的幼龄叶片变形，呈扭曲状，顶心呈暗褐色，叶片肥厚粗糙失去柔软性。硼中毒时叶片的叶脉间出现失绿斑块，继续发展，叶子枯死凋落。

　　锌是氧化还原过程中一些酶的激活剂，是色氨酸不可缺少的组成成分。当土壤有效态锌＜0.5μg/ml 时可视为缺锌。缺锌时，细胞内氧化还原过程发生紊乱，上部叶片变得暗绿肥厚，叶面皱折，顶叶簇生，叶片小，下部叶片脉间出现大而不规则的枯褐斑，老叶失绿，随时间的推移枯斑逐渐扩大，组织坏死。发生锌毒害的烟株，叶片失绿，新叶扭曲，生长停止，随时间的推移下部叶坏死斑增多，烂根死亡。下部叶片出现大而不规则的枯斑，植株生长缓慢或停止。

　　钼在植株体内硝酸态氮的还原同化中起重要作用。烟草对钼的需要量极少。缺钼症状与缺锰症状相似，但坏死斑不明显缺钼烟株比正常烟株瘦弱，茎秆细长，叶片伸展不开，呈狭长状；下部叶片小而厚，叶间间距拉长。在田间诊断缺钼很难，在组织中分析，烟叶含钼<0.1μg/ml，可视为缺钼。也可能出现钼毒害。

铜是氧化酶类、酪氨酸、抗坏血酸等的组成成分、参与氧化还原过程。铜离子能使叶绿素保持稳定，增强烟株对真菌病害的抵抗力。土壤有效铜用 DTPA 提取<0.2μg/ml 时，可视为缺铜。由于铜主要存在于烟株生长活跃的部位，对幼叶和生长顶端影响较大。缺铜烟株矮小，生长迟缓，顶叶新叶出现失绿，沿主脉和叶肉组织出现黄白斑点。随着缺铜的发展，烟叶随主脉和支脉两侧的水疱失绿斑点连成白色一片，最后干枯成烧焦状，烟叶破碎脱落。

吸收少量的氯能促进烟株生长。吸收过多时，碳水化合物代谢受阻，叶内淀粉分解为糖的生化过程不良，淀粉含量异常高，叶绿素不能及时分解，烘干后叶片吸湿性强，燃烧性不良，叶片呈暗灰至暗绿色，主、支脉呈灰白色，有海藻样腥味，品质极其低劣。

3.5.2 烤烟养分吸收规律

研究表明，烟草对营养元素的吸收和干物质积累都近似于 S 形曲线。干物质的积累反映烟株的生长发育情况，它和营养吸收密切相关。烤烟对钾养分吸收量最大，其吸收规律几乎与干物质积累相一致，而且始终比干物质积累速率要有所提前。氮素吸收在收获前较为强烈（略低于钾素吸收曲线），后期缓慢甚至停止。烤烟对磷素的吸收较低和平缓。五种大量元素的吸收量分别是钾素>氮素>钙素>镁素>磷素。其中，大部分养分是在移栽 35 天后吸收的，而钾素的积累要比氮素稍快些，并且前期氮、钾的积累都快于干物质和钙、磷的积累。

烟草在移栽后 35 天内，由于烟株较小，各种营养元素吸收量较低，而 36～75 天这 40 天时间是烟株生长速度最快的时期，这个阶段也是各种营养元素的吸收速率最快的阶段。烟草的干物质积累达到全生育期干物重的 70%以上，而这一时期烟株对各种主要营养元素的吸收也占到总吸收总量的 75%～80%。烤烟对氮素的吸收高峰在移栽后的 45 天左右，而钾素则在 55 天前后，两者均比烟草的干物质积累的高峰期（栽后 65 天）要早些。磷素在全生育期中吸收速率比较均衡，在旺长期（栽后 65 天）中才有一个小的吸收峰值出现。因此，烟草栽培过程中，肥料的施入应在烟株进入旺盛生长期前充分供给，因为施肥过迟会影响烟株旺长期的正常生长，如不及时施肥将会对烟叶的产量、品质形成带来严重影响。特别是氮肥施用注意前期供给。因为除了烟草前期对氮素的大量吸收用于烟株生长，更重要的是施氮过迟后，还会导致烟叶内在品质降低，如烟株已进入成熟期仍不能迅速脱去氮素供应，很容易长成"黑暴烟"，降低烟叶品质。

烟苗对营养元素的吸收，因为烟苗幼小，物质消耗和吸收养分量也很少，据研究，烟草从播种到 2～3 片真叶时，单株干重只有 4.3mg，对外界营养元素吸收时很低。到了 7～8 片真叶时，烟苗对肥料的吸收时迅速升高，单株干重和根系发育急剧增加，较前期增加了近 100 倍。这阶段所吸收的氮素占整个苗期的 29.84%、磷素为 24.96%、钾素为 20.91%。烟苗到了 9～11 片真叶时，单株干重又增加了 2 倍，这个阶段吸收养分的数量最大，氮、磷、钾的吸收量分别占苗期吸收总量的 68.3%、72.76%、76.76%，所以在苗床中这个阶段的水、肥管理对培育壮苗就非常重要。苗期对营养元素吸收状况是钾＞钙＞氮＞镁＞磷。并且在苗期已有一定的烟碱合成。如图 3.2 所示。

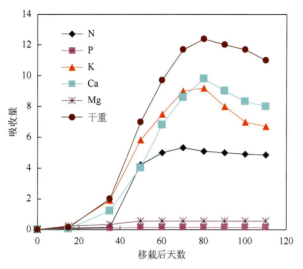

图 3.2　烟株矿质营养吸收曲线图

3.5.3　施肥原则

烟叶有机生产所施用肥料应对环境、土壤微生物、烟叶品质无害。肥料必须为有机肥料，禁止使用化学合成肥料、人粪尿、工业和城市污水污泥。农家肥料应经高温腐熟，杀灭各种寄生虫卵和病原菌、杂草种子，卫生指标应符合相关标准要求，且农家肥中不能混有茄科和葫芦科作物的秸秆。有机肥堆制过程中允许添加来自于自然界的微生物，但不可使用转基因生物及其产品。非人工合成的矿物肥料和生物肥料只能作为培肥土壤的辅助材料，而不可作为系统中营养循环的替代物。矿物肥料必须保持其天然组分，禁止采用化学处理提高其溶解性，肥料中的微生物菌种应是非转基因生物。使用通过有机评估机构评估准许使用的叶面肥，使用的微量元素肥料，应是天然物质。

1. 养分平衡原则

烟草正常生长发育和产、质量的形成需要多种烟株所必需的营养元素。而且，这些元素之间存在着平衡的比例关系。合理供应和调节有机烟必需的各种营养元素及形态，满足烟株生长需要，从而达到提高烟叶产量和品质，提高肥料利用率和减少环境污染的目的。养分平衡是平衡施肥的基本原则，如果忽视这个原则，盲目地提高某一种营养元素的用量，烟叶产质量就会受到影响。

2. 因土施肥原则

不同土壤类型、质地、耕作层深厚、养分丰缺状况是确定施肥量和施肥方法的依据（表 3.6）。沙性大的土壤，土质松散，粗粒多，毛管性能差，肥水易流失，其潜在养分含量低，这类土壤宜多施有机肥，如土杂肥，秸秆还田，或种绿肥适时翻压培肥地力，逐步改善土壤性状。黏性大的土壤，质地黏重，具有较强的保肥保水能力，但通透性差，肥效较慢。故施用有机肥必须充分沤制腐熟，追施化肥应适当提早，并宜"多吃少餐"，适当减少施肥次数，后期忌过量多施氮肥，以防作物贪青迟熟。此外，还应勤中耕松土，提高土壤通气性。壤土综合性状较好，较适宜种植有机烟叶，其通透性、保蓄性、潜在养分含量介于沙土和黏土之间，适宜各类农作物生长，一般可按产量要求和作物长相，适时适量施肥。但也要做到合理施用，培肥地力，较好地发挥肥料增产效应。

表 3.6　不同土壤类型养分供应能力　　　　　（单位：kg/亩）

地点及土类	供氮量	供磷量	供钾量
玉溪水稻土	4.40	0.38	6.45
宜良水稻土	4.50	0.70	4.48
文山红壤	3.22	0.52	4.21
寻甸黄壤	1.87	0.31	2.83
楚雄紫色土	1.33	0.27	2.64

3. 品种需肥原则

烤烟品种不同，对养分的需求程度不同，对肥料的耐受能力也不同，因此，必须针对不同的品种作一些适当的调整。整体上讲，我国自己培育的良种如红花大金元、中烟90、CF80、翠碧 1 号等对肥料的耐受能力较低，肥料利用率高，需肥量也相对较少，而进口的美国品种如 K326、NC89、K194 等的需肥较多，肥料利用率低，耐肥能力也较大。因此，在一定条件下，烟草品种对肥料需求的差异是决定施肥量的主要依据。

4. 因气候施肥原则

气候条件主要指当年烟草大田期雨水的多少和气温的高低，气候条件影响烟株对营养的吸收和利用，干旱年份应适当降低基肥，等雨水来后，进行多次追肥，以提高肥料的利用率；雨水较多的年份，肥料流失严重，气温相应降低，肥料利用率下降，因此，要适当增加中期调控肥，增加追肥次数。

5. 因前作施肥原则

在轮作周期中，前作的氮肥施用和利用显著影响烤烟氮肥利用率，在同一烟叶生产片区内因前作不同常导致的烟株生长不整齐的问题，影响烟叶质量的均衡。因此，应根据不同的前作作物后效对烟株生长土壤环境和烟叶质量的影响，结合当地实际，进行施肥调控，分类指导烤烟肥料施用。如表 3.7 所示。

表 3.7　不同前作的烤烟亩施氮量的调控

前作	推荐施肥量扣减
麦类、油菜、蚕豆、豌豆、大豆	0
冬闲轮种蚕豆	0

前作	推荐施肥量扣减
冬闲轮种麦类	10%
绿肥、大蒜、洋葱、叶菜类蔬菜	20%～35%
菜豌豆（甜脆豌豆）	40%～50%

6. 肥料最大效益原则

肥料报酬递减律是不以人的意志为转移的客观规律，施肥的目的是提高烟叶产质量和施肥效益。但是，盲目增加施肥量往往适得其反。烤烟对肥料的吸收和利用有一定的限度，当缺少营养时施肥可以明显提高产质量，在一定范围内，产质量随施肥量的增加而提高，达到某一施肥量时，亩产值减去肥料成本即施肥效益最高；当施肥量增加到一定程度后，产质量并不相应增加；如果再增加施肥量，产质量还会下降，甚至对烟株产生毒害作用。

3.5.4　有机肥种类

1. 农家肥

农家肥一般指就地取材、就地使用的各种有机肥料。它由大量生物物质、动植物残体、排泄物、生物废物等积制而成，包括厩肥、堆肥、沼气肥、绿肥、秸秆肥、甘蔗渣肥、饼肥等。有机烟叶生产要求农家肥应经高温腐熟，杀灭各种寄生虫卵和病原菌、杂草种子，卫生指标应符合相关标准要求，且农家肥中不能混有茄科和葫芦科作物的秸秆。有机肥堆制过程中允许添加来自自然界的微生物，但不可使用转基因生物及其产品。

1）厩肥

厩肥也叫圈肥、栏肥，是指以家畜粪尿为主，混以各种垫圈材料积制而成的肥料。畜尿中含有较多的氮素，都是水溶性物质。除有大量的尿素外，还有较多的马尿酸和少量的尿酸态氮。这些成分较复杂，需腐熟后施用。畜粪中的氮素大部分是有机态的，如蛋白质及其分解产物，植物不能直接利用，分解缓慢，属于迟效性。畜粪中的磷，一部分是卵磷脂和核蛋白等有机态的，另一部分是无机磷酸盐类，由于这些盐类与其他有机质共同存在，磷被分解出来以后，能和有机酸形成络合物，可以减少被土壤中铁、铝、钙等离子的固定，所以畜粪中的磷素肥效较高。畜粪中的钾大部分是水溶性的，肥效很高。各种家畜粪尿的成分和理化性质依种类、饲料及饲养方式而有所不同。如表 3.8 所示。

（1）马粪：以高纤维粗饲料为主，咀嚼不细，因排泄物中含纤维素高，粪质粗松，含有大量高温性纤维分解细菌，增强纤维分解，放出大量热，故称热性肥料，多用于温床酿热物，施马粪能显著改善土壤物理性状，施在质地黏重的土壤为佳。还适合施用在低洼地、冷浆土壤上。

（2）牛粪：牛是反刍类动物，虽然饲料与马相同，但饲料可为牛反复咀嚼消化，因此粪质较马粪细密。加上牛饮水量大，粪中含水量高，通透性差，所以分解缓慢，发酵温度低，故称冷性肥料。为加速分解腐熟，常混入一定量的马粪。施在轻质砂性土上效果较好。

（3）羊粪：羊也是反刍类动物。对多纤维的粗饲料反复咀嚼，这与牛相同；但羊饮水少于牛，所以羊粪粪质细密又干燥，肥分浓，三要素含量在家畜粪中最高。其腐解时发热量界于马粪与牛粪之间，发酵也较快，故也称为热性肥料。

（4）猪粪：猪为杂食性动物，饲料不以粗纤维为主，所以碳氮比值小，也是热性肥料。猪粪质地细于马粪，比马粪含水量高。含腐殖质量较高，阳离子代换量也大，适用于各种土壤，能提高土壤保水保肥能力。

表 3.8　新鲜家畜粪尿中各成分含量（%）

种类		水分	有机质	N	P_2O_5	K_2O	CaO	C：N
猪	粪	81.5	15.0	0.6	0.40	0.44	0.09	14：1
	尿	96.7	2.8	3.0	0.12	0.95	～	
马	粪	75.8	21.0	0.58	0.30	0.24	0.15	24：1
	尿	90.1	7.1	1.20	微量	1.50	0.45	
牛	粪	83.3	14.5	0.32	0.25	0.16	0.34	26：1
	尿	93.8	3.5	.95	0 03	0.95	0.01	
羊	粪	65.5	31.4	0 65	0.47	0.23	0.46	29：1
	尿	87.2	8.3	1.68	0.03	2.10	0.16	

（5）禽粪：家禽包括鸡、鸭、鹅等，它们以各种精料为主，所含纤维素量少于家畜粪，所以粪质好，养分含量高于家畜粪，属于细肥，经腐熟后多用于追肥。如表 3.9 所示。

表 3.9　新鲜禽粪中各成分含量（%）

种类	水分	有机物	N	P_2O_5	K_2O
鸡	50.5	25.6	1.63	1.55	0.82
鸭	56.6	26.2	1.10	1.40	0.62
鹅	77.1	23.4	0.55	0.50	0.95

厩肥的施用应从作物种类、土壤性状、气候条件及肥料性质等因素来考虑，因地制宜地合理施用，才能更好地发挥其肥效。

（1）根据土壤性状施用。厩肥应首先分配在肥力较低的土壤上，因为等量厩肥的增产幅度瘦地高于肥地。砂质土因透性良好，粪肥易分解，可施半腐熟厩肥，但砂质土保肥性差，所以每次用量不宜太多，并要深施。对于黏重的土壤，应施用腐熟的厩肥，因保肥性好，一次用量可大些，且不宜耕翻过深。

（2）根据作物种类施用。生育期长而且旺盛生长期处于高温季节的作物，如油菜、玉米、马铃薯、甘薯、棉花、麻类等可施用半腐熟的厩肥。而生长期较短的作物，如西瓜、番茄、四月豆、大豆、花生等作物，须用腐熟度较高的厩肥。

（3）根据肥料性质施用。半腐熟的厩肥只做基肥施用，腐熟的厩肥既可做基肥又可做种肥和追肥，做追肥时施后必须盖土，以免肥分损失。

（4）根据气候条件施用。在降雨量少、气温较低的地区或季节，宜选施腐熟的厩肥，耕翻得深些；降雨量较多、气温较高的地区或季节，可施用半腐熟的厩肥，且翻得浅些。

2）堆肥

堆肥是利用各种植物残体（作物秸秆、杂草、树叶、泥炭、垃圾以及其他废弃物等）为主要原料，混合人畜粪尿经堆制腐解而成的有机肥料。堆肥所含营养物质比较丰富，且肥效长而稳定，同时有利于促进土壤固粒结构的形成，能增加土壤保水、保温、透气、保肥的能力，而且与化肥混合使用又可弥补化肥所含养分单一，长期单一使用化肥使土壤板结，保水、保肥性能减退的缺陷。

堆肥的养分含量，与所用材料、用量和堆积方法有密切关系。一般堆肥含有机质 $15\%\sim25\%$，氮（N）$0.4\%\sim0.5\%$，磷（P_2O_5）$0.18\%\sim0.26\%$。钾（K_2O）$0.45\%\sim0.70\%$，碳氮比（C/N）$16\sim20$。高温堆能有机质 $24\%\sim42\%$，氮（N）$1.1\%\sim2.0\%$，磷（P_2O_5）$0.30\%\sim0.82\%$，钾（K_2O）$0.50\%\sim2.53\%$，碳氮比（C/N）$9.7\sim10.7$。

堆肥可以分为一般堆肥和高温堆肥两种，前一种的发酵温度较低，后一种的前期发酵温度较高，后期一般采用压紧的措施。高温堆肥对于促进农作物茎秆、人畜粪尿、杂草、垃圾污泥等堆积物的腐熟，以及杀灭其中的病菌、虫卵和杂草种子等，具有一定的作用。高温堆肥可以采用半坑式堆积法和地面堆积法堆制。前者的坑深约 1m，后者则不用设坑。两者都是需要通气沟，以利于好氧微生物的生活。两者都需要铺一层农作物秸秆等，再铺一层人畜的粪尿，并泼一些石灰水（碱性土壤地区则不用泼石灰水），然后盖一层土。一般发酵 56℃以上 $5\sim6$ 天，高温 $50\sim60$℃持续 10 天即可。如果堆肥的温度骤然下降，则应及时补充水分。待堆肥的温度降低到 40℃以下时，高温堆肥中的有机物就大部分形成腐殖质了。

堆肥属于热性肥料，腐熟的堆肥可以抓青（追肥），作沟子粪，半腐熟的堆肥作基肥施用。在不同土壤上施用堆肥的方法也不相同，黏重土壤应施用腐熟的堆肥，砂质土壤则施用中等腐熟的堆肥或半腐熟的堆肥。

3）秸秆肥

秸秆肥是指把作物秸秆直接翻耕入土用作基肥，或用作覆盖物。秸秆肥与原始秸秆相比，秸秆生物有以与尿素配合施用能明显提高土壤生物量碳、氮的含量，增幅为 $3\sim4$ 倍。各种农作物的秸秆含有相当数量的营养元素，又具有改善土壤的物理、化学和生物学性状、增加作物产量等作用。

这些养分与秸秆的有机物质一起回归土壤，对培肥地力和改善烟株生长环境起到了很好的作用。尤其值得注意的是，秸秆中的氮和磷需要经过土壤微生物分解矿化后才能被作物吸收利用，而秸秆中的钾则不同，它不经过分解就可以直接为作物所吸收利用。烟叶是喜钾作物，它吸收的钾元素比任何营养元素都多，因此，秸秆还田是补充和平衡钾元素的最好资源。实验表明，秸秆还田后 $2\sim3$ 年，可以极大地提高土壤中钾元素的含量，对于普遍缺钾的南方烟区来说，更具有现实意义。

作物秸秆因种类不同，所含各种元素的多少也不相同。一般来说，豆科作物秸秆含氮较多，禾本科作物秸秆含钾较丰富。根据对作物秸秆的不同处理方式，秸秆的利用分为堆沤还田、过腹还田和直接还田等。秸秆直接还田大致可分为秸秆翻压和秸秆覆盖两种。目前，我国秸秆还田技术日趋完善，除了传统的过腹还田、高温堆肥等方式，在生产实践中还总结归纳出许多秸秆直接还田技术，如秸秆粉碎还田、高留茬等方式。但是作为种烟土壤，不宜在种烟当年把秸秆直接还田，原因有两个：一是秸秆直接还田会导致肥分分解缓慢，当季不能及时给烟株提供有效养分，与烟叶"少时富、老来穷，烟株长成肥退尽"的需肥规律不相符。二是秸秆本身常带有一些病原菌、虫卵和草籽等，如果直接还田，这些病原菌、虫卵等也将进入烟田，危害烟株生长。因此，秸秆还田还是采取堆腐还田方式为好。主要作物秸秆养分含量见表 3.10。

表 3.10　主要作物秸秆养分含量

秸秆种类	几种营养元素含量（占干物重%）				
	N	P	K	Ca	S
麦秸	0.50~0.67	0.09~0.15	0.44~0.50	0.16~0.38	0.12
稻草	0.63	0.11	0.70	0.16~0.44	0.11~0.19
玉米秸	0.48~0.50	0.17~0.18	1.38	0.39~0.80	0.26
豆秸	1.30	0.13	0.41	0.79~1.50	0.23
油菜秸	0.56	0.11	0.93	~	0.35

施肥应掌握的原则为：对有机质含量低、持续供肥力低的烟田，宜多施；对有机质含量高、持续供肥力高的烟田，宜少施。秸秆肥效释放缓慢，必须作为基肥施用。为避免与烟苗根系接触，减少施肥工序，宜作为基肥条施。具体方法是：烟田起垄时，先按预定的行距拉线划行，然后用牛犁或锄头顺线开沟，沟深为 8~10cm，沟宽为 10~15cm，把秸秆堆腐肥与预先安排作为基肥条施的其他肥料拌好，均匀地撒在沟内，然后用锄头或起垄机覆盖成垄体。

4）绿肥

中国利用绿肥历史悠久，绿肥是一种养分完全的生物肥源。绿肥不仅是增辟肥源的有效方法，对改良土壤也有很大作用。常用绿肥作物有 10 科 42 属 60 多种，共 1000 多个品种。其中生产上应用较普遍的有 4 科 20 属 26 种，约有 500 多个品种。

诸多生产实践证明，种植绿肥具有以下几个方面的作用。

（1）提供丰富的养分。各种绿肥的幼嫩茎叶，含有丰富的养分，在土壤中腐解后，能增加土壤中的有机质、氮、磷、钾和各种中微量元素。每吨绿肥鲜草，一般可供出氮素 6.3kg，磷素 1.3kg，钾素 5kg，相当于 13.7kg 尿素，6kg 过磷酸钙和 10kg 硫酸钾。豆科绿肥作物还能增加土壤中的氮素，据估计，豆科绿肥中的氮有 2/3 是从空气固定的。

（2）转化土壤中难溶性养分，以利于作物的吸收利用。绿肥作物在生长过程中的分泌物和翻压后分解产生的有机酸能使土壤中难溶性的磷、钾转化为作物能利用的有效性磷、钾。

（3）改善土壤的物理化学性状。绿肥作物的根系发达，在土壤中穿插，能善土壤结构。绿肥翻入土壤后，在微生物的作用下，不断地分解，除释放出大量有效养分外，还形成腐殖质，腐殖质与钙结合能使土壤胶结成团粒结构，有团粒结构的土壤疏松、透气，保水保肥力强，调节水、肥、气、热的性能好，有利于作物生长。

（4）促进土壤微生物的活动。绿肥施入土壤后，增加新鲜有机能源物质，使微生物迅速繁殖，活动增强，促进腐殖质的形成，养分的有效化，加速土壤熟化。

主要绿肥作物的抗性和适应性见表 3.11。

表 3.11　主要绿肥作物的抗性和适应性

绿肥作物	耐涝性	耐旱性	耐瘠性	耐阴性	适宜的 pH	耐盐性（%）	适宜的土壤
紫云英	强	低	中	中	5.5—8	不耐盐	砂壤至轻黏土，水稻土
蓝花苕子	中	中	中	低	5.0—8.0	<0.15	砂土至轻黏土，水稻土
箭舌豌豆	低	强	中	中	5.0—8.5	<0.1	砂壤至轻黏土，石灰性土
蚕豆	中	中	中	中	5.5—8.6	<0.15	壤至轻黏土，水稻土
豌豆	中	强	中	中	5.0—8.0	<0.15	砂壤至轻黏土，红壤湖土
肥田萝卜	中	中	强	——	4.8—7.5	——	壤土至黏土，红壤，水稻土
田菁	强	中	强	中	5.5—9.0	<0.4	壤土至黏土，盐碱土
柽麻	中	强	强	中	5.0—8.5	<0.3	砂壤至黏壤土，红壤，石灰性土
大叶猪屎豆	低	强	强	低	4.5—7.5	<0.1	砂土至黏壤土，红黄壤
豇豆	中	中	强	强	5.5—8.0	<0.15	嚷土至黏土，石灰性土
饭豆	中	中	强	中	4.8—8.0	不耐盐	壤土至黏土，红黄壤
绿豆	中	中	强	强	5.0—8.5	<0.15	沙壤至黏壤，红壤，石灰性土
草木樨	低	强	强	中	5.0—9.0	<0.3	沙壤至黏壤，水稻土
油菜	中	中	中	低	6.5—8.5	<0.2	砂壤至黏壤，红壤，石灰性土
紫花苜蓿	低	强	强	低	6.5—8.5	<0.3	砂壤至黏土，石灰性土
葛藤	中	强	强	强	4.9—8.0		砂壤至黏土，红壤，黄壤

要充分发挥绿肥的施用效果，必须做到适时收刈、合理施用。应掌握以下方面技术。

刈割与翻压适宜期。烟田绿肥的刈割与翻压时期，要兼顾鲜草产量和腐解效应两方面的因素。时间过早，植株柔嫩多汁，容易腐烂，但鲜草产量和肥分低，肥效不持久，烟田后期易脱肥；反之，如果时间拖得过晚，鲜草产量高，但植株趋于老化，腐烂分解慢，前期供肥慢，也会因接近烟田移栽期，因绿肥的发酵腐解，造成烟株根系受毒害，影响根系发育。一般要求在烟田移栽前 25～35 天播种为宜。

施用量。综合考虑气候特点、土壤肥力和其他肥料施用量等方面。一般情况每亩施用鲜草 1000～1500kg，若鲜草产量过高，可将过多的绿肥割掉一部分用于其他田块翻压施用。

施用方式。①直接耕翻。先将绿肥茎叶切成 10cm 左右，或者用旋耕机将绿肥打碎。稍加晾晒，让其萎蔫，这样既有利翻耕，亦能促进分解。然后均匀撒施在田面，随后翻耕入土壤中，一般压入土中的深度为 10～20cm，防止压后茎叶裸露在地面，降低肥效。翻耕时可采取先翻耕后灌水，再施入适量石灰（亩放 4～5kg），中和绿肥腐烂所产生的有机酸，随后采取保持浅水灌溉，勤晒田等措施，加速绿肥腐烂分解。旱地翻耕要注意保墒、深埋、严埋，使绿肥全部被土覆盖，让土、草紧密结合，以利绿肥分解。②堆沤后施用。为了加速绿肥分解，提高肥效，或因储存的需要，可把绿肥作堆沤原料，在田头制作堆沤肥。方法是先把绿肥切成长 10～15cm，再与适量腐熟的人畜粪尿、石灰拌和后进行堆沤。腐烂后作基肥施用。经堆沤后绿肥的肥效平衡，可防止绿肥在分解中产生的有害物的危害，使烟田前期生长良好，后期又不会养分供应过多，从而实现丰产优质。

5）饼肥

饼肥亦称枯饼肥、饼粕，是利用农作物的种子或果核经榨油后的渣粕，含有丰富的有机质和烟草所需要的多种养分，是一种优质有机肥。饼肥的种类很多，如大豆饼、花生饼、芝麻饼、菜籽饼、蓖麻饼、棉花饼、油桐饼、油茶饼等。烟田施用饼肥可提高土壤中微生物的数量，烟田施用菜籽饼和花生饼后土壤中细菌、放好气性纤维分解菌和亚硝化细菌数量明显增加。饼肥还可以增加土壤酶活力，饼肥本身带有大量的酶类，施入土壤后可直接增加土壤酶类；土壤中的有机物质是酶促作用的基质，施入土壤饼肥会提高土壤中转化酶、蛋白酶、淀粉酶、蔗糖酶、磷酸酶、脱氢酶、ATP 酶等多种酶的活性。饼肥还可以降低土壤 pH，增强土壤保水保肥能力，促进氮、磷、钾的转化和吸收，改善土壤环境。施用饼肥能提高烟叶外观质量，增加烟叶香气和钾含量，改善烟叶吃味，提高烟叶产量和上等烟比例。

在烟叶生产中，饼肥一般做基肥用，在移栽时将完全腐熟的饼肥和化肥混合后开沟条施或环施。北方烟区，特别是干旱地区，未发酵饼肥应作基肥深施，或经发酵后使用。饼肥的施用量应根据土壤养分含量、烟草总需肥量以及饼肥自身的特点等综合而定。一般情况下，土壤有机质含量在 2%以下的植烟土壤，以施有机饼肥 300～450kg/hm^2 为宜，可达到提高烟叶产质和收益的目的，土壤有机质含量 4%以上的土壤，以不施或少施饼肥为宜。

饼肥应完全腐熟后施用，施用未经发酵或腐熟程度较低的饼肥会增大氮素的释放量，而且易造成氮素释放高峰滞后，造成烟碱含量过高而影响烟叶品质。但如果腐熟程度过高，也会降低氮素的释放量和矿化速度。在饼肥施用量相同的情况下，施用腐熟饼肥的产量及产值要高于施生饼肥。施用时还应注意各类饼肥的特性。饼肥不同，其养分特点不同，施用量也不同。当芝麻饼与化肥配合施用时，以饼肥氮和化肥氮各占 50%为宜，可明显改善烟叶香吃味，提高烟叶品质。菜籽饼与化肥配合施用时，25%熟饼肥（菜籽饼）与 75%复合肥更有利于烤烟对养分的合理吸收，能适量增大烤烟中部叶面积，又不造成烤烟徒长。

2. 商用有机肥

以大量动植物残体、排泄物及其他生物废物为原料，加工制成的商品肥料。

3. 微生物肥料

以特定微生物菌种培养生产的含活的微生物制剂。根据微生物肥料对改善植物营养元素的不同，可分成五类：根瘤菌肥料、固氮菌肥料、磷细菌肥料、硅酸盐细菌肥料、复合微生物肥料。

在烟田中使用复合（混合）微生物肥料，利用固氮、解磷、解钾菌的生命活动，增加土壤有效养分，提高烟草营养，可以充分利用土壤资源，提高烟叶品质。复合微生物肥料（即复混菌肥）不仅可以对土壤母质解磷、解钾，向烟草提供更多的钾素营养，提高烟叶品质，增强烟草的抗病力，肥料中的固氮放线菌还可产生抗生素，对大量随残余烟草茎枝在土壤内越冬的病原菌产生抵抗作用，对烟草土传病害产生显著的防病作用。微生物肥料具有无毒、无害、无污染、营养全面、肥效持久等化学肥料所不及的优点，对农作物的生长发育有良好的作用。

3.5.5　施肥技术

1. 常规有机肥料施用技术

1）作为基肥施用

有机肥料养分释放慢、肥效长、最适宜作基肥施用。在播种前翻地时施入土壤，一般叫底肥，有的在播种时施在种子附近，也叫种肥。

（1）全层施用在翻地时，将有机肥料撒到地表，随着翻地将肥料全面施入土壤表层，然后耕入土中。这种施肥方法简单、省力，肥料施用均匀。

这种方法同时也存在很多缺陷。第一，肥料利用率低。由于采取在整个田间进行全面撒施，所以一般施用量都较多，但根系能吸收利用的只是根系周围的肥料，而施在根系不能到达的部位的肥料则白白流失掉。第二，容易产生土壤障碍。有机肥中磷、钾养分丰富，而且在土壤中不易流失，大量施肥容易造成磷、钾养分的富集，造成土壤养分的不平衡。第三，在肥料流动性小的温室，大量施肥还会造成土壤盐浓度的增高。该施肥方法适宜于：①种植密度较大的作物。②用量大、养分含量低的粗有机肥料。

（2）集中施用除了量大的粗杂有机肥料外，养分含量高的商品有机肥料一般采取在定植穴内施用或挖沟施用的方法，将其集中施在根系伸展部位，可充分发挥其肥效。集中施用并不是离定植穴越近越好，最好是根据有机肥料的质量情况和作物根系生长情况，采取离定植穴一定距离施肥，作为特效肥随着作物根系的生长而发挥作用。在施用有机肥料的位置，土壤通气性变好，根系伸展良好，还能使根系有效地吸收养分。

从肥效上看，集中施用特别对发挥磷酸盐养分的肥效最为有效。如果直接把磷酸盐养分施入土壤，有机肥料中速效态磷成分易被土壤固定，因而其肥效降低。在腐熟好的有机肥料中含有很多速效性磷酸盐成分，为了提高其肥效，有机肥料应集中施用，减少土壤对速效态磷的固定。

沟施、穴施的关键是把养分施在根系能够伸展的范围内。因此，集中施用时施肥位置是重要的，施肥位置应根据作物吸收肥料的变化情况而加以改变。最理想的施肥方法是，肥料不要接触种子或作物的根，距离根系有一定距离，作物生长一定程度后才能吸收利用。

采用条施和穴施，可在一定程度上减少肥料施用量，但相对来讲施肥用工投入增加。

2）作追肥施用

有机肥料不仅是理想的基肥，腐熟好的有机肥料含有大量速效养分，也可作追肥施用。人粪尿有机肥料的养分主要以速效养分为主，作追肥更适宜。

追肥是作物生长期间的一种养分补充供给方式，一般适宜进行穴施或沟施。

有机肥料作追肥应注意以下事项。

（1）有机肥料含有速效养分，但数量有限，大量缓效养分释放还需一个过程，所以有机肥料做追肥时，同化肥相比追肥时期应提前几天。

（2）后期追肥的主要目的是满足作物生长过程对养分的极大需要，保证作物产量，有机肥料养分含量低，当有机肥料中缺乏某些成分时，可施用适当的单一化肥加以补充。

（3）制定合理的基肥、追肥分配比例。地温低时，微生物活动小，有机肥料养分释放慢，可以把施用量的大部分作为基肥施用；而地温高时，微生物活动能力强，如果基肥用量太多，定植前，肥料被微生物过度分解，定植后，立即发挥肥效，有时可能造成作物徒长。所以，对高温栽培作物，最好减少基肥施用量，增加追肥施用量。

3）作育苗肥施用

现代农业生产中许多作物栽培，均采用先在一定的条件下育苗，然后在本田定植的方法。育苗对养分需要量小，但养分不足不能形成壮苗，不利于移栽，也不利于以后作物生长。充分腐熟的有机肥料，养分释放均匀，养分全面，是育苗的理想肥料。一般以10%的发酵充分的有机肥料加入一定量的草炭、蛭石或珍珠岩，用土混合均匀做育苗基质使用。

4）有机肥料作营养土

温室、塑料大棚等保护地栽培中，多种植一些蔬菜、花卉和特种作物。这些作物经济效益相对较高，为了获得好的经济收入，应充分满足作物生长所需的各种条件，常使用无土栽培。

传统的无土栽培是以各种无机化肥配制成一定浓度的营养液，浇在营养土或营养钵等无土栽培基质上，以供作物吸收利用。营养土和营养钵，一般采用泥炭、蛭石、珍珠岩、细土为主要原料，再加入少量化肥配制而成。在基质中配上有机肥料，作为供应作物生长的营养物质，在作物的整个生长期中，隔一定时期往基质中加一次固态肥料，即可以保持养分的持续供应。用有机肥料的使用代替定期浇营养液，可减少基质栽培浇灌营养液的次数，降低生产成本。

营养土栽培的一般配方为：$0.75m^3$ 草炭、$0.13m^3$ 蛭石、$12m^3$ 珍珠岩、3.00kg 石灰石、1.0kg 过磷酸钙（20% P_2O_5）、1.5kg 复混肥（15：15：15）、10.0kg 腐熟的有机肥料。不同作物种类，可根据作物生长特点和需肥规律，调整营养土栽培配方。

2. 生物有机肥料

以发酵加工后的有机肥料为载体，加入功能菌，加工成生物有机肥料。生物有机肥料是指一种含有益于作物生长的发酵微生物的特定有机肥料，它既具有微生物肥料的功效，又具有有机肥料的作用，应用于农业生产中，能够获得特定的肥料。生物有机肥料中所加的微生物肥料种类也很多，按其成品中特定微生物的种类分为细菌类、放线菌类、真菌类；按其作用机理分为根瘤菌类、固氮菌、解磷菌类、解钾菌类；按有机肥料中所加微生物种类的数目可分为单一的生物有机肥料和有机～无机复混生物有机肥料。

1）生物有机肥料的作用

生物有机肥料因所含微生物的种类不同，所起作用也不同，概括起来有以下几方面作用。

（1）固氮作用。如根瘤和固氮菌，它们在适宜环境条件下，可以固定空气中的氮，为作物生长提供氮素营养。据估计，全球每年生物固定的氮素可达 10100 万吨。

（2）养分释放作用。微生物把土壤中一些难以被作物吸收利用的物质分解转化为能被作物吸收利用的有效养分。如硅酸盐细菌不仅能分解土壤中钾长石和云母等难分解的矿物，把其中固定的钾释放出来，还能促使土壤中难溶性的磷转化为作物可以利用的形态。

（3）促生作用。土壤中施入微生物肥料后，不仅增加了土壤中的养分含量，而且促进了各种维生素、酶及其他有利于作物生长物质的合成，刺激作物的生长，协助作物吸收营养。

（4）抗病作用。土壤中接种有些微生物后，在作物根部大量繁殖，在一段时期内成为作物根际的优势菌，抑制或减少了病原微生物的繁殖机会，有的微生物还会对病原微生物产生抵抗作用。

微生物肥料虽然能为作物生长提供养分，并刺激和促进作物生长，但它的作用毕竟还是有限的，作物生产中主要还是靠有机肥料和化肥来提供作物生长所需的养分。

自然界许多原料中含有很多有益的微生物，但这些原料一旦施入土壤中，其中的微生物会被土壤中无数的微生物吃掉。因而，不能在土壤中稳定成活，其效果也难以表现出来。但是，如果先将有益菌种加到发酵后的发酵有机肥料里，发酵有机肥料本身是扩大培养基，从而使细菌大量增殖。这时再将微生物有机肥料施入土壤中，很快在土壤形成优势种群，对作物的根系能起到良好作用。发酵有机肥料对发挥微生物活性具有良好作用。

2）施用注意事项

生物有机肥料施用注意事项如下。

（1）要仔细了解微生物菌剂的功能与使用条件，有针对性地使用菌剂。固氮菌只能用于具固氮能力的豆科、牧草等作物，且不同作物所适用的菌种不一样；磷细菌、硅酸盐细菌适用缓效态磷、钾含量丰富的土壤。

（2）生物有机肥料必须深施入土，防止阳光直接照射杀伤微生物。

（3）生物有机肥料最好集中使用在作物根部，微生物在作物根系周围形成有益生态环境，促进作物生长。

（4）生物有机肥料不宜与化肥、杀菌剂或其他农药混合使用，以免影响肥效。

3.6　烟叶有机生产大田管理

3.6.1　中耕管理

1. 中耕的作用

中耕是烟草大田前期管理的主要内容，中耕一般与培土、除草和追肥相结合，可以有效改善烟田小气候环境，为烟株生长尤其是根系生长创造良好的条件，保证烟株健壮生长。

（1）疏松土壤，提高地温，调节土壤肥力。烟田中耕后表土疏松，接受太阳辐射能的表面积增大，经阳光照射，可以显著提高地温。中耕可以增强土壤通透性，提高土壤温度，降低土壤表层湿度，从而促进幼苗生长，故有"锄头底下有火"的说法。疏松土壤，降低表土容重，通气良好，氧气充足，增强根系吸收能力。增强土壤通透性能，提高地温，促进土壤微生物活动，加速肥料分解，改善烟株的营养状况，故有"锄头底下有肥"的说法。

（2）蓄水保墒，调节土壤水分。通过中耕，切断了土壤毛细管，可以减少表层土壤以下水分的蒸发，起到抗旱保墒的作用。在土壤湿度过大的情况下，土壤通气性差，地温低，不利于烟草生长，中耕后提高了地温，使表层土壤散失一部分水分，增强了土壤的通气性。雨前中耕，使土壤疏松，能保蓄较多雨水。雨后或干旱时中耕，切断了土壤毛细管，减少水分蒸发，起保墒防旱的作用，故有"锄头底下有水"的说法。

（3）促进烟草根系和烟株发育。中耕除草改善了土壤环境，有利于根系生长外，由于切断竞争根系，刺激发生新根，促进根系向纵深发展。中耕结合培土，又能产生不定根。庞大根系的形成，促进了地上部的生长，使叶片干物质积累增加，产量和品质提高。

（4）清除杂草，减少病虫害。田间杂草不仅与烟株争光、争水和争肥，而且是多种病虫害的寄主和媒介。中耕结合除草，可减少病虫危害及与烟草争夺水分、养分和阳光，促进植株生长。

2. 中耕技术与要求

烟田中耕的时期、次数和深度，主要根据烟草的生育时期、气候条件和栽培条件而定。有机烟叶生产中，烤烟大田期一般中耕3次，先浅后深，再浅。

第一次中耕应安排在烟苗移栽后1周左右，即还苗期。此时期是还苗期是烟草恢复生长的阶段，以根系生长为主，低温和干旱是烟草生长发育的主要限制因子，中耕以保墒、保苗、清除杂草为主要目的。此期烟株幼小，根系尚未扩展，中耕宜浅，尤其烟株间中耕更不能深，宜浅锄，碎锄，破除板结。近根处划破地皮即可，切忌伤根或触动烟株，离烟株稍远处可略深，行间以深2~5cm为宜。中耕质量要求烟株周围不留旱滩，不露缝，不动根，不盖苗。

第二次中耕应安排在生根期，移栽后15~20天内，结合追肥培土进行。伸根期是烟草生长发育的重要阶段，地上部和根系的生长速度逐渐加快，但烟株需水量不太大，过多的土壤水分对根系的生长不利，因此，伸根期中耕十分重要，此期中耕以保墒促根，防除杂草为主要目的。深中耕要锄深、锄透、锄匀。自烟株起，由近而远，由浅而深。每株烟要近四锄，远四锄，八面见锄。一锄重一锄，锄后土层要翻身。中耕深度，烟株周围 6～7cm，行间 10～14cm。

第三次中耕一般安排在第二次中耕后 10～15 天进行，团棵期前后，此时烟株即将或已进入旺长期，气温较高，雨水较多，烟株耗水量增大，而且烟棵也较大，不宜深中耕。可根据实际情况进行浅锄培土，除草保墒，中耕深度不宜超过 6～7cm。

烟田中耕是一项重要而又灵活性较强的措施，必须因时因地灵活掌握。中耕应在烟株旺长以前进行，要求栽后锄，有草锄，雨后锄，浇后锄，中耕的深度应以先浅后深，再浅和行间深，两边浅为宜。

3.6.2　培土

培土又称上厢或雍土，指在烟株大田生长期间将行间或畦沟的土壤培育烟株基部、垄面而形成土垄或高畦的管理措施。

1. 培土的作用

（1）增加活土层，增加营养吸收面积。培土可以改善近地表层土壤湿度环境，提高氮、钾肥的利用率，促进烟株生长发育。培土还可以增高畦面，既可以增加表土面积提高土温，又可以增加烟株营养吸收面积。

（2）促进不定根大量发生。烟草的茎具有很强的生根能力，培土将烟基部埋入土中，土中的茎在黑暗和适宜的温湿度条件下，1～2 周即可发生不定根。因此，培土有利于根系的生长和吸收活动、促进支细根和不定根的大量生长发育，扩大了吸收营养面积，增强烟株的吸收能力和抗旱能力，提供充足的养分保证地上部分生长发育，群众经验指出："培一次土，发一次根。"

（3）有利于烟田灌溉和排水。培土后烟塘逐渐形成垄状，行间成沟，有利于积水的排出。干旱时可以进行沟灌和畦灌，避免了大水漫灌的缺点，多雨季节可以减少田间积水，防止涝灾。

（4）改善田间小气候，减少病虫害发生。培土有利于田间通风换气，改善田间小气候环境，减少病虫害的发生。

（5）防风防倒伏。烟草植株高大，易受风灾，大风会使叶片相互摩擦，影响品质。当烟株被风吹倒后，轻则大部分叶片受到不同程度的损伤，影响烟叶的内在质量，重则造成烟株根断萎蔫，在高温高湿条件下造成叶片烘烂，严重减产降质。培土后根系入土相对较深，而且植株根系发达，支撑能力增加，大大提高了抗倒伏能力。

2. 培土技术与要求

培土作用大小与培土质量密切相关，只有高质量的培土，才能充分发挥其作用。烟田培土要求土块细碎、垄体饱满、垄沟直、沟底平，根据土壤质地采取合适的操作方法，主要应做到以下几点。

（1）培土时机。烟田培土应在团棵期前后进行。主要分为两次，第一次可在栽后15～20天进行，可结合追肥进行小培土；第二次在移栽后30～35天进行大培土。地膜栽培的烟株可以进行一次培土，即移栽后30～35天进行大培土，也可进行两次培土，即第一次于栽后15天，进行扒兜；第二次在团颗至旺长初期进行大培土。培土时间过早，会因为烟苗小而埋没心叶，从而抑制烟苗生长；培土时间过晚，则会烟株太大，操作不便，容易伤害到叶片。

（2）培土高度。培土高度应依据气候条件、地势及土壤特性而定。一般培土后烟墒高度田烟≥40cm，地烟≥35cm。地下水位高、雨水多、风力大的烟区，可适当增加培土高度；砂土地则应适当降低培土高度。如果培土高度过低，起不到抗旱防涝防倒伏的目的；如果培土高度过高，则容易伤害到下部叶片，从而影响烟叶的产量和质量。

（3）培土要求。培土的总体要求是土块细碎、垄体饱满、沟底平直、墒无杂草、沟无积水、通风透光，减少病虫危害。培土前应摘除2～3片底脚叶，重点培高茎基部，要充实饱满，使土与根基部之间不留间隙，以利于不定根的发生和扩展。垄面要宽，垄背坡要缓，降雨时水分能缓慢渗透，不致冲刷垄面。垄要培土要求直，沟底要平，保证灌排畅通和通风排湿。操作时土块要打碎，以免压坏烟叶。

3.6.3　打顶抹杈

打顶抹杈是烟草特有的一项田间管理措施，是调控烟株生长、提高烟叶品质的关键技术。烤烟一般移栽后55～65天开始现蕾，进入这个生长阶段应及时进行打顶抹杈，以利于中上部叶片的充分发育和成熟，提高烟叶产量与质量。有机烟叶生产中，应根据品种特性、田间烟株长势长相，结合气候特点，选择适当打顶方式，原则以现蕾打顶为主，建议留叶数为18～20片，打顶后及时人工抹杈，不得使用任何化学抑芽剂。

1. 打顶抹杈的作用

（1）去除顶端优势，促使烟株体内养分重新分配。烟株生长过程中，营养物质的输送是由下至上的，营养物质向上输送，到烟株现蕾开花时，营养物质向上输送更为加速，因为它要保证自身开花结果繁衍后代。若让烟株任其开花结果，杈叶丛生，营养物质势必要大量消耗在开花、结果和杈叶上，因而上部叶就不能充分生长，叶片长得小而轻，内含物质少，品质不佳。烤烟生产是以收获其营养器官叶片为目的，生殖生长无疑会浪费大量的养分，更主要的是生殖生长会显著延缓烟叶成熟、降低烟叶产量和品质。减少无谓的养分消耗，因此，必须进行封顶打杈。

（2）利于中上部叶片的充分发育和成熟，提高烟叶的产量和品质。只打顶不抹杈或只抹杈不打顶的烟株都表现为叶片长度和宽度减小，叶片平均重量轻。不打顶不抹杈的表现则更差。美国北卡州的研究结果表明：在现蕾期打顶能显著提高烟叶产量和质量，如果现蕾之后3周内不打顶，烟叶产量每天可下降1%。

（3）促进根系发育。打顶抹杈可促进次生根的萌发，增加根的深度和密集度，增强根部对水分和养分的吸收能力，因而地上部生长良好。此外，打顶也增强了根系合成烟碱的能力，叶内烟碱含量得到提高。打顶是控制烟叶烟碱含量的最重要农艺措施之一。

（4）减少病虫危害。打顶结合抹杈，可改善烟田田间的通风透光条件，降低田间空气湿度，减少病虫害的发生。烟株顶端和烟芽是烟株的幼嫩组织，是烟蚜赖以生存的部位，故打顶结合抹杈去除了烟蚜生存的场所，可明显减少烟蚜的危害以及依靠烟蚜传播的病毒病害。

（5）提高烟叶成熟度。打顶后，烟株避免了无谓的有机物质消耗，改善了烟株体内营养状况，从而更好地供应叶片维持其生命活动所必需的营养，可延长叶片寿命，有利于提高烟叶的成熟度。

2. 打顶抹杈的技术要求

1）打顶方式

现蕾打顶：适用于烟株长势正常，地力较适宜（中等肥力）的多数烟田。花蕾露出叶尖时将花蕾及二、三片小叶摘去。消耗养分较少，操作较易，不伤叶，效果好。

初花打顶：适用于烟株长势正常、地力略高的烟田，中心花（第一朵花）开放时，将花序及二、三片小叶摘云，消耗养分尚少，操作更易，不伤叶效果较好。

盛花打顶：适用于肥力过高、长势过旺的烟株，烟株花蕾半数以上开放时，摘去花梗，养分消耗较多，由顶部木质化，不易摘去，一般不宜利用。

扣心打顶：适用于烟株长势较弱、地力较差的烟田。花蕾还包在叶片内，仅肉眼能见时用竹签或镊子操作。养分消耗最少，但费工，易伤叶，一般不宜采用。

2）打顶时期与留叶数

打顶的时期和高度与留叶有密切关系，留叶数的不同对烟叶产量、质量、内在化学成分有很大影响。打顶过早，留叶过少，产量过低，使上部叶大而厚，株型成伞状，不但上部叶品质下降，中部叶也会因为顶叶的遮蔽而降低品质。打顶过晚，留叶过多，顶叶瘦小，烟株成尖塔形，同样降低产量和品质。

气候条件：在雨水充足，气候温暖，无霜期较长的地区，打顶可以较高，多留叶；在雨量较少，气温较低，无霜期短的地区，打顶可以较低，少留叶。

土壤肥力：施肥多，生长势旺盛的烟田，打顶可以较高，多留叶，以充分发挥土壤养分的作用，多收叶片，增加产量；土壤瘠薄，施肥量少，植株矮小的烟田，打顶可以较低，少留叶，以集中养分，使叶片充分生长成熟。

品种特性：叶数较多的不耐肥品种和叶数较少的耐肥品种，要根据具体条件、栽培要求，灵活确定打顶时期和高度。红大留叶数为16~18片，其他品种留叶数一般为18~22片。

栽培条件：灌溉条件好，行株距较大的烟田，可以打顶高些，多留叶；灌溉条件较差，行株距较小的，打顶要低些，少留叶。春烟生长期长，打顶可以偏高，多留叶；夏烟、秋烟、冬烟及补栽烟株，可以打得低些，少留叶。

3）打顶方法

抹杈又称去蘖、打杈、打芽、打荪。有机烟叶生产全部采用人工封顶，由于烟株在田间生长不尽一致，打顶一般分两次打完。打顶应从所留顶叶茎秆的上方 2cm 处折去，应选择晴天，以利伤口愈合。如田间有病株，应先打健株后打病株。

4）抹杈

打顶后，烟株每个叶芽可再生出 2~3 个或更多的腋芽，如不进行抹芽任其生长，将会耗费大量的养分，影响主茎叶片的生产。因此，除特殊条件（如受冰雹灾害、早花等）下可留 1~2 个腋芽培育杈烟外，其余腋芽在萌发后应及时抹掉，否则会导致上部叶片小而薄，中下部叶片不充实，身份轻，油分少，弹性差，吃味和香气都降低，影响烟叶产质量。

有机烟烟叶生产只能采用人工打杈，应遵循早抹、勤抹和彻底抹的原则。当腋芽萌发生长不到 2.5cm 时，即"鸡嘴杈"，应及时摘去，烟农有"打杈不过寸，过寸走了劲"的说法。另外，应坚持见杈就打，做到顶无烟花茎无杈。

3.7　有害生物防治

目前，病虫草害是限制有机烟叶生产的最主要因素之一，我国烟草有害生物达 600余种，侵染性病虫害有 68 种。有机烟叶生产过程中，禁止使用所有化学合成的农药，禁止使用由基因工程生产的产品。因此，有机烟叶病虫害防治应坚持"预防为主，防治结合"的原则，从作物病虫草害整个生态系统出发，综合运用各种防治措施，创造不利于病虫草害孳生和有利于各类天敌繁衍的环境条件，保持农业生态系统的平衡和生物多样性，减少各类病虫草害所造成的损失。优先采用农业措施，通过选用抗病抗虫品种，非化学药剂种子处理，培育壮苗，加强栽培管理，中耕除草，秋季深翻晒土，清洁田园，轮作倒茬等一系列措施起到防治病虫草害的作用。同时，利用灯光、色彩、性诱剂诱杀害虫，机械捕捉害虫，机械和人工除草等措施防治病虫草害。在农业和物理措施不能有效控制病虫害时，可使用微生物源、植物源药剂和防治病虫草害。

3.7.1　虫害防治

有机烟虫害防治主要采用人工捕捉配合物理和生物防治，提倡通过释放烟蚜茧蜂来防治蚜虫，允许使用软皂、植物源杀虫剂（苦参碱、除虫菊等）防治虫害，允许使用性诱剂、视觉性和物理性捕虫设施防治虫害，可以有限制地使用鱼藤酮和硅藻土、微生物及其制剂来防治虫害。

1. 色彩诱杀

烟蚜是重要的农作物害虫，在全国各烟区普遍发生，主要通过刺吸寄主汁液和传播病毒造成危害。有机烟对烟蚜的防治主要利用烟蚜的趋黄性通过应用黄色黏虫板（黄板）控制烟蚜，在育苗地周围设置二至三圈黄板阻隔圈，诱杀迁飞蚜虫，利用规格为 20cm×25cm 的双面黄板，按 3m×5m 间距梅花形排列，诱杀蚜虫，在烟田中设置间距 5m×5m 黄板诱杀迁入蚜虫。另外，现有研究表明，覆盖银灰色地膜也可达到防治驱避蚜虫的效果。

2. 杀虫灯诱虫

杀虫灯是根据昆虫具有趋光性的特点，利用昆虫敏感的特定光谱范围的诱虫光源，诱集昆虫并能有效杀灭昆虫，降低病虫指数，防治虫害和虫媒病害的专用装置。有机烟叶生产过程中，可应用杀虫灯诱杀害虫的成虫，以减少田间落卵量。

目前，常用的杀虫灯有太阳能杀虫灯和频振式杀虫灯。太阳能杀虫灯是利用紫外光对昆虫具有激备较强的趋光、趋波、趋色、趋性的特性原理，确定对昆虫的诱导波长，研制专用光源，利用放电产生的低温等离子体，紫外光辐射对害虫产生趋光兴奋效应，引诱害虫扑向灯的光源，光源外配置高压击杀网，杀死害虫，使害虫落在专用的接虫袋（箱）内，从而达到灭虫的目的。频振式杀虫灯是一种诱杀害虫成虫的仪器，它利用害虫的趋光、趋波和趋色的特性，将光波设定在特定范围内，近距离用光，远距离用波，引诱害虫扑灯，灯外配以频振高压电网触杀，使害虫落入灯下的接虫袋内，达到杀灭害虫的目的。

3. 防虫网

防虫网是一种采用添加防老化、抗紫外线等化学助剂的聚乙烯为主要原料，经拉丝制造而成的网状织物，具有拉力强度大、抗热、耐水、耐腐蚀、耐老化、无毒无味、废弃物易处理等优点，能够预防常见的害虫。防虫网通过覆盖在棚架上构建人工隔离屏障，将害虫拒之网外，切断害虫（成虫）繁殖途径，有效控制各类害虫。防虫网在烤烟育苗上应用取得的良好效果已被各烟区普遍认可，特别对烟草丛顶病、黄瓜花叶病等蚜传病毒病的控制作用非常明显。

蚜虫、潜叶蝇等是烤烟生产过程中的主要害虫，在苗期采用防虫网可有效地防止它们的危害，对防治虫传病毒病有明显效果。由于防虫网的隔离从而防止害虫进入苗棚内，减少害虫为害及传播病害的机会，有效防治病毒病的发生，免施或少施化学农药，减少害虫的抗性，确保生产者和消费者的安全。防虫网可减轻外界不良的气候条件对烟苗生长的影响。防虫网具有遮光降温，调节棚内温度、湿度的功能和防暴风雨的作用。

4. 糖酒醋混合液

可利用糖酒醋液诱杀斜纹夜蛾、小地老虎等。具体方法：将糖、醋、酒、水按 6：3：1：10（重量比）的比例混合，倒入陶瓷盆或塑料盆中，使盆中液面高度为 5～10cm，在田间及其四周每间隔 10m 左右放置一个。

5. 烟蚜茧蜂

烟蚜不仅吸取烟株营养和排泄蜜露，直接影响烟叶的产量和质量，而且可在 400 多种寄主植物间传播 115 种植物病毒（占整个蚜虫传播的 170 种植物病毒的 67.7%），引起多种烟草病毒病及一些虫传烟草病害的流行，使烟叶品质变劣、产量下降，对烟草造成了很大的损失。一直以来，烟蚜的防治主要依靠化学农药，而化学农药的大量使用给环境、人体健康以及烤烟质量带来了严重的负面影响。

以植物或人工饲料来饲养自然寄主或转换寄主来繁殖天敌，是当前常用的方法。烟蚜茧蜂能寄生菜蚜、萝卜蚜、小麦长管蚜、棉蚜、烟蚜等多种蚜虫。烟蚜茧蜂不仅是我国各烟区，也是云南各烟区烟蚜的一种优势寄生蜂，对烟蚜喜好寄生。云南省烟草公司玉溪市公司经过多年研究，总结出以烤烟繁育目标害虫——烟蚜，再以烟蚜繁育烟蚜茧蜂的繁蜂方式，使其繁育的烟蚜茧蜂避免了寄主偏好，增强了对目标害虫——烟蚜的控制作用。

6. 昆虫性信息素

昆虫信息素又称昆虫外激素。昆虫自身产生释放出的作为种内或种间个体传递信息的微量行为调控物质。其中昆虫性信息素是调控昆虫雌雄吸引行为的化合物，既敏感又专一，作用距离远，诱惑力强。性诱剂是模拟自然界的昆虫性信息素，通过释放器释放到田间来诱杀异性害虫的仿生高科技产品。该技术诱杀害虫不接触植物和农产品，没有农药残留之忧，是现代农业生态防治害虫的首选方法之一。利用昆虫性信息素进行大量诱杀防治，目前主要在鞘翅目、直翅目、同翅目等害虫中应用较多，鳞翅目昆虫中的透翅蛾科以及雄成虫交配次数少的种类也有很好的实用价值。昆虫性信息素是利用个体昆虫对化学物质产生反应而被杀，不会产生后代，故无抗性发生。昆虫性信息素具有种特异性，即专一性，对益虫、天敌不会造成危害。可与其他管理方法组合，是昆虫综合管理（IPM）方法之一。

有机烟叶生产中，可利用害虫的性引诱信息素群集诱捕小地老虎、烟青虫、斜纹夜蛾等雄性成虫。目前昆虫性信息素在烟叶生产的应用主要有烟草甲诱捕器、烟草甲性诱剂、烟草甲信息素、烟草粉斑螟诱捕器、烟草粉斑螟性诱剂、烟草粉斑螟信息素等。一般来说，诱捕器在烟苗移栽成活后开始放置，设置数量为斜纹夜蛾 8 个/hm²、烟青虫 15 个/hm²，采用棋盘式分布，诱芯高度保持比烟株高出 40～50cm 为宜。

7. 昆虫病原微生物

昆虫自然种群每代的死亡率总在 80%～99.9%，其中有不少死于微生物感染病，昆虫病原微生物通过传播、扩散、再侵染，在适宜的条件下形成疾病流行来控制害虫的作用，主要包括真菌、细菌、病毒。

已知的昆虫病原真菌有 530 多种，在防治害虫中经常使用的真菌有白僵菌和绿僵菌等。可用于防治鳞翅目、同翅目、膜翅目、直翅目等害虫，如地老虎、斜纹夜蛾等。但在饲养桑蚕的地区不宜使用。细菌作为杀虫剂在农业生产中使用的有苏云金杆菌、乳状芽孢杆菌、枯草芽孢杆菌、假单孢杆菌等。可用于防治直翅目、鞘翅目、双翅目、膜翅目，特别是鳞翅目的多种害虫，如烟青虫、斜纹夜蛾等。已发现的昆虫病原病毒主要是核多角体病毒（NPV），质型颗粒体病毒（CPV）和颗粒体病毒（GV）。主要用于防治鳞翅目害虫，如烟青虫、斜纹夜蛾等害虫。

8. 植物源药剂

植物源农药是指利用植物根、茎、叶、种子等部分粗加工或提取其活性成分加工成的制剂,用于防治植物的病、虫、草害等。植物源农药具有生物降解快、对人畜及非靶标生物毒性低、害虫不易产生抗性等优点。植物源农药包括植物源杀虫剂、植物源杀菌剂、植物源除草剂及植物光活化毒素等。目前我国已开发出楝素乳油、苦皮藤乳油、鱼藤酮乳油、双素碱水剂、油酸烟碱等多种商品化制剂。

除虫菊素:又称天然除虫菊素,是由除虫菊花中分离萃取的具有杀虫效果的活性成分。它包括除虫菊素Ⅰ、除虫菊素Ⅱ、瓜菊素Ⅰ、瓜菊素Ⅱ、茉莉菊素Ⅰ、茉莉菊素Ⅱ组成的。除虫菊素具有在哺乳动物体内不会蓄积残留、在环境中易降解、杀虫谱广、不易产生抗药性等特点,因此被公认为最理想的杀虫剂。主要用于防治双翅目、同翅目和鳞翅目害虫,如蚜虫、粉虱、飞虱,椿象等。剂型有 1.5%除虫菊微乳剂、0.7%~1%除虫菊粉剂和3%除虫菊乳油。我国云南省等地在20世纪40年代中期开始从国外引种栽培。

苦参碱:是由豆科植物苦参的干燥根、植株、果实经乙醇等有机溶剂提取制成的,其他来源为山豆根及山豆根地上部分。

首先,苦参碱是一种植物源农药,具有特定性、天然性的特点,只对特定的生物产生作用,在大自然中能迅速分解,最终产物为二氧化碳和水。其次,苦参碱是对有害生物具有活性的植物内源化学物质,成分不是单一的,而是化学结果相近的多组和化学结构不相近的多组的结合,相辅相成,共同发挥作用。第三,苦参碱因为多种化学物质共同作用,使其不易导致有害物产生抗药性,能长期使用。第四,对相应的害虫不会直接完全毒杀,而是控制害虫生物种群数量不会严重影响该植物种群的生产和繁衍。这种机理和在化学农药防护副作用凸显后经过几十年研究得出的综合防治体系中有害生物控制的原则是十分近似的。综上可以说明苦参碱与一般高毒、高残留的化学农药有着明显区别,是十分绿色、环保的。

在农业中使用的苦参碱农药实际上是指从苦参中提取的全部物质,叫苦参提取物或者苦参总碱。近几年在农业上广泛应用,且有良好的防治效果,是一种低毒、低残留、环保型农药。主要防治各种松毛虫、茶毛虫、菜青虫等害虫。具有杀虫活性、杀菌活性、调节植物生长功能等多种功能。

广谱性植物源杀虫剂,其制剂有:0.6%清源保水剂、0.36%百草1号、0.2%和1%蚜螨敌水剂。可用于防治红蜘蛛、蚜虫、烟青虫、小菜蛾、叶蝉、粉虱和飞虱等。同时具有一定的杀菌作用。

印楝素:具有拒食、忌避、毒杀及影响昆虫生长发育等多种作用,并具有良好的内吸传导性。能防治鳞翅目、同翅目、鞘翅目等多种害虫。对人、畜、鸟类及天敌安全。

茼蒿素:可用于防治鳞翅目幼虫。其常见的剂型为 0.65%水剂。一般使用浓度为0.65%水剂稀释 400~500 倍液喷雾。

3.7.2　病害防治

病害防治应遵循以防为主,在病害发生前或发病初期进行及时防治。在有机烟叶病害防治过程中,允许使用软皂、牛奶、植物制剂、醋和有机产品允许使用的物质防治有机烟病害。也可以有限制地使用微生物制剂、石灰、硫磺、波尔多液以及其他含硫或铜的物质防治烟草病害。

1. 角斑病

烟草角斑病菌为假单孢杆菌，与野火病菌同种。属丁香假单孢杆菌角斑专化型。病菌适宜的生长温度为 24～28℃，致死温度为 52℃温热 6 分钟。角斑病在苗期和成株上均能发生，但主要发生在烟株生长后期，受害部位主要是叶片。发病初期在叶肉组织上形成水渍状暗绿色斑点，以后病斑扩大呈多角形或不规则形，病斑灰白色或黑褐色，颜色不均匀，常形成多重云形轮纹，边缘明显，周围没有黄色晕圈，有时病斑可扩大至 1～2cm。

烟草种植品种中尚缺乏对角斑病有良好的抗病品种。苗床期防治注意苗床地的消毒处理，同时也应加强苗床管理，在阴雨天气下，及时通风去湿、除草间苗、排水放湿等。当苗床上出现零星病株时去除病株，并喷施 1∶1∶160 波尔多液或 200 单位的农用链霉素。在大田管理中，应注意合理密植，保证通风透光。合理安排氮、磷、钾肥比例，防止氮肥过量，造成烟株叶片肥嫩，增加感病性。在病害发生初期及时去除病叶，带出田外集中处理。

2. 野火病

烟草野火病属细菌性病害。在主要烟区普遍发生，严重影响着烟叶质量，成为烤烟主要病害之一。此菌为好气性细菌，生长温度为 2～34℃，最适温度为 24～30℃。烟草野火病在苗期和大田期都能发生，主要危害叶片，也能浸染花、果、茎秆和种子。大田期于 6 月初始见病斑，8 月中旬达到发病高峰，特别是暴雨过后病害常迅速发展，远望受病烤烟田，似一片火烧状，病害由此得名。发病初期病部产生黑褐色水渍状小圆斑，以后病斑逐渐扩大，直径可达 1～2cm，周围有明显的黄色晕圈，病斑多时可合并成不规则的大斑，斑上有轮纹。

防治此病应从杜绝菌源及苗床清洁着手，结合栽培措施，促使烟草健壮生长。实行合理轮作的制度，及时清除病株残体发病田块要进行深耕翻土。播前进行种子消毒，培育壮苗，实行高垄条栽，适时早栽。应根据烟田土地肥力、施肥和植株生育情况，进行适时适度的打顶，以免植株生长过于密蔽，降低抗病能力。早期发现少量病叶，应及早摘去或提早采收脚叶，以防蔓延，适时收获。

3. 气候斑病

烟草受空气中有害物质危害引发的非传染性病害，称为气候斑病或气候斑点病。烟草气候斑病是由大气中的臭氧等引起的一种非侵染性病害，世界各产烟国均有发生。苗期、成株期均可发病。幼叶及正在伸展的叶片受害重，该病呈规律性分布，叶尖、叶基、叶中部组织上较集中，多沿叶脉两侧组织扩展。病斑初为针尖大小的水渍状灰白色或褐色小点，后可扩展为直径 1～3mm 近圆形大斑，中间坏死，四周失绿，严重时多个病斑融合成大块枯斑，叶脉两侧的病斑呈不规则形焦枯，叶肉枯死，叶片脱落。在近成熟的中下部或底叶上病斑呈穿孔状，叶面上出现许多散生的细碎的圆斑，大小约 5mm，后期也穿孔，但病斑边缘无深褐色的界限，别于穿孔病。

　　烟草气候斑病的防治首先应选用抗耐病品种，如红花大金元品种较抗烟草气候性斑点病。其次应各烟区应根据当地的气候条件，适时移栽，合理密植，施足基肥，及时追肥，适当控制氮肥，注意开沟排水，防止积水，以降低田间湿度，及时中耕除草，增加田间通风透光度，促进烟株正常生长，提高烟株抗臭氧的毒害能力。

4. 病毒病

　　烟草病毒病俗称烟草花叶病，这是目前烟草生产上分布最广、发生最为普遍的一大类病害。目前，我国已发现的烟草病毒病有 16 种，其中引致烟草花叶病的病毒主要有普通花叶病毒病（TMV）、烟草黄瓜花叶病毒病（CMV）、烟草马铃薯 Y 病毒（PVY）等 3 种病毒。大部分地区病毒病几种病毒病混合发生，重复感染。田间病株率一般在 20%~40%，重的达 40%~80%（有些局部地块高达 100%）。烟草感染病毒后，叶绿素受破坏，光合作用减弱，叶片生长被抑制，叶小、畸形，减产幅度可达 20%~80%。病毒病发生后，还严重影响烟叶的品质，使品质变劣。

　　烟草病毒病的病毒种类多，且多为混杂侵染，传播途径广，因此，对烟草花叶病毒病的防治，须严格实行"预防为主、综合防治"的方针。首先选择抗耐病品种，是防治烟草病毒病最经济有效的方法，选用无病株上的种子，从无病株上采种，单收、单藏，并进行细致汰选，防止混入病株残屑。苗床期加强管理，育苗场地尽量远离菜地、烤房、晾棚等，及时清除苗床附近杂草，及时间苗、定苗，有效地控温控湿。操作时要用肥皂水洗手，严禁吸烟，尽力减少操作工具、手、衣服与烟株接触。移栽时要剔除病苗。注意烟田不与茄科和十字花科作物间作或轮作，重病地至少要二年内不栽种烟草。大田期田间操作时，事先要用肥皂水洗手，工具要消毒，并禁止吸烟。打顶抹杈要在雨露干后进行，并注意病株打顶、抹杈要最后进行。药剂防治一般采用宁南霉素水剂进行防治，方法为移栽后 15 天使用 2%宁南霉素水剂 250 倍、8%宁南霉素水剂 1600 倍、牛奶 100~200 倍进行预防。

5. 赤星病

　　烟草赤星病是我国烟草生产上的主要病害之一，我国各产烟区都有该病害的发生，以山东、河南、安徽、黑龙江、吉林等地发生严重；其次是四川、云南、贵州、辽宁、陕西等烟区。烟草赤星病是真菌病害，多发生于烟叶成熟期，一般在烟株打顶后，下部叶片进入成熟阶段开始发病。赤星病主要危害部位是叶片，严重时茎秆、花梗、蒴果也受害。赤星病先从烟株下部叶开始发生，随着叶片的成熟，病斑自下而上逐步发展。病斑最初在叶片上为黄褐色圆形小斑点，以后变成褐色。病斑的大小与湿度有关，湿度大时病斑大，干旱则小。病斑圆形或呈不规则圆形，褐色，有明显的同心轮纹，边缘明显，外围有淡黄色晕圈。病斑中心有深褐色或黑色霉状物，为病菌分生孢子和分生孢子梗。病斑质脆、易破，天气干旱时有可能产生破裂。病害严重时，许多病斑相互连接合并，进而造成整个叶片破碎而无使用价值。茎秆、蒴果上也会产生深褐色或黑色圆形、椭圆形凹陷病斑。

　　采用综合防治措施，以选择抗病品种、栽培措施的防治方法为主，以药剂防治为辅。首先，选用抗耐品种，并根据品种特性、土壤肥力条件，做到合理密植，密度以成株期叶片不封垄为宜。搞好田间卫生，及时采收或打掉底脚叶。打掉的底脚叶、烟杈和烟秆不要随地乱扔，要带出田外深埋或晒干销毁，减少侵染源。药剂一般采用多抗霉素防治，具体方法为打顶后使用0.3%多抗霉素200倍喷施，每7～10天防1次，连续2～3次。

6. 黑胫病

烟草黑胫病是烟草生产上最具毁灭性的病害之一，又称烟草疫病，烟农称为"黑杆疯""黑根""乌头病"，国内各主要产烟区均有不同程度发生。多发生于成株期，少数苗床期发生。幼苗染病，茎基部出现污黑色病斑，或从底叶发病沿叶柄蔓延至幼茎，引致幼苗猝倒。湿度大时病部长满白色菌丝，幼苗成片死亡。茎秆染病，茎基部初呈水渍状黑斑，后向上下及髓部扩展，绕茎一周时，植株萎蔫死亡。纵剖病茎，可见髓部黑褐色坏死并干缩呈"笋节"状，"节"间长满白色絮状菌丝。叶片染病，初为水渍状暗绿色小斑，后扩大为中央黄褐色坏死、边缘不清晰隐约有轮纹呈"膏药"状黑斑。潮湿条件表面也生白色绒毛状物。

防治方法主要有选择抗病品种种植，坚持轮作，适时早栽避开雨季，及时中耕除草、注意排灌结合，降低田间湿度，及时拔除病茎、病叶烧掉或深埋。药剂采用大黄素甲醚防治，方法为团棵期使用0.5%大黄素甲醚600倍进行预防。

7. 青枯病

烟草青枯病是危害烟草最重要的一种细菌病害，俗称"烟瘟""半边疯"，是我国南方烟区普遍发生的重要细菌性病害。目前已有14个省区发生，其中发生面积较大，危害较重的有广西、广东、福建、湖南和浙江等的烟区及安徽省皖南烟区、四川省宜宾和泸州烟区等。烟草青枯病典型症状是叶片枯萎。初发病时，病株多向一侧枯萎，拔出后可见发病的一侧支根变黑腐烂，未显症的一例根系大部分正常。有的先在叶片支脉间局部叶肉产生病变，茎上出现长形黑色条斑，有的条斑扩展到病株顶部或枯萎的叶柄上。发病中期全部叶片萎蔫，条斑表皮变黑腐烂，根部也变黑腐烂，横剖病茎用力挤压切口，从导管溢出黄白色菌脓，病株茎和叶脉导管变黑。后病菌侵入髓部，茎髓部呈蜂窝状或全部腐烂形成空腔，仅留木质部。

烟草青枯病的主要防治手段有选用抗病品种，坚持轮作，且与禾本科轮作最好，育苗期注意苗棚、苗池、营养液及剪叶工具消毒，按规定进行剪叶剔苗，并根据苗情和天气状况进行炼苗；通过移栽期调整使发病高峰躲过雨季可减少受害，病株及时拔除后用生石灰消毒病穴，采用高畦栽培，雨后及时排水，防止湿气滞留。雨季，病菌随地表流水传播是土传病害蔓延的重要途径之一，因此，凡是病区烟田都要深挖排水沟，并合理布局排水沟渠。搞好田园卫生。在有条件的地方，最好选择砂壤土且排灌方便的田块栽烟。在地势较低湿度大的地区要起高垄。

8. 蛙眼病

烟株生长中后期叶片上出现蛙眼状病斑是一种由真菌侵染引起的烟草蛙眼病，或称烟草灰斑病、烟草白星病。国内各烟区普遍发生，近年来有逐年加重的趋势。主要危害叶片。病斑圆形，褐色、茶色或污白色，边缘狭窄，深褐色，中央呈灰白色羊皮纸状，似蛙眼，故称"蛙眼病"。因环境、品种不同，病斑有时呈多角形，中央白色很小或没有。湿度大时病斑上产生灰色霉层，严重时病斑融合，致整叶枯死。采收前2～3天叶片染病的在烘烤期间，可形成绿斑或黑斑。大田烟株老弱的下脚叶发生较多，在近收获期叶片发病最盛，常造成叶片穿孔、撕裂破烂，影响烟叶的产量和品质。如果叶片在采收前2～3天遭此菌的侵染，则此病还可能继续危害已入烤房的烟叶，产生绿斑或黑斑（烟农称为"烤斑"或"烘斑"），致使烟叶缺乏弹性而极易破碎，降低烟叶的经济价值。

烟草蛙眼病的防治方法主要有：坚持轮作；加强苗期管理；适时采收，防止叶片过熟；加强田间管理，合理密植，注意烟田排水，病株及时清除。药剂一般采用发病初期使用1∶1∶200波尔多液进行叶面喷施。

3.7.3　草害防治

烟田杂草是指那些生长在烟田，分布广、危害烟草、非人工有意栽培的草本植物及其他植物。它是农业生态系统的一个组成部分，是自然环境中适应性最强、最繁茂的植物。烟田杂草种类繁多，目前烟田杂草种类已多达110多种，多以马唐、旱稗、狗尾草、牛筋草、狗牙根、碎米莎草、香附子、尼泊尔蓼、繁缕、天蓝苜蓿、铁苋菜、鸭跖草、马齿苋、龙葵、小藜、荠、凹头苋、苦苣菜、辣子草等为主，其中，以一年生杂草数量最多、危害最为严重。

许多杂草根系发达，吸收能力强，苗期生长速度快，光合效率高，夺取水分、养分和光照的能力比烟草大得多，从而影响烟草的生长发育，降低烟叶产量和质量。据研究，除草与不除草的烟田相比，自移栽后至采收结束不除草的烟株株高比完全人工除草的烟株矮2.4cm，产量和产值分别减少51.08kg/亩和640.93元/亩。同时，许多杂草都是烟草病菌、病毒或害虫的中间寄主，可传播病虫害。如茄科、十字花科的一些杂草是烟蚜的中间寄主，有的也是烟草病毒病的中间寄主，可经烟蚜等昆虫传播。有研究表明，在炭疽病发生高峰期，自烟移至采收结束，不除草的烟株比完全人工除草的烟株病情指数高0.14；在赤星病发生高峰期，不除草的烟株比完全人工除草的烟株病情指数高3.39；在烤烟成熟期，不除草的烟田比完全人工除草的烟田斜纹夜蛾虫株率高10%。杂草密集，烟田湿度大，通风透光不足，烟株长势差，有利于病害的发生。

有机烟禁止使用基因工程产品和化学除草剂除草，因此，必须做到以防为主，标本兼治，才能有效地控制杂草。有机烟生产提倡轮作、绿肥、休闲等栽培技术来控制田间杂草；机械、电力、热除草和微生物除草剂等是控制和除掉杂草的常用方法；也可使用塑料薄膜覆盖方法除草，但要避免把农膜残留在土壤中。

（1）人工除草。人工除草是有机烟生产过程中主要的除草方式，主要在大田期结合中耕管理进行，技术简单，针对性强，干净彻底，既可防除杂草，又给烟株生长提供良好条件。根据需要可进行多次人工除草，按照除早、除小、除彻底的原则操作。

（2）栽培管理控草。除人工除草外，还可通过一些辅助措施（轮作、种绿肥、休耕）

限制杂草生长发育减少杂草；有机肥要充分腐熟后使用（有些有机肥里含有杂草种子）；前后茬作物配置时，要利用前茬作物对杂草的抑制作用，为后茬作物创造有利的生产条件。还可喷施酸度为 4%～10%的食用酿造醋，既可以消除杂草，又可对土壤消毒，在杂草幼期喷施效果较好。

（3）秸秆覆盖抑草。利用秸秆覆盖不但可以起到保墒、保温、促根、培肥的作用，还具有抑草作用。将作物秸秆铡成 3～5cm 长的小段，在有机烟移栽后均匀地铺在墒面上，每亩覆盖量约 400kg，以盖严为准。秸秆覆盖还要掌握好覆盖期。覆盖前要先将秸秆翻晒，覆盖后要及时防虫除草。

（4）地膜覆盖抑草。采用聚乙烯地膜覆盖控制杂草生长。盖地膜时拉紧、铺平，紧贴地面。如盖膜质量不好，易通风漏气，保温、保水、保肥效果差，还会促进杂草生长。利用黑色地膜覆盖，抑草效果最好，但不可用除草地膜（因其含有化学除草剂）覆盖除草。

（5）机械灭草。机械除草是利用各种形式的除草机械和表土作业机械切断草根，干扰和抑制杂草生长，达到控制和清除杂草的目的。机械中耕除草比人工中耕除草先进，工作效率高，但灵活性不强，一般在机械化程度较高的农场采用。

3.8 烟叶有机生产烘烤技术

3.8.1 成熟采收

1. 成熟度

成熟度是指烟叶生长发育和干物质积累之后从生理生化上转向适合烟草工艺需求的变化程度。成熟度包含两方面内容，即生理成熟和工艺成熟。

生理成熟烟株处于生长发育的后期，烟叶内部干物质积累达到最高峰值并开始出现衰老的状态。此时叶细胞不断充实，烟叶面积及厚度达到最大值，叶内干物质积累最多；另外，烟叶作为营养器官的养分输出能力也随之达到高峰，叶内代谢活动达到光合作用的同化率和呼吸作用异化率处于平衡，此后，叶绿素含量开始下降，合成能力迅速减弱，而分解能力相对逐步提高，烟叶开始衰老，产量呈逐步下降趋势。烟叶是一种特殊的经济作物，质量的意义要远远大于产量，烟叶的生理成熟，从质量角度上讲仍没有达到应有的、有利于质量的最佳状态。从生理生化看烟叶的生理成熟仍没有发生有利于烟叶化学平衡和香气吃味，并适合烘烤工艺要求的生理生化变化，也就是说烟叶的生理成熟并不是真正的成熟。

工艺成熟是指生理成熟期过后，随叶龄增长，烟叶渐趋老熟化，叶绿素进一步分解减少，在叶内干物质合成减少的同时，部分养分在顶端生长优势作用下向叶外转移，叶内干物质积累开始下降。烟叶颜色外观表现黄绿色，这时采收的烟叶调制后，产量较高，品质最好，工业利用价值最高。烟叶的工艺成熟从内在化学水平看，主要是淀粉向糖的转化，少数糖分的分解，整个碳水化合物有一个下降幅度。烟叶中的游离氮大大减少（主要是游离氨基酸），总氮水平下降，随着成熟度的增加与烟叶香气、吃味有关的化学成分尼古丁、树脂等呈上升趋势，烟叶化学成分向着高质量的水平发展。从外在颜色上看,随着烟叶成熟度的增加,烟叶的颜色由绿逐渐转黄,这个过程主要反映在叶内色素的相互转化。烟叶色素主要由叶绿素、叶黄素和类胡萝卜素组成。随成熟度的推进,叶绿素功能减退,并逐渐分解,这样一直被遮盖着的叶黄素就开始显现。尽管叶黄素也有少量分解,但它的减弱强度和水平比叶绿素要弱得多。从细胞的组织结构看,不成熟的烟叶细胞排列整齐,茸毛绸密,气孔窄小,整个细胞呈紧密状态。然而,随着成熟度的增加,烟叶的细胞逐渐纵向伸长,横向拉开,气孔开张,呈现一个疏松多孔的组织结构。这将对烟叶的弹性、填充性、切丝率、耐温耐压性、工艺加香性、保香保润性和燃烧性产生较大的影响。

2. 成熟采收

1）田间成熟特征

一般情况下,烟株现蕾后即进入成熟生长。烟株自打顶后不久便进入成熟期,烟叶自下而上逐渐成熟并呈现出明显的成熟特征。一是叶色由绿色变为绿黄色;二是叶脉由绿色变为白色;三是叶面茸毛脱落;四是叶尖和叶缘下卷,叶片下垂,茎叶角度增大;五是叶面发皱,成熟斑显现,采摘时声音清脆且断面平齐。采摘烟叶时要根据这些成熟特征和成熟标准作出判断。

实际生产中,根据烟叶在烟株上着生部位不同,烟叶的厚度、水分含量、内含物等不同,掌握成熟度的标准也有所不同。

下部叶:当烟叶颜色呈现黄绿色,叶尖茸毛部分脱落,主脉部分发白,可判断为三分之一发白,茎与叶夹角接近90°,采摘时响声清脆,叶柄不带茎皮,即可采摘。

中部叶:当叶片绿色减退,叶面茸毛多数脱落,主脉和支脉变白发亮,可判断为三分之二变白发亮,叶尖和叶缘下垂,茎叶夹角近 90°,采摘时有清脆响声,叶柄不带茎皮,即可采摘。

上部叶:当叶片淡黄显现黄斑,叶尖、叶缘下垂,主、支脉全部变白发亮,茎叶夹角大于90°,采摘时有清脆响声,叶柄不带茎皮,即可采摘。

2）采收标准

标准统一,分期采收。有机烟叶采收一定要统一认识,统一成熟标准,才能保证有机烟叶的采收质量。有机烟叶采收,除了掌握有机烟叶田间的成熟特征外,还应遵循的原则是"下部叶适熟早收,中部叶成熟稳收,上部叶充分成熟采收,不熟不采,熟而不漏"。一般在打顶后10~15天开始采收下部叶,其后每隔10天采一次,每次每株采2~3片,上部最后 5~6 片充分成熟后一次性采收。尽量减少采收次数,要求烤完下部烟叶后停炉7~10天再采收中部叶,中部叶采烤完后停炉7~10天再采收上部烟叶。

灵活掌握采收时间。有机烟叶采收时间应充分考虑不同气候条件下烟叶的差异,灵活选择采收时间。一般情况下,采烟时间宜在早晨或上午进行,易于识别成熟度。干旱天气宜采露水烟,以利保湿变黄。烟叶成熟后,若遇阵雨,可在雨后立即采收,以防返青。若降雨时间过长,出现返青烟,应等其重新落黄后再采收。烟叶采收时,要求不采青、不过熟,确保烟叶成熟度整齐度一致;不暴晒、不挤压,确保鲜烟叶质量不受损失。

正确掌握采收方法。在采烟之前应先将采烟人员集聚在一起，统一认识，统一成熟标准；然后再各自进入烟行间采收两边成熟的烟叶。对一株烟，先确定需要采摘的烟叶，然后以中指和食指托住叶基部，拇指放在柄端上面，向两侧拧压，再向下按，烟叶即摘下。这样摘下的烟叶，其柄端呈"马蹄形"。注意不要将烟株上的皮撕下，损坏烟茎，影响烟株生长。通常一只手采烟，另一只手抱着烟叶。

烟叶采收的注意事项。有机烟叶的采收质量直接决定了后期烘烤调制质量，因此，一定要重视烟叶采收操作，确保烟叶采收质量。首先应在考虑品种、部位、环境和气候条件基础上，统一采收标准，确保每次采收的品种、部位、成熟度要一致。整个采收过程应防止鲜烟叶受损，运输时轻拿轻放，避免挤压、日晒损伤烟叶，应使用专用工具运送，烟叶应摆放在遮阴地方，避免暴晒。另外，在采摘时还应注意先采无病烟株的烟叶，最后再采摘已发病的烟株，以避免在采摘过程中传染病原。

3）编烟和装烟

编烟和装烟是烘烤前的两个重要工序，合理地编烟和装烟能保证同类烟叶所需温度的均匀一致性。如果编烟和装烟的疏密和部位不合理，烘烤中易出现烤糟和烤青的问题，影响烘烤质量。

编烟总体要求是，同竿同质、同品种、同部位、同颜色、同大小、疏密适中、避免损伤烟叶，切忌编成"杂花烟"。每竿烟叶数量应根据烟叶部位、叶片大小、含水量多少等情况灵活掌握。一般 1.5m 长烟秆，下部或含水量大的烟叶，每竿绑叶 100～110 片，中部叶 110～120 片，上部叶或含水量少的烟叶为 120～140 片。一般每 2 片叶为一束，叶背相靠，同竿烟叶中束与束间应均匀一致。

另外，编烟场地应干净，不能有鸡、鸭等家禽混入。编烟时防止烟叶的堆积与暴晒，烟叶要摊开放在阴凉处。编好的烟，搭架挂起，尽可能减少擦伤、磨伤、破损、灼伤。应选用木杆或竹干编烟，编烟所用绳索应选用棉质或麻质。

装烟时，应注意烟叶差异进行分类装烟，做到同炉同质。一座烤房装相同部位的烟叶，将成熟稍差的烟叶装在顶台或低温期，成熟过度及病虫危害的烟叶装在烤房底台或高温期，适熟烟叶装在烤房中部或中温期。同时，还应调节好各层次的装烟密度。由烤房顶台到底台，同层、上下装烟稀密均匀一致。另外，装烟密度应根据烟叶情况灵活掌握，下部烟叶和长期阴雨条件下生长成熟的烟叶，适当装稀，长期干旱条件下生长成熟的烟叶，特别是上部烟叶适当装密些。

3.8.2 烘烤设备

1. 密集烤房特点

烤房是烘烤烤烟的专用设备，随着生产力的发展，烤房不断更新换代，自烤烟生产以来经历了明火烤房、自然通风式普通烤房、热风循环烤房、普改密烤房、密集烤房等形式。近年来，密集烤房已得到广泛推广。密集烘烤具有以下优点。

（1）烤房利用率高。密集烤房体积较小，但是烤房容量大，烘烤效率大大提高。同体积的容量是普通烤房的 2～4 倍，一座密集烤房一般可承担烟叶面积 1.0～3.3hm^2。

（2）操作简便，减工降本。密集烘烤设备采用温湿度自动控制，操作简便，在绑烟、解烟、装烟、加温、出烟等方面节省了大量劳动力。另外，烤房密闭性能好，有效防止热能漏失，并利用风机强制通风，热风循环，重复加热作用，热能循环利用，提高了燃料的利用效率，节省燃料效果明显，烘烤成本降低。

（3）受气候变化影响较小，烘烤技术较易掌握。升温灵敏、排湿顺畅、烤房内温湿度均匀，烤后烟叶色泽均匀一致，颜色金黄或桔黄，色泽鲜亮，杂色烟、蒸片烟、挂灰烟及青烟减少，烘烤质量明显提高。化学成分更趋合理，香气质和香气量之间较为平衡，烟气浓度较好，具有较好的配方可用性，能够在卷烟配方中提供基础香气和基础烟气。且能在烤房内回潮，提高烤房周转率 20% 左右，减少了碎烟。

2. 密集烤房的原理及构造

密集烘烤的原理是：装烟后点燃燃烧器，加热热交换器，利用风机把热风强制通过装烟室下面的多孔板，热风均匀地被压入密集隔热的装烟室内，通过烟叶层，加热烟叶带走水分，向上流动。湿热气流一部分从排气口排出，大部分与进气口的新鲜空气混合，再被热交换器加热，送入装烟室。如此使热气流通道和烟叶间循环，带走烟叶排出的水分，直到烟叶被烤干。

密集烤房的基本结构和形式：密集烤房分为加热室和装烟室两部分，由隔墙隔开。根据装烟室内气流方向不同，分为气流上升和气流下降两种形式。气流上升式密集烤房的装烟室内空气在风机作用下由下部向上部运动，而加热室空气运动方向是由上向下。气流下降式密集烤房的装烟室内空气由上部向下部运动，加热室空气运动方向是由下向上。

装烟室结构主要包括：墙体、房顶、挂烟设备、门、观察窗、进风口、进风道、分风板、回风口、回风道、排湿口等。加热室结构主要包括：墙体、房顶、加热室门、火炉、换热器、烟囱、出灰口和炉下进风道、出风口、冷风进风口、回风口、回风量调节板、风机、风机支架、电机等。

3. 密集烤房的节能改造

现阶段，密集烤房供热设备以燃煤热风炉为主，部分地区辅以燃烧木材、秸秆等，有效能耗普遍较低，仅占燃料低位发热量的 20%～35%。煤炭作为不可再生资源，大量的消耗将造成其快速枯竭。同时，煤炭等石化能源的使用是二氧化碳等温室气体增加的主要来源。煤炭燃烧产生的二氧化硫等有害物质，更会严重污染大气环境，影响人体健康。因此，改进烘烤设备特别是供热设备对于节能减排、减少环境污染具有重要作用。发展混合型能源，优先发展可再生资源的利用，降低不可再生资源的使用终究是未来能源发展的趋势，也是我国发展现代烟草农业的要求。目前，密集烤房的新能源利用方面已在生物质能、太阳能、热泵集中供热、纳米技术等方面有所尝试，并取得了初步成效。

1）太阳能

太阳能既是一次性能源，又是可再生能源。它资源丰富，既可免费使用，又无需运输，对环境无任何污染。通过在密集烤房顶部安装太阳板，阳光透过阳光板，直射到太阳能吸热板上，吸热板把光能转换成热能，吸热板温度升高，通过热辐射加热室内空气，加热后的高温空气通过太阳能循环风机循环到烤房加热室，然后通过大循环风机一并汇入装烟室。太阳能循环风机由一温差控制器控制，可设定当太阳能加热室的温度高于装烟室一定温度时启动风机，当温差低于设定值时风机停止。

2）电加热

电加热是将电能转化为热能为烤房提供热量，根据电能转换方式的不同，电加热通常分为电阻加热、感应加热、电弧加热、电子束加热、红外线加热和介质加热等，目前在烤房中主要应用的是电阻加热以及远红外加热。

烤房通过电能在加热一体机内换热器（由空气能高温热泵机组或电热管加热器提供热量）加热空气，机内循环风机将热风通过进风管送入烟叶烘烤室内，被送入烘烤室的热风从上到下循环后，从回风管又进入加热一体机继续循环加热，不断供应烘烤热源。烘烤装烟室一端设置装烟室大门，方便进出烟叶，内设置挂烟架，分台承载烟叶进行烘烤。烘烤控制箱通过温湿度控制设备控制通风排湿设备的运行，满足烟叶烘烤工艺所需的温湿度要求。在排湿过程中，自动打开进风门和排湿门，通过除湿余热回收系统吸收余热补充加热热风，充分利用了烘烤产生的大量的排湿热能。

3）生物质能

生物燃料既有助于促进能源多样化，帮助人们摆脱对传统化石能源的严重依赖，还能减少温室气体排放，缓解对环境的压力，被视为替代燃料之一，对于加强能源安全有着积极的意义。我国已经开发出多种固定床、流化床气化炉等，以秸秆、木屑、稻壳、树枝为原料生产燃气。

3.8.3　烘烤工艺

依据烟叶在烘烤中外观形态的变化规律和失水干燥程度，将烟叶烘烤过程分为变黄、定色和干筋 3 个阶段，称为三段式烘烤。通过对烘烤环境温度、湿度、时间调控，实现对烟叶水分动态和物质转化的协调，达到最终将烟叶烤黄、烤干、烤香的统一。

1. 三段式烘烤的基本原则

"四看四定，四严四灵活"是在烘烤过程中以烟叶变化为主要依据来调控温度和湿度的总原则。

（1）看鲜烟素质定烘烤方案，把握判断鲜烟素质要严，制订实施烘烤方案要灵活。

（2）看烟叶的变化定干湿球温度，掌握烟叶变化标准要严，烘烤时间长短要灵活。

（3）看干球温度定烧火大小，掌握各时期适宜的温度要严，烧火大小要灵活。

（4）看湿球温度定天窗地洞地开关大小，掌握适宜的湿球温度要严，天窗地洞的开关要灵活。

2. 烘烤工艺

在整个烘烤过程中，采用六次升温、六次稳温的烘烤方法，简称"六升六稳"。延长了变黄期和定色期的烘烤时间，缩短了高温干筋的时间，简称"两长一短"。

1）第一次升温、稳温

（1）起火前，启动内循环系统，内循环系统运行 2h 左右。让气流在烟叶间循环流通，使烤房内烟层间空气湿度均匀，然后起火。并设定升温速度和需要的干球温度指标。

（2）设定干球温度指标为 32～33℃和升温时间为 4～5h。设定湿球温度为 31～32℃，稳温时间一般设定为 10～12h。当底台烟叶叶尖变黄达到 7～10cm 的烘烤目标后，进行第二次升温、稳温指标的设定。

2）第二次升温、稳温

以上一次稳温指标 32～33℃为起点，设定升温速度 1℃/h，升温至 38℃。湿球温度设定为 35～36℃，稳温时间一般为 20～25h。当底台烟叶变黄达到 80%以上、烟叶变软的烘烤目标后，进行稳湿球升干球，并进行第三次升温、稳温指标的设定。

3）第三次升温、稳温

以第二次稳温指标 38℃为起点，设定升温速度 1℃/h 和需要升温达到并稳定的干球温度指标为 41～42℃。湿球温度继续稳定 35～36℃，设定稳温时间一般为 8～10h。当出现底台烟叶全黄并变软拖条，顶台烟叶变软并变黄 90%以上，主脉变软的现象后，进行第四次升温、稳温指标的设定。

提示：如果烤房内湿度过大，湿球温度超过 36℃，可采取间隔排湿的方法降低湿度，保持湿球温度在 35～36℃范围内，使烟叶变黄与失水相协调。

4）第四次升温、稳温

以第三次稳温指标 41～42℃为起点，设定升温速度为 1℃/h 和需要升温达到并稳定的干球温度指标为 47～48℃。湿球温度继续稳定湿球温度为 35～36℃。设定稳温时间一般为 24～26h。当达到底台烟叶勾尖卷边，顶台烟叶拖条、叶耳全黄的烘烤目标后，进行第五次升温、稳温指标的设定。如果中、上台烟叶失水与干燥不协调，烟叶失水不够则应延长烘烤时间，稳温排湿使烟叶失水与干燥相协调。

5）第五次升温、稳温

以第四次稳温指标 47～48℃为起点，设定升温速度为 1℃/h 和需要升温达到并稳定的干球温度指标为 54～55℃。湿球温度设定为 36～37℃。设定稳温时间一般为 12～15h。当达到底台烟叶干燥大卷筒，顶台烟叶干燥小卷筒的烘烤目标后，进行第六次升温、稳温指标的设定。

6）第六次升温、稳温

以第五次稳温指标 54～55℃为起点，设定升温速度为 1℃/h 和需要升温达到并稳定的干球温度指标为 67～68℃，湿球温度设定为 37～38℃。设定稳温时间一般为 20～24h。当实现全炉烟叶主脉干燥的烘烤目标时，停止加煤，整个烘烤过程完成。

3. 仓储管理

储存有机烟叶应选择清洁、防潮、避光、干燥通风的场所，严禁与有毒、有害、有异味、易污染的物品接触。堆放烟叶时，先在底层铺放洁净的塑料薄膜，再在薄膜上铺垫一层草席或麻片，将质量较差的低次等烟放在底层和周围作保护层，质量好的烟叶放中间，叶尖向内，叶柄向外，每垛烟码成长×宽×高为 2m×1.5m×（1～1.5）m，烟垛距墙 0.4～0.5m，然后用洁净的草席或麻片，布类盖严。

有机烟叶种植允许使用的植物保护产品和措施见表 3.12。

表 3.12　有机烟叶种植允许使用的植物保护产品和措施

物质类别	物质名称、组分要求	使用条件
植物和动物来源	印楝树提取物（Neem）及其制剂	杀虫剂
	天然除虫菊（除虫菊科植物提取液）	杀虫剂
	苦参碱及氧化苦参碱（苦参等提取物）	杀虫剂
	鱼藤酮类（毛鱼藤）	杀虫剂
	蛇床子素（蛇床子提取物）	杀虫、杀菌剂
	植物油及其乳剂（如薄荷油、松树油、菜油等）	杀虫剂、杀螨剂、杀真菌剂、发芽抑制剂
	小檗碱（如黄连、黄白等提取物）	杀菌剂
	寡聚糖（甲壳素）	杀菌剂、植物生长调节剂
	大黄素甲醚（如大黄、虎杖等提取物）	杀菌剂
	昆虫天敌（如赤眼蜂、蚜茧蜂、草蛉等）	控制害虫
	植物来源的驱避剂（如薄荷、熏衣草等）	驱避剂
	天然诱集和杀线虫剂（如万寿菊、孔雀草等）	杀线虫剂
	天然酸（如食醋、木醋和竹醋等）	杀菌剂
	蘑菇的提取物	杀菌剂
	牛奶及其奶制品	杀菌剂
	蜂蜡	害虫黏着剂
	蜂胶	杀菌剂
	明胶	杀虫剂
	油茶枯	
	卵磷脂	杀真菌剂
矿物来源	铜盐（如硫酸铜、氢氧化铜、氯氧化铜、辛酸铜等）	杀真菌剂，防止过量使用造成铜污染
	石硫合剂	杀真菌剂、杀螨剂、杀虫剂
	波尔多液	杀真菌剂，防止过量使用造成铜污染
	石腊油	杀虫剂、杀螨剂
	碳酸氢钾	杀真菌剂
	硫酸铁	杀软体动物剂
	氯化钙	用于防治缺钙症
	硅藻土	杀虫剂
	斑脱土、珍珠岩、蛭石、沸石、河砂等	杀虫剂
	硅酸盐（硅酸钠，石英）	驱避剂
微生物来源	真菌及真菌制剂（如白僵菌、轮枝菌）	杀虫、杀菌、除草剂
	细菌及细菌制剂（如苏云金杆菌，即 BT）	杀虫、杀菌、除草剂
	病毒及病毒制剂（如颗粒体病毒等）	杀虫剂

物质类别	物质名称、组分要求	使用条件
其他	氢氧化钙	杀真菌剂
	二氧化碳	杀虫剂，用于储存设施
	乙醇	杀菌剂
	海盐和盐水	杀菌剂
	苏打	杀菌剂
	软皂（钾肥皂）	杀虫剂
诱捕器、屏障、驱避剂	物理措施（如色彩诱器、机械诱捕器等）	
	覆盖物（网）	
	昆虫性外激素	仅用于诱捕器和散发皿内
	四聚乙醛制剂	驱避高等动物

第4章　烟叶有机生产管理体系

4.1　烟叶有机生产质量管理体系的设计

中国实行烟草专卖制度，确立了"统一领导，垂直管理，专卖专营"的管理体制，其管理特征为行政管理和生产经营管理高度集中，实现从烟叶种植、收购、调拨计划管理，卷烟、雪茄烟生产计划管理等行政统一管理。烟草专卖制度的建立，不仅有效保证资源合理有效配置，维护烟草行业正常经营秩序，同时有效促进中国烟草行业健康发展，通过"良种化、区域化、规范化"的科学种烟措施的推行，基本解决"发育不全、营养不全、采收不熟、烘烤不当"等长期存在的问题，稳步提高了烟叶质量，有效地促进烟叶生产标准化生产。

作为中国农业标准化生产最为成熟和规范的产业，烟叶生产行业已形成较为成熟的管理体系。烟草专卖制度的存在，确定了烟叶有机生产质量管理体系的建立不能超出中国烟草专卖制度规定的底限，基于目前中国通行的烟叶专卖制度的基础上建立符合有机标准的生产质量管理体系。同时，就国情而言，中国正在鼓励土地流转和家庭农场的建立，但作为农户和农场之间的过渡形式，专业合作社将长期存在，专业合作社在不改变农村土地集体所有性质和农户家庭分散经营的前提下，建立农户家庭经营与农民专业合作经济组织统一经营、相互结合的双层经营体制。目前进行烟草生产的基地基本为农民自发组成的种植专业合作社。专业合作社作为一种典型的小农户组织，具有区域化、专业化和松散化等特征，就目前中国专业合作社运行的情况而言，农户种植水平参差不齐，农户生产过程中违规情况成为专业合作社发展中的突出问题。因此以有机烟草种植专业合作社为主体进行有机烟草生产，必须思考如何加强其稳定性，提高农户种植水平等问题，同时如何将商烟部门、工烟部门以及地方政府（烟办）之间的联系和协调纳入管理体系，合理建立有机烟草种植专业合作社的管理体系显得至关重要。

作为第三方认证，有机标准和相关法律法规对有机生产基地管理体系均有详细要求，基于专业合作社的特征，引入小农户集体内部控制体系（inner control system，ICS）作为补充，更有利于克服专业合作社本身固有的局限性。编者依据有机标准和相关法律法规以及 ICS 要求对有机烟草专业合作社的管理体系进行设计。

4.1.1　组织架构

组织架构（organizational structure）是指一个组织整体的结构，是在企业管理要求、管控定位、管理模式及业务特征等多因素影响下，在企业内部组织资源、搭建流程、开展业务、落实管理的基本要素。构建科学稳定的组织架构，不仅是满足基地现代管理和有机标准的要求，更是保证基地有机生产质量管理体系的最重要的一环。明晰基地的组织构架，设置责权明确的岗位，并通过组织架构图直观、形象地反映组织内各机构、岗位上下左右相互之间的关系。

基于中国烟草专卖制度的现实情况,有机烟叶的生产链的管理需求以及目前中国农业经营体制的现状,应构建以有机烟草种植专业合作社为主体的有机烟草生产管理体系,应成立成员大会作为合作社的最高权力机构,并选举产生理事长、理事会、监事长、监事会、技术负责人、生产负责人、设备维护部、仓储管理部等职能岗位和部门,如图 4.1 所示。

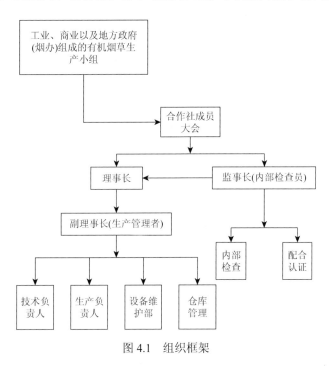

图 4.1 组织框架

4.1.2 资源管理

资源管理应对合作社具备的与有机烟草生产相关的各项资源进行综合性评价分析,应包含人力资源管理、基础设施管理、工作环境管理、相关方管理、知识信息与技术资源等管理各方面。

1. 人力资源管理

合作社人力资源应符合有机烟草生产的需求,满足专业能力和有机标准两方面的要求,根据合作社的部门组成以及有机烟草生产各环节的特点,制订人力资源管理方案。

1)生产管理者

(1)在合作社内部选聘主要负责人作为生产管理者,建议将副理事长作为生产管理者的候选人;

(2)该人选应了解国家相关的法律、法规及相关要求;

(3)该人选应了解有机产品标准要求;

(4)具备烟草生产、烤制以及储藏等方面的技术经验或知识;

(5)熟悉合作社的有机烟草生产经营过程。

2）内部检查员

（1）该人选应了解国家相关的法律、法规及相关要求；

（2）该人选应了解有机产品标准要求；

（3）具备烟草生产、烤制以及储藏等方面的技术经验或知识；

（4）熟悉合作社的有机烟草生产经营过程；

（5）该人选应相对独立于被检查对象，结合合作社组织结构，建议将监事长作为内部检查员的候选人。

3）技术人员（技术负责人、生产负责人和仓库管理）

（1）该人选应了解国家相关的法律、法规及相关要求；

（2）该人选应了解有机产品标准要求；

（3）具备烟草生产、烤制以及储藏等方面的技术经验或知识；

（4）基本掌握有机烟草生产、烤制以及储藏技术或在外部技术支持下能够迅速掌握有机烟草生产技术，并能指导合作社成员进行生产。

2. 基础设施管理

基础设施管理应从基地生产管理需求出发，提供和维护基础设施，因地制宜，提供具备符合有机烟草生产的基本要求的设施，科学规划、合理布局有机烟草种植基地、烘烤工场、育苗工场以及配套烟水工程等，同时根据基地产能和设施要求配备生产所需设备，并根据设备设施使用情况制订维护和更新计划，保证基础设施符合基地有机生产需求。

3. 工作环境管理

根据各级场地环境要求，制订工作环境管理方案，对不同场地实施分级管理，实施清洁、消毒、温湿度控制措施，保障生产场地、设施和设备处于清洁、整齐和有序的状态，并持续不断地提高清洁水平，提高社员的工作效率和工作积极性，确保有机烟草生产所需的环境要求。

4. 相关方管理

协调相关方，如政府、供方和合作伙伴，加强相关方管理，保障有机生产的顺利进行。加强合格供方（如投入品供应商、技术服务单位等）评定，确保供方具备相应资质、证书以及检测报告，同时构建供应流程，确保供方提供产品的质量和及时性；建立互惠互利的合作伙伴管理，对于基地来说，将会涉及社员以及烟叶生产链各级关系；加强社员管理，以保障社员能够按照有机生产标准和合作社生产质量管理体系要求进行生产；加强工业、商业以及地方政府（烟办）组成的有机烟草生产小组之间的协调，保障烟草生产计划的分配，以及有机烟叶在烟叶收购储藏环节的有机完整性等，同时，烟草公司相对合作社而言，又是烟叶的唯一收购方。

5. 知识信息与技术资源管理

基于目前中国有机农业发展和农民知识水平较低的现状，做好知识信息和技术资源管理工作有利于提高有机农业生产水平，保障有机烟草生产，提高有机烟草质量，降低有机烟草生产中的病虫草害风险，保证有机烟草的有机完整性。知识信息与技术资源管理应内外结合，对内应及时总结有机烟草病虫害防治、田间管理和烘烤经验，对外则充分利用文献资料、网络平台、外部技术支撑单位（如科研院所、咨询机构等），不断完善有机烟草生产技术规程并及时对从事生产的社员进行宣贯，提高基地生产整体水平。

4.1.3　管理体系文件编制

1. 基地位置图

生产单元或加工、经营等场所的位置图应包含基地所在的地理位置图和地块图。地理位置图应注明基地在某个区域范围内的具体位置，地块图应能明确地块的典型区域分布、设施、周边环境等。

有机产品标准规定应按比例绘制生产单元或加工、经营等场所的位置图，并标明但不限于以下内容。

（1）种植区域的地块分布，野生采集区域、水产捕捞区域、水产养殖场、蜂场及蜂箱的分布，畜禽养殖场及其牧草场、自由活动区、自由放牧区、粪便处理场所的分布，加工、经营区的分布；

（2）河流、水井和其他水源；

（3）相邻土地及边界土地的利用情况；

（4）畜禽检疫隔离区域；

（5）加工、包装车间、仓库及相关设备的分布；

（6）生产单元内能够表明该单元特征的主要标示物。

对于有机烟草种植基地而言，位置图应注重种植区域的地块分布、水源情况、相邻土地及边界土地的利用情况，仓库及相关设备的分布以及生产单元内能够表明该单元特征的主要标示物。绘制时应至少注意下列六方面问题：区域分布、水源、周边环境状况、车间、仓库布局、隔离区域状况和表明生产单元特征的标示物。且在实际绘制位置图时，应不仅局限于上述六方面，还应根据当地的具体情况，对一些可能会对有机生产或加工带来影响的事物进行标注，如处于上风向的工厂、邻近的交通干道等。需要注意位置图应按一定的比例绘制。当生产状况发生变化时，位置图应及时更新，并能反映出生产的实际状况及变化的情况。

2. 质量管理手册

质量管理手册是证实或描述有机产品管理体系的主要文件的一般形式，是阐明企业相关有机方针和目标的文件。有机质量管理手册应涉及企业全部有机生产活动。通常有机管理手册至少应包含或涉及企业产品及生产的相关介绍、有机生产经营方针和目标、管理组织机构图及相关人员职责权限、有机标识的管理、可追溯体系、产品召回制度、内部检查体系、文件和记录的管理、客户投诉的处理和持续改进等相关内容。质量管理手册对相应企业全体员工而言是法规性文件，必须严格遵照执行。

1）生产基地简介

生产基地简介应对生产基地基本情况作出介绍，客观反映基地的情况。

示例如下：

> ×××有机烟草种植专业合作社成立于 2011 年，现有社员 100 名，合作社土地面积为 2000 亩。合作社种植当地最适生和最优质的烟叶品种，满足高端香烟对于高质量的烟叶需求。

2）有机烟草开发经营方针和目标

有机烟草开发经营方针和目标作为合作社的经营性纲领，指导合作社进行有机烟草生产，从而向既定目标努力迈进。

示例如下：

> （1）经营方针和目标
>
> 　　严格遵循有机产品标准，有机烟叶生产、储藏过程中禁止使用化学合成的农用化学品，依靠科学技术，发展有机烟叶生产，实现自然—经济—社会三大效益的完美结合，促进农业的可持续发展。
>
> （2）经营方针说明
> ①以有机农业原理为指导，发展有机生产，提供高品质的产品，满足社会需求。
> ②通过示范种植，推广优质烟叶品种，带动周边农户脱贫致富。
> ③发展目标：生产安全、优质的有机烟草；有机烟草产品的合格率达到 95% 以上。

3）基地有机烟叶开发组织管理体系

为了确保有机烟叶开发顺利进行，基地建立了完整的管理组织体系。管理体系应在基地现有的管理模式的基础上进行合理化完善，使其满足有机标准要求，不应将原有管理模式完全推翻重来，否则使得基地管理陷入较长的调整期，陷入管理混乱，或者容易造成"两张皮"的现象，不利于管理体系的真正实施。

示例如下：

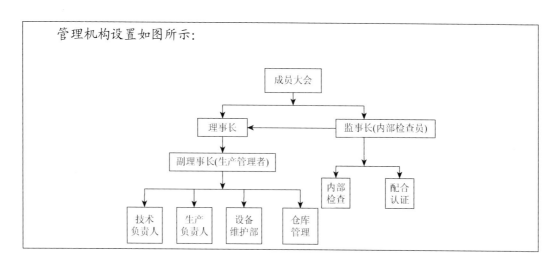

（1）成员大会

①审议、修改本社章程和各项规章制度。

②选举和罢免理事长、理事、执行监事或者监事会成员。

③决定成员入社、退社、继承、除名、奖励、处分等事项。

④决定成员出资标准及增加或者减少出资。

⑤审议本社的发展规划和年度业务经营计划。

⑥审议批准年度财务预算和决算方案。

⑦审议批准年度盈余分配方案和亏损处理方案。

⑧审议批准理事会、执行监事或者监事会提交的年度业务报告。

⑨决定重大财产处置、对外投资、对外担保和生产经营活动中的其他重大事项。

⑩对合并、分立、解散、清算和对外联合等作出决议。

⑪决定聘用经营管理人员和专业技术人员的数量、资格、报酬和任期。

⑫听取理事长或者理事会关于成员变动情况的报告。

⑬决定其他重大事项。

（2）理事长

作为合作社的法定代表人，应履行合作社理事长职责：

①主持成员大会，召集并主持理事会会议。

②签署本社成员出资证明。

③签署聘任或者解聘本社生产管理者、技术负责人、生产负责人和其他专业技术人员。

④组织实施成员大会和理事会决议，检查决议实施情况。

⑤代表本社签订合同等。

⑥履行成员大会授予的其他职权。

（3）生产管理者

①确保质量管理体系的过程得到建立和保持。

②具体负责有机烟叶生产基地的生产组织和全面把关工作。

③组织内部审核，向理事长报告有机烟叶质量管理体系的运行状况，包括改进的需求。

④确保在整个生产组织内促进有机产品质量和满足顾客要求意识的形成。

（4）内部检查员

有机烟叶生产基地设置一个内部检查员，负责对基地的质量管理体系与生产、储藏过程进行检查，对违反有机生产标准要求的行为提出改进意见，对生产、储藏追踪体系进行全过程检查并形成内部检查报告，配合认证机构的检查和认证。

（5）生产基地生产负责人

①认真贯彻执行国家有关方针政策、法律法规、有机产品标准及与有关行业标准、企业有关质量管理体系文件。

②每年年底制订下年度生产计划，并提交理事长和生产管理者审核，审核通过负责年度生产计划的落实。

③负责有机烟叶生产基地日常生产安排，严格按照有机烟叶生产操作规程组织生产。

（6）生产基地技术负责人

①认真贯彻执行国家有关方针政策、法律法规、有机产品标准及与有关行业标准、企业有关质量管理体系文件。

②负责对产品生产质量和生产进度及安全进行把关。

③负责有机烟叶生产基地生产过程控制，监督、检查生产农户严格执行有机烟叶开发操作规程，节约用料，定额领料，反对浪费，实施安全节约生产。

④编制和实施有机生产所需种子、有机肥料、生物农药等物资的采购计划，并验证采购产品，对采购产品质量负责。

⑤负责基地的生产设施的使用和维护。

（7）仓库管理负责人

①认真贯彻执行国家有关方针政策、法律法规和有关的国家、行业标准，及企业有关质量管理体系文件。

②负责对仓库储藏有机烟叶产品的全程记录；测量和监视产品储藏期间的变化，对出库放行的产品质量负责。

③制定和实施纠正与预防产品不合格的措施。

④负责出库产品中检验发现的不合格品的控制。

⑤负责产品交付及交付后的服务。

⑥负责市场信息的调研、收集，识别顾客需求和期望，扩大市场份额。

⑦负责本部门所需的采购物资的供方评价、选择和控制，编制并实施采购计划，并验证采购产品，确保采购产品质量。

（8）设备管理部

①认真贯彻执行国家有关方针政策、法律法规和有关的国家、行业标准，及企业有关质量管理体系文件。

②负责对基地设备进行管理，制订维护计划和更替计划。

③定期对设备进行维护，并进行记录，以免影响生产或者污染有机生产基地及其产品。

4）生产、经营实施计划

生产、经营实施计划是每年基地对下年度有机烟草生产的例行计划，组织各部门负责人参与，总结本年度的生产的基本情况，以及下年度烟草专卖局的生产订单，制订合理的生产经营计划，并下发由各部门组织实施，以保障下年度有机烟草生产活动的有序开展。

示例如下：

（1）目的

使基地制订的年生产计划具有针对性、可行性及经济性，并确保基地全体人员及时获取本年度的生产目标。

（2）适用范围

适用于基地年生产计划的制订与管理。

（3）职责

①生产负责人负责召集基地各部门负责人员举行年初种植采收会议，并做好会议记录。

②理事长负责审批年度有机生产计划。

③副理事长（生产管理者）按有机生产计划的要求组织生产。

（4）内容

①在每年生产淡季，有机生产管理者根据烟草专卖局的订单计划和对上一年有机产品的生产经营情况的总结，召集各部门负责人员举行"年度生产总结会议"，来决定基地年度有机生产计划，由理事长签字确认，原件由有机生产管理者保存，复印件下发给各相关部门负责人。

②在制定年度种植目标的同时，要协商决定种植区的品种间作套种、土壤培肥、采收方针等。

③生产负责人要对年度种植总结会议的内容予以记录并保管。

④各部门负责人在需要修订或变更年度有机生产计划，要填写《申请修改审批表》提交给有机生产管理者，并由有机生产管理者组织相应部门协商，对年度计划做出修订或更改。

⑤对生产计划制订过程中产生的各种记录，执行《文档记录控制程序》。

（5）有机生产实施计划

基地于 2007 年开始组建有机生产管理队伍，在合作社所辖地块内开展有机烟叶的试验示范种植，建立了完善的有机生产管理体系，基地将严格按照有机产品的标准和操作规程进行有机烟叶生产，2008 年基地计划种植有机烟 2000 亩，申请有机转换烟叶认证，预计收获量 309 吨，有机烟叶将由烟草收购站收购提供给工烟公司生产高品质卷烟。

技术上应按照有机烟草生产技术操作规程进行生产。

5）内部检查

按照有机标准要求，内部检查是质量管理体系的重要组成部分，是基地自我检查、纠偏和持续改进的重要手段。基地应重视内部检查工作，做到不走形式、不走过场，全面彻底地完成内部检查工作。

示例如下：

（1）目的

为了评审有机生产是否切实符合有机认证标准，质量体系能否保证质量方针的有效实现，对有机生产的内部检查提出控制要求，建立并保持内部检查程序。

通过建立内部检查，验证有机生产和质量管理体系是否符合 GB/T 19630.1～19630.4—2011《有机产品》和《OFDC 有机产品标准手册》的要求，是否得到有效实施和保持，寻找改进机会，提高体系的符合性和有效性。

（2）适用范围

适用于本合作社有机生产质量管理体系内部检查的活动。

（3）职责

①理事长批准本合作社年度内部检查计划。

②有机质量管理内部检查员策划检查方案。

③内部检查员根据批准的检查计划实施检查，对不符合项采取措施进行跟踪验证，并编写《内部检查报告》。

④内部检查员组成检查组实施现场内部检查。

⑤各部门配合检查组做好内部检查工作，并对检查中发现的不符合项采取纠正措施。

6）过程控制

基地实施有机烟叶生产全程控制，应从有机生产的实际出发，充分分析生产环节可能带来的风险，制定该控制体系。同时建立投入物质评估体系，正对基地所需投入物质进行评估。

示例如下：

（1）目的

为了保证有机生产的完成，保证各个环节以及使用的投入物质符合有机生产要求，以期实现有机产品从种子/种苗、生产、收获、包装、运输、储藏到销售的全过程有机生产。

（2）适用范围

适用于有机生产重点环节和投入品控制。

（3）内容要求

①投入品：根据有机生产计划，准备有机生产所需的烟草种子，优先购买经过有机认证的有机种子，如果不能获得有机种子，应向认证机构报审，获得批准后购买常规未经禁用物质处理和非转基因的烟草种子，并向种子供应方索取烟草种子未经禁用物质处理和非转基因的证明文件以及购买票据。根据目前中国烟草种子普遍存在的包衣情况，这一点至关重要。

在准备有机肥时，优先选择来自有机农业体系内的有机肥，如果购买商品有机肥，应尽量选择通过认证机构评估的有机肥。采购来自有机农业体系外的有机肥时，应根据肥料类型、种类控制可能存在的风险，如兽药残留、重金属污染等。

对于病虫草害防治措施，应优先通过农艺措施和农场管理来控制病虫草害，如轮作、耕翻晒垡、机械或人工除草、选择具有抗性的品种等。在采取上述措施不能控制病虫草害时，可以选择生物农药等物质，首先由生产技术人员负责收集产品信息，进行质量比较，通过有机认证机构评估的产品为购买首选。

②环节控制：所有生产物质运输到达生产基地后，要进行质量验证，合格的产品才能接收，不合格产品予以退货处理，并做好记录。在生产物质应用过程中，注意观察与记录施用效果，以作为以后是否进一步施用的评估依据。

基地生产的有机烟叶在采收后，立即进行烘烤，用专用的麻袋包装，入专库储存。专车运输，并在运输前打扫干净车辆，杜绝任何禁用物质的污染风险。

7）可追溯体系与产品召回

作为可追溯体系的重要环节，记录可追溯是最重要的环节。如何将零散的记录形成完善的可追溯体系，而且让一线操作人员有效实施记录，决定可追溯体系能否实现全程可跟踪。基地必须通过合理的生产批号将一系列的零散记录串联起来，最终实现可追溯。

当基地产品存在受不合格因素影响且已不在基地控制时，依据该批次产品的批号以及可追溯体系的追溯结果实行产品召回。

示例如下：

（1）目的

为了使有机生产具有可追溯性，通过建立生产批号系统进行有机生产全过程记录，以期实现有机产品从种子/种苗、生产、收获、包装、运输、储藏到销售的全过程跟踪。当基地产品存在受不合格因素影响且已不在基地控制时，依据该批次产品的批号以及可追溯体系的追溯结果实行产品召回。

（2）适用范围

适用于有机生产全程跟踪所有记录的控制及其不合格产品的召回。

（3）内容要求

①有机生产必须保存从种子/种苗购买、生产管理、土壤培肥、病虫草害防治、收获、运输、储存、销售全过程完整的文档记录，并附以其他证明性材料，如种子和有机肥的发票、标签和证书复印件等。

②为了进行有机跟踪审查，可以建立统一的生产批号进行记录。

有机烟叶生产的批号系统如下：

基地名称－有机烟叶－收获日期

[例如]：XX－OYY－11XXXX

[说明]：XX：XX基地；OYY：有机烟叶；

11 XXXX：2011年XX月XX日收获。

③基地的有机产品从收获、运输、储存、加工、销售全套记录中，必须标注"生产批号"一栏，先后必须相互对应，可以实现产品销售到基地的全程追溯。

④内部检查员必须定期进行跟踪审查检查。

⑤当不合格产品需要召回时，进行召回评审，启动召回程序，利用有效的召回渠道召回产品，合理处理不合格产品并及时完成召回报告。

⑥记录至少保存5年，以备审查。

8）文件和记录管理

管理体系的建立，设置了大量的各种门类的记录和文件，涉及管理手册、合作社章程、社员组成和股份、生产操作规程、投入物质管理、清洁管理、追踪体系以及内部管理记录等，文件记录管理应包含记录格式、记录填写、记录保存、记录格式修改，记录归档、查询等以及记录的保存年限。

示例如下：

（1）目的

管理体系应实行文件化管理，有机产品生产必须以文字资料的形式记录下来并保存。记录应清晰准确，并为有机生产提供有效证据。文件和记录至少保存5年。

（2）适用范围

本程序适用于记录有机生产质量管理体系以及运行的所有文件记录的控制。

（3）职责

①生产管理者负责对有机生产质量管理体系运行进行记录控制，并负责体系文件、记录表格的备案、编号、标识，以及对各部门移交的记录进行储存、保护、检索和处置。

②各部门负责本部门体系文件和记录的填写、收集整理、标识、储存、保护，按规定时间移交生产管理者管理和处置。

（4）内容要求

①文档记录的建立。文档记录：由各相关部门根据自身工作特点设计相关记录表格并实施相关记录。建立原则：保证有足够的信息，包括证明性文件、报告、表格、清单以及其他类型的记录形式，证明有机生产的各个阶段都能达到规定的要求。

②文档记录的要求：所有的文档记录应填写完整、字迹清晰、分门别类、便于查询。各部门负责人组织填写好记录，交由生产管理者保管，防止破损、丢失。

9）客户投诉的处理

客户投诉通常源于不满意客户的抱怨，因此投诉处理正确与否直接关系到客户对于基地的信任和理解。在处理客户投诉时，应当尽快处理投诉事宜，向客户展现处理的诚意，通过效率和沟通让客户满意，并将投诉带来的负面影响和损失降到最低。

示例如下：

（1）目的

为了实现合作社质量方针，完善质量管理，提高客户信赖度，与顾客进行充分的沟通，使顾客的投诉得到最满意的答复，充分收集并分析顾客反馈信息，作为持续改进的依据。

（2）适用范围

适用于本合作社有机产品引起的顾客投诉的处理。

（3）职责

①销售部负责与顾客的沟通，接受顾客的投诉并及时处理。

②有关部门应配合销售部解决用户投诉引起的各类问题，如必要时实施通知和召回以及顾客不满意的纠正措施。

（4）内容

①投诉的受理，启动投诉处理流程。

②生产管理者对投诉事件进行确认。

③视投诉事件内容采取必要的措施，如赔偿、召回。

④回访投诉方，进行满意度调查。

⑤保留投诉及处理记录，并进行持续改进。

10）持续改进

不符合或者潜在的不符合项的存在对于合作社来说是管理和生产中存在漏洞，正确识别不符合或者潜在的不符合项，并采取有效的纠正和预防措施，有助于提升合作社管理水平和保证有机生产完整性。

示例如下：

（1）目的

为了实现合作社质量方针，完善质量管理，在生产和管理中发现存在的不符合或者潜在的不符合项，作为持续改进的依据。

（2）适用范围

适用于本合作社存在的不符合或者潜在的不符合项的纠正和预防措施。

（3）职责

①内部检查员识别和接受不符合或者潜在的不符合项。

②有关部门应配合内部检查员分析不符合或者潜在的不符合项，采取纠正和预防措施。

（4）内容

①内部检查员识别不符合或潜在不符合项。

②相关部门配合内部检查员进行原因分析，制订纠正措施并执行。

③内部检查员进行措施的验证与跟踪。

3. 有机生产操作规程

有机生产操作规程是合作社从事有机生产的指导性文件，是社员的有机烟草生产的作业指导书，能够指导社员进行生产，切实可行，因此有机生产操作规程应具有基本的应用性和适用性。

有机生产操作规程至少应包括：

（1）有机烟草种植生产技术规程。

（2）防止有机烟草生产中受禁用物质污染所采取的预防措施。

（3）防止有机烟草与非有机烟草混杂所采取的措施。

（4）有机烟草收获规程及收获、采集后运输、加工、储藏等各道工序的操作规程。

（5）烤烟设施、机械设备及仓储设施的维护、清洁规程、有害生物控制规程。

（6）标签及生产批号的管理规程。

（7）社员福利和劳动保护规程。

示例如下：

1）有机烟叶的定义

在烟叶生产过程中不使用化学合成的农药、化肥、除草剂、生长调节剂等物质，以及基因工程生物及产物，而是遵循自然规律和生态学原理，采取一系列可持续发展的农业技术，协调种养殖平衡，维持农业生态系统稳定，且经过有机认证机构认证，并颁发有机产品认证证书的烟叶。

2）有机烟叶基地的基本要求

（1）基地的环境要求

基地的环境质量应符合以下要求：

①土壤环境质量符合 GB 15618—1995 中的二级标准。

②农田灌溉用水水质符合 GB 5084—2005 的规定。

③环境空气质量符合 GB 3095—2012 中的二级标准的规定。

（2）有机生产需要在适宜的环境条件下进行。有机生产基地应远离城区、工矿区、交通主干线、工业污染源、生活垃圾场等。

（3）不适宜种植烟叶的环境条件

①海拔≤1200m，或≥2000m。

②9 月上旬平均温度＜17℃的区域。

③低凹地，长期渍水和土壤受污染的田地。

④pH＜5.0 或＞8.0 的土壤。

⑤植烟土壤坡度＞15°。

⑥0～60cm 土壤氯含量＞30mg/kg。

（4）以种植区域为中心，半径 5000m 内有垃圾填埋厂、水泥厂、造纸厂等污染企业；种植区域内有受污染的河流。

3）基地的完整性

如果基地的有机地块有可能受到邻近的常规地块污染影响，则在有机和常规地块之间必须设置缓冲带或物理障碍。缓冲带可以是耕地、河沟或生产路、丛林或树林，也可以是荒地或草地。缓冲带如果种植作物，应按照有机产品标准管理。

有机烟叶基地的土地应是完整的地块，其间不能夹有进行常规生产的地块；保证有机地块不受污染。

4）基本定义

（1）平行生产

平行生产是指在同一生产单元中，同时生产相同或难以区分的有机、有机转换或常规产品的情况。

在同一生产单元，不允许同时种植有机烟叶和常规烟叶。有机烟叶种植地块，包括轮作其他作物的地块都必须按照有机标准管理。

（2）转换期

转换期是指从按照本标准开始管理至生产单元和产品获得有机认证之间的时段。

有机烟叶的转换期一般不少于播种前 24 个月，对于新开荒的、长期撂荒的、长期按照有机农业方式耕种的或有充分证据证明多年未使用禁用物质的农田，也应经过至少 12 个月的转换期。

（3）转基因

禁止在有机生产体系或有机产品中引入或使用转基因生物及其衍生物，包括植物、动物、种子、花粉、繁殖材料及肥料、土壤改良物质、植物保护产品等农业投入物质。

5）污染控制

（1）有机地块与常规地块的排灌系统应有有效的隔离措施，以保证常规农田的水不会渗透或漫入有机地块。

（2）常规农业系统中的设备在用于有机生产前，应得到充分清洗，去除污染物残留。

（3）在使用保护性的建筑覆盖物、塑料薄膜、防虫网时，只允许选择聚乙烯、聚丙烯或聚碳酸酯类产品，并且使用后应从土壤中清除。禁止焚烧、禁止使用聚氯类产品。

（4）有机烟叶中不得检出农药残留，重金属含量不能超过国家产品卫生标准相应产品的限值。

6）水土保持和生物多样性保护

（1）应采取积极的、切实可行的措施，防止水土流失、过量或不合理使用水资源等，在土壤和水资源的利用上，应充分考虑资源的可持续利用，禁止毁林开荒，利用木材做烘烤燃料。

（2）应采取明确的、切实可行的措施，预防土壤盐碱化。

（3）提倡运用秸秆覆盖或间作的方法避免土壤裸露。

（4）应重视生态环境和生物多样性的保护。

（5）应重视天敌及其栖息地的保护。

（6）充分利用作物秸秆，禁止焚烧处理。

7）有机烟叶栽培管理

（1）种子和种苗

①应选择有机种子或种苗。当无法获得有机种子时，可以选用未经禁用物质处理过的常规种子，有机烟叶的种苗由烟草公司统一按有机方式培育供给。

②应选择适应当地的土壤和气候特点且对病虫害有抗性的烤烟品种。

③禁止使用经禁用物质和方法处理的种子或种苗。禁止使用有机烟育苗点以外的烟苗。

（2）作物栽培

①应采用至少 3 种作物的轮作和间套作等形式以保持区域内的生物多样性，保持土壤肥力。避免与茄科、葫芦科作物进行轮作。轮作套种作物必须按照有机产品标准进行生产与管理。

②应根据当地情况制定合理的灌溉方式，控制土壤水分。

（3）大田管理

①预整地。深翻晒垡。翻犁深度大于 25cm，做到翻犁深度均衡不漏翻，碎垡精细，地块平整。晒垡时间在 10 天以上。

理墒应遵循有利于排灌畅通的原则，在植烟区域划片统一墒向，做到拉线理墒，沟直、墒平、土细。培土后烟墒不低于 30cm，垄面宽至少 60cm，墒面平整饱满。

②移栽。行株距田地烟统一为 110cm×55cm。拉线打塘，打塘深 15cm 以上，亩栽烟控制在 1100 株范围内。5 月上旬移栽结束，同一片区在 3 天内集中栽完，做到栽后"三看一条线"。

将塘肥与塘土充分拌匀后，选择大小一致的壮苗集中带土移栽，深栽至茎秆埋入土中 2/3，浇足定根水（在干旱地区和海拔 1800m 以上的地区浇水后需覆膜）。

③查缺补苗。栽后一周内及时查苗，并用同一品种的壮苗补栽缺塘，更换病苗、弱苗。并对补栽的苗做出标识，偏重水肥管理，确保田间苗齐。

④水分管理。移栽时浇足定根水，以后要注意保持塘土的湿润，一般每隔 3～5 天浇一次水。长期土壤最大持水量应保持在 70%～80%，若土壤最大持水量下降到 60% 以下，要及时沟灌或浇水。沟灌要求：隔沟进水，沟中水位到垄高 1/3 时，断开水源，让垄体自然吸湿。禁止大水漫灌和串灌。有条件的地方可采用节水灌溉，提高水资源的利用率。进入雨水季节要重视防洪排涝工作，确保排涝沟渠畅通。

⑤中耕管理。中耕除草采用人工除草。遵循一道浅二道深的原则。一般栽烟后 7～10 天进行第一次中耕除草浅锄，深度为 7cm 左右，以疏松表层土壤，消灭杂草。栽后 15～20 天进行第二次中耕除草深锄，深度为 10cm 以上，细土壅根，促进根系生长。在中耕时不要损伤和松动烟根以免影响生长，做到离烟株近的浅锄，离烟株远的深锄。

栽后 35～45 天结合中耕进行（揭膜）提沟培土。烟株团棵进入旺长前高培土，培土后烟墒高度田烟不低于 40cm，地烟不少于 35cm。做到沟直土细无积水，墒面平整饱满无杂草。

⑥封顶打杈。采用人工封顶、抑芽。根据品种特性和田间长势决定留叶数，红大留叶数为 16～18 片，其他品种留叶数一般为 18～22 片。适时封顶，一般在花枝 6cm 长时人工打顶。封顶后每隔 5～7 天打一次杈，封顶打杈宜在晴天进行，遵循先健株后病株的原则，做到顶无烟花茎无杈。

（4）土肥管理

①土肥管理原则。应通过回收、再生和补充土壤有机质和养分来补充因作物收获而从土壤带走的有机质和土壤养分。

保证施用足够数量的有机肥以维持和提高土壤的肥力、营养平衡和土壤生物活性。

有机烟示范区统一使用商品有机肥和天然矿物源肥料。此类肥料需经过有机认证机构认可才能使用。

根据上茬作物选择秸秆还田，可利用粉碎机或铡刀把秸秆切成 10～15cm 的小段，在烤烟移栽前一周均匀抛撒在烟田里，结合机耕进行翻压还田，也可在移栽后采用秸秆覆盖。

有机肥堆制过程中允许添加来自于自然界的微生物，但禁止使用转基因生物及其产品。

在有理由怀疑肥料存在污染时，应在施用前对其重金属含量或其他污染因子进行检测。检测合格的肥料，应限制使用量，以防土壤有害物质累积。

矿物肥料应保持其天然组分，禁止采用化学处理提高其溶解性。应严格控制矿物肥料的使用，以防止土壤重金属累积。

禁止使用化学合成肥料、人粪尿、含有毒有害物质的城市垃圾、污水、污泥和其他有毒物质等。

严禁施用含氯（Cl）量＞3%的有机肥和混有茄科和葫芦科类根、茎、叶的农家肥。

②肥料种类、用量及使用方法。肥料种类：所用肥料为经有机认证的商品有机肥、天然硫酸钾镁肥。

商品有机肥 100～120kg/亩、根据土壤肥力状况适当增减施用量，按 6：2：2 的施肥方法施用，即 60%的肥料结合整地条施或撒施翻犁于田内，20%的肥料移栽时作盖塘肥在离烟株茎杆 3cm 以外塘施，其余 20%的肥料在栽后 7 天内泡水浇施提苗。

非转基因油枯：油枯 40kg/亩，粉碎后拌适量水堆沤发酵 20 天后在预整地时一次性定位施用。

天然硫酸钾镁肥：40kg/亩，全部追施，在栽后 45～55 天内分两次兑水浇施。

浇施肥水后一定要紧接着再浇一次清水，将表土肥料淋溶到烟株根际利于吸收。

（5）病虫草害防治

①强化保健栽培技术措施。选用适龄壮苗，适时移栽，合理密植，人工除草。

进行各项农事操作前，清洁洗手，杜绝病虫害发生。

平衡施肥，增强烟株抗逆能力。

合理轮作，避免与茄科、葫芦科作物进行轮作。

大田管理注意保持田间清洁卫生，做到沟无积水，墙无杂草，田间无病株、病叶、烟花、烟杈和残体；将摘除的烟花、烟杈、病叶、病株、杂草、废膜、包装瓶（袋）等杂物带出烟田集中统一处理。

封顶打杈应遵循先健株后病株的原则，选择晴天中午进行，减少病原物侵入。

移栽后第 15 天及第 45 天喷施枯草芽孢杆菌（稀释 100 倍），提高烟株抗性。

②生物防治技术。病害防治：主要用于生物农药进行防治。

a. 移栽后活苗至摆盘期

黑胫病和根黑腐病：采用百抗"芽孢杆菌"或木霉制剂移栽时药剂灌根预防，发病时药剂灌根防治。

病毒病：栽后摆盘、团棵期用 1%～5%牛奶防治，或采用 OS-施特灵（是一种氨基寡糖素类的生物农药）防治，在烟草苗期第一次和第三次剪叶前用 0.5%的 OS-施特灵 500 倍各喷施 1 次，大田栽后摆盘期、团棵期和旺长期各喷施一次，也可用多肽谱进行防治，烟苗大十字期稀释 1000 倍第一次叶面喷雾施药，移栽成活后 5～7 天喷施第 2 次药，以后间隔 20 天施药一次，整个生育期用药 4 次。移栽后 15 天内的重病株拔出重新换苗，15 天以后的重病株拔出统一销毁处理。

b. 团棵旺长期至采收期

炭疽病、白粉病、赤星病等叶斑性病害：用波尔多液、石硫合剂、硫制剂、铜制剂、小苏打（3%）防治。

虫害防治：主要采用人工捕捉配合物理、生物防治。

移栽后 20 天，活苗至摆盘期。

地老虎：黑光灯或糖酒醋水液诱杀成虫，新鲜泡桐叶诱捕幼虫（每亩 60～80 片）。

蚜虫：用黄板、蚜茧蜂、赤眼蜂等寄生蜂、地膜覆盖等进行防治。黄板诱蚜，有翅蚜迁飞时开始使用；蚜茧蜂、赤眼蜂，出现蚜虫危害中心株时开始释放。防治药剂采用植物源除虫菊、苦参碱。

团棵至成熟期。

蚜虫：同上。

金龟子：人工捕捉、灯光诱杀。

烟青虫、斜纹夜蛾：人工捕捉、性诱剂诱杀、电子杀虫灯杀灭或有成虫飞舞时释放赤眼蜂、及时打顶抹杈，控制幼蚜。

蛀茎蛾：烟叶收获后，及时将烟秆从田间清除，在有机地块之外焚烧。性诱剂诱杀。

③以上方法不能有效控制病虫害时，允许使用国家有机产品标准附录中列出的物质，不得使用其他物质。

④常用的生物、物理防治方法技术要求如下。

a. 烟蚜茧蜂。保护和利用烟蚜茧蜂等天敌，减少人为因素对天敌的伤害。释放蚜茧蜂防治烟蚜。蚜茧蜂幼虫可寄生在蚜虫体内，使蚜虫变成僵蚜。当田间蚜虫量达到防治指标时，采用点状放蜂或区域性放蜂两种方式，将带有僵蚜的烟叶随机放置在田间上风口，保持烟蚜茧蜂有较高的密度，抑制烟蚜增长。当田间烟株平均蚜量≥5 头/株时，及时放蜂，每次放蜂量为 10000 只/hm^2 以上。

b. 昆虫性信息素。利用害虫的性引诱信息素群集诱捕小地老虎、烟青虫、斜纹夜蛾等雄性成虫，降低田间虫口密度。田间设置诱捕器的数量：斜纹夜蛾 8 个/hm^2、烟青虫 15 个/hm^2，采用棋盘式分布，从烟苗移栽成活后开始放置，诱芯高度保持比烟苗高出 40～50cm 为宜。

c. 糖酒醋混合液。对小地老虎、斜纹夜蛾等可利用糖酒醋液进行诱杀。糖、醋、酒、水按 6：3：1：10（重量比）的比例混合，再添加标准允许使用的生物制剂，然后，倒入陶瓷盆或塑料盆中，液面高度为 5～10cm，在田间及其四周每间隔 10m 左右放置一个。

d. 设置防虫网。育苗场地四周用铁丝网或其他方式进行隔离，小棚及大棚门窗设置防虫纱网隔离迁飞性害虫。

e. 色彩诱蚜。采用黄板诱杀蚜虫、粉虱等小飞虫。在育苗地周围设置 2～3 圈黄板阻隔圈，诱杀迁飞蚜虫；或利用 20cm×25cm 规格的双面黄板，梅花形排列，间距 3m×5m 诱杀蚜虫。大田期在烟田中设置 5m×5m 间距黄板诱杀迁入蚜虫。黄板可购买不干胶成品黄板，也可选用亮黄色塑胶材料自制，表面涂抹不干胶或黄油。黄板应根据粘虫情况及时更换或重新涂抹黄油。覆盖银灰色地膜驱避蚜虫。

f. 灯光诱虫。应用杀虫灯诱杀害虫的成虫，减少田间落卵量。

（6）采收及采后处理

①采收

a. 采收原则。下部叶适熟早采，中部叶成熟采收，上部叶充分成熟一次性采收，不熟不采，熟而不漏。烤烟采摘时，应使用竹筐或其他硬质物装烟，禁用农膜、编织袋及其他易破的塑料制品垫、盖烟。

b. 采收要求。采收时应统一标准，分类采收，先采正常烟叶后采病残烟叶。不采生、不丢熟、不漏棵、不隔行、不粘土、不暴晒、不挤压、不损伤，防止二次污染和非烟物质的混入，确保所采鲜烟质量完好如初。每次采收的品种、部位、成熟度要一致。

②编烟

a. 要求鲜烟叶分类，分别编烟，同竿同质，数量适当，均匀一致。

b. 根据品种、部位、叶片大小、成熟度，进行分类编烟。把同一品种、同一部位、成熟度和大小一致的烟叶，编在同一竿上，切忌编成"杂花烟"。

c. 编烟过程中，要防止烟叶的堆积与暴晒，烟叶要摊开放在阴凉处。编好的烟，搭架挂起，尽可能减少擦伤、磨伤、破损、灼伤。

d. 应选用木杆或竹竿编烟，编烟所用绳索应选用棉质或麻质。

e. 编烟场地应干净，不能有鸡、鸭等家禽混入。

③烘烤方法。按三段式烘烤工艺进行，严格按照四看四定、四严四灵活的原则进行科学烘烤。

④分级扎把。按照烟叶国家标准要求和技术指导，严格按照部位、组别、级别进行分级扎把，不掺杂使假，保证有机烟叶产品质量。农户储存初烤烟的场所必须清洁、防潮、避光、干燥通风，有机烟叶在储藏过程中不得受到其他物质的污染。严禁与有毒、有害、有异味、易污染的物品接触。

⑤烟叶销售。有机烟叶销售按品种、等级和部位实行单收、单储、单调。

a. 有机烟叶与常规烟叶必须分开储藏，提倡设有机烟叶专用仓库。如果不得不与常规烟叶共同存放，应在仓库内划出特定区域，采取必要的包装、标签等措施确保有机烟叶不与常规烟叶混淆。仓库内应定期清洁，并采取物理措施，如鼠夹、粘虫板防治有害生物。

b. 运输工具应进行物理清洁、干燥、卫生、无异味、无污染。必须专车专用，不与其他货物混装混运。严禁与有毒、有害、有异味、易污染的物品混装、混运。

9）标签和生产批号管理

有机烟草经烘烤后作为原料烟销售，不使用标签。

有机烟叶生产的批号系统如下：

基地名称 – 有机烟叶 – 收获日期

[例如]：XX – OYY – 11XXXX

[说明]：XX：XX 基地；OYY：有机烟叶；

11 XXXX：2011 年 XX 月 XX 日收获。

10）员工福利和劳动保护

社员作为合作社的成员（相当于股东），每年按照成员与本社业务交易量（额）依比例量化为每个成员所有的份额分配提取的公积金。

雇员不享受公积金分配，但依据国家法律享受带薪假期、病假、产假等，同时缴纳五险一金等。

在劳动生产中，对涉及使用的各种机械、生产资料等，进行防护培训和急救培训等。社员和雇员严禁使用故障机械，严禁用手直接与生产资料接触，应采取防护措施。

4. 跟踪审查体系

依据组织管理手册、操作规程以及员工文化基础制定适合组织管理水平的跟踪审查体系，应覆盖从投入品、烟草生产过程、收获及收获后处理、出入库、运输和销售等全过程。

表1　基地生产计划

地块编号	面积	品种	计划理墒和移栽时间	计划施肥种类、数量、施用方法、施肥时间	计划打顶时间、打杈间隔时间	计划采烤开始时间-采烤结束时间	地块负责人

填表人：　　　审核人：　　　　　　　　　　　　日期：　　年　月　日

表2　育苗记录表

育苗时间	育苗操作	出苗率	移栽期	移栽地块编号	移栽人

填表人：　　　审核人：　　　　　　　　　　　　日期：　　年　月　日

表3　生产过程控制记录

地块编号	1	2	3	...			
地块负责人							
烤烟品种							
面积							
种子（苗）来源							
种子（苗）处理方式							
播种时间							
收获时间							
水源							
灌溉方式							
收获方式							
储藏方式							

填表人：　　　审核人：　　　　　　　　　　　　日期：　　年　月　日

表 4　基地种植情况表

地块编号	负责人	品种	面积	育苗、收获时间	产量	轮作作物

填表人：　　　　审核人：　　　　　　　　　　　　　　　日期：　　年　月　日

表 5　生产过程投入品登记表

投入品名称	来源	数量	经费	采购时间	使用日期	用途	操作人	操作方式

填表人：　　　　审核人：　　　　　　　　　　　　　　　日期：　　年　月　日

表 6　本年度肥料使用详细信息表

序号	名称	处理方式	成分	来源	使用地块/使用人	使用方法	使用时间	使用量

填表人：　　　　审核人：　　　　　　　　　　　　　　　日期：　　年　月　日

表 7　本年度植保投入物使用详细信息表

序号	名称	有效成分	来源	使用地块/使用人	使用方法	使用时间	使用量	防治对象

填表人：　　　　审核人：　　　　　　　　　　　　　　　日期：　　年　月　日

表 8　有机烟种植农事操作记录表

地块编号	时间	活动内容及详情	操作人

填表人：　　　　审核人：　　　　　　　　　　　　　　　日期：　　年　月　日

表 9   有机烟叶采收记录表

地块编号	采收时间（段）	采收量	负责人员	批号

填表人：   审核人：   日期：   年   月   日

表 10   有机烟叶烘烤记录表

烘烤时间	批号	温度	湿度	操作人/操作记录

填表人：   审核人：   日期：   年   月   日

表 11   有机烟叶出入库记录表

时间	出库/入库	批号	数量	操作人/操作记录

填表人：   审核人：   日期：   年   月   日

表 12   有机烟叶运输销售记录表

时间	批号	运输车辆	区段	是否清洁

填表人：   审核人：   日期：   年   月   日

4.2   烟叶有机生产质量管理体系的实施过程管理

4.2.1   文件制定与发布

基地应建立文件发布管理制度，保证有机烟草生产方面文件有效的及时的版本，以保证有机管理体系正常运行。

基地文件发布流程：

（1）合作社制定文件起草人；

（2）完成文件编写，并申请审批；

（3）审批完成后提交合作社批准；

（4）批准完成后统一进行赋号并进行备案；

（5）备案完成后及时将文件发放至相应部门贯彻执行；

（6）相应部门应及时完成新旧文件更替工作，旧文件由文件发放部门回收保存。

4.2.2　人员培训

1. 培训目的

（1）达成对合作社文化、价值观、发展战略的认知和认同。

（2）掌握合作社各项章程规章制度、岗位职责、工作要领，使社员能够满足有机生产要求。

（3）改进社员工作表现，强化责任意识、安全意识和质量意识，树立效率原则、效益原则。

（4）提升社员履行职责的能力和主人翁的责任感，端正工作态度，提高工作热情，培养团队合作精神，形成良好的工作习惯。

（5）提高社员学习能力和知识水平，为个人进步和合作社发展创造良好环境和条件。

（6）提高合作社综合素质，增强竞争能力和持续发展能力。

2. 培训原则

依照合作社管理手册，追踪行业动态，掌握知识，找出差距，弥补不足。

（1）培训工作在合作社统一布署下由生产管理者归口管理、统一规划，生产技术部门组织实施，社员个人主动配合。由生产技术部门主要负责公共部分、理论部分、专业部分和实际操作部分。

（2）生产管理者每年年底根据合作社下一年度发展计划、业务目标、考核指标，社员意见征集的基础上拟订年度培训计划上报成员大会批准执行。

（3）相应部门根据合作社培训计划，结合"年度考试方案"制定年度培训课程，明确培训的目的、内容、时间、授课人、课程要求和验收标准，报理事长审核批准后组织实施。

（4）培训授课要落实到人，由组织备课，必要时还要组织授课人试讲。需外请专家、教授的报理事长批准。

（5）培训实施部门要做好课堂管理，制备教材，保证良好的环境，准备必要的培训设备及辅助材料。

3. 培训种类和内容

1）岗前入职培训

针对雇佣员工上岗前和新社员入社前的培训,包括基础理论知识学习和实际操作训练两个部分。

（1）基础理论知识学习。

①文化和制度培训，目的是使员工和社员了解合作社发展史，熟知合作社宗旨、发展理念和经营范围；学习和掌握合作社管理制度和道德行为规范；了解合作社、单位的性质、各种视觉识别物及其含义。

②岗位培训，培训部门要对新员工和社员拟任岗位进行专业培训，使其熟悉岗位职责、业务知识、日常工作流程、工作要求及操作要领。

③案例研究及模拟实习，以案例形式讲解本合作社在经营活动中的经验和教训，使新员工和社员掌握一些基本原则和工作要求，而后可进行有针对性的模拟实习。

（2）实际操作训练主要由优秀老员工和社员以"传、帮、带"的形式，通过运用和实践，巩固提高专业技能。

培训后进行考核，分为理论考核和实践考核，结合平时的学习态度、学习纪律和学习成绩综合进行，考核合格者方可上岗或入社。

2）在职员工和社员的培训

（1）岗位培训是对在职人员进行岗位知识、专业技能、规章制度、操作流程的培训，丰富和更新专业知识，提高操作水平，每次培训集中解决 1～2 个问题，边学习边操作边提高。采用组织集中培训相结合的形式，让员工和社员了解岗位或有机烟草生产必须掌握的新理论、新知识、新技能等。

（2）转岗培训。对合作社一般干部、员工进行内部调动时进行的培训，为其适应新岗位的要求补充必要的理论、知识、技能。

（3）专业培训是对从业人员就某一专题进行的培训，目的是提高从业人员的综合素质及能力，内容为行业新动态、新知识、新技能等。采用灵活多样的培训形式：派合作社到优秀有机烟草生产基地去参观学习；邀请专业技术人员来合作社等对员工或社员进行培训指导；聘请权威性的专家、教授来合作社等进行培训指导等。

3）管理人员的培训

（1）部门负责人及以上管理人员的培训，目的是学习和掌握有机管理理论和技术，培训内容主要是有机农业所要求的系统管理理论、知识和应用能力。培训形式以聘请专家、教授举办专业知识讲座为主，自学和内训为辅。

（2）管理人员，培训时间根据培训内容确定，学习公司管理手册和操作规程，熟练掌握岗位知识，管理制度及操作流程。

4. 培训方法

（1）以自办为主，外请为辅，采取授课和专项培训相结合、相对集中的办法。

（2）授课人以合作社内部为主，也可聘请外单位的专业技术人员到合作社为员工和社员讲课或组织训练。

5. 培训要求

（1）培训工作要准备充分，注重过程，讲求效果，防止形式主义。

（2）授课方法要理论联系实际，通俗易懂，深入浅出。

（3）参加培训的员工和社员要严格遵守培训纪律，准时参加培训，认真听课，细作笔记。实习时要尊重老员工和社员，严格按规程操作。

（4）培训考试成绩记入个人档案，作为转正、升（降）级、晋（降）职、转岗的重要依据之一。

（5）参加培训的员工培训过程中所获得和积累的技术、资料等要做好保密工作，不得私自复制、传授或转交给合作社以外的人员或单位。

4.2.3　记录控制

1. 记录的分级管理

（1）生产管理者负责本合作社所有记录的控制，并做好本部门的记录。还要负责对各部门移交来的记录的标识、储存、保护、检索和处置工作。

（2）各部门负责本部门的记录的设计、填写、标识、储存、保护、检索，按规定时间保存。

（3）各部门记录设计后交生产管理者审定，并提交理事长确定。

2. 记录填写

（1）记录用钢笔或圆珠笔填写，应填写及时、内容完整、字迹清晰，不得随意涂改；如因某种原因不能填写的项目，应说明理由，并将该项用单杠线划去；各相关栏目负责人签名不允许空白。

（2）出于笔误需要更改的内容，可用划改。涉及检测数据的更改，还要在划改处签上更改者姓名。非生产性记录的更改也可用涂改液实现。

3. 记录的收集、整理、储存、保护

（1）各部门负责将本部门的所有记录分类收集，依日期顺序整理好（量大的记录按月装订成册），便于检索。

（2）记录应储存于通风、干燥的地方，并做好防火、防虫蛀工作。

（3）各部门按规定的期限保管记录，保证记录在保管期内不丢失、不损坏。

4. 记录的保存期限和归档

（1）记录保存期由各部门根据实际需要而定，一般为 5 年。

（2）各部门应于次年年初将上年记录统一交合作社办公室归档保存。

5. 记录的查阅、借阅

（1）已归档的记录，需查阅、借阅时，应经生产管理者同意后方可进行。

（2）所有的记录不外借。

6. 记录的销毁

对于超期或无查考价值的记录，由生产管理者征求有关部门意见后予以销毁。

7. 记录格式的设计和检查、复制和更改

（1）各部门的记录格式，经理事长确定后不得随意修改。记录须做到规范、合理、简练、明确，记录的内容能准确反映产品、活动或服务的真实情况，应具备可追溯性。

（2）各部门根据实际工作需要对不适用的表格格式可提出修改意见，由生产管理者集中提出意见报理事长批准后修改。

4.2.4　内部检查

1. 年度检查方案策划

（1）每年年初，有机质量管理内部检查员根据基地管理体系的现状、检查的过程、区域的状况和重要程度，并考虑以往检查的结果，对检查方案进行策划，其中包括检查的准则、范围、频次和方法。

（2）采用集中检查的方式进行。

（3）遇有如下情况，可组织特殊追加的内部检查：

①组织结构、有机管理方针、目标等发生重大改变时。

②发生严重问题，或顾客及其他相关方有严重投诉时。

③即将进行第二方、第三方检查或法律、法规规定变更时。

④由市场调研与服务信息反馈，认为有必要时。

特殊追加内部检查，由有机质量内部检查员向理事长请示，经理事长同意后，由有机生产管理者编制《内部检查计划表》确定检查范围与日期，经理事长批准后，组织实施。

2. 内部检查的依据

（1）依据 GB/T 19630.1～19630.4—2011《有机产品》和《OFDC 有机产品标准手册》。

（2）基地《有机生产质量管理手册》和其他文件，如位置图、有机烟草种植操作规程。

（3）本基地适用的国家、地方有关法律、其他要求和标准。

3. 检查准备

（1）成员大会任命一名或若干名具有资格的内部检查员。必要时，可聘请具有专业知识的外部专家参加检查。

（2）根据年度检查方案，编制《内部检查计划表》，确保检查过程的客观性和公正性。

（3）《内部检查计划表》经理事长批准后，提前通知受检查部门负责人。受检查部门如果对日程有异议，可在两天之内通知内部检查员，经过协商可以再行安排。

（4）内部检查员应认真学习有关文件（如规范、有机生产质量管理手册和其他文件、有关法律和其他要求等），了解受检查部门的具体情况后，根据所分配的任务编制《内部检查表》。

4. 检查实施

1）见面会

（1）检查开始前由内部检查员主持召开见面会议，介绍检查目的、范围、依据、方式、检查组成员和检查日程安排、结束会的日期和时间及其他有关事项。要说明检查是一个抽样过程，有一定的局限性，但检查尽可能取得具有代表性的样本，使检查结论合理、正确。

（2）参加会议人员：理事长、有机生产管理者、受检查部门的负责人、检查组成员。

2）现场检查

（1）收集检查证据。

①收集检查证据要以客观事实为基础，以检查准则为依据，做出公正的判断。

②检查员根据《内部检查表》，通过交谈、查阅文件和记录、现场观察有关方面的工作和现状，对受检部门的程序和文件执行情况进行现场检查，收集检查证据。如发现重大的可能导致不合格的线索，即使不在检查之列，也要进行调查并记录。对于面谈获得的信息要通过实际观察、测量和记录等其他渠道予以验证。

（2）汇总分析检查结果，确定不合格项。

①检查员对所有检查中观察到的结果应做好检查记录。

②内部检查员召开检查组会议，对所有观察结果的检查记录进行评审，确定不合格项。然后在《不合格项报告》上填写不合格事实、条款等内容。

③开具的不符合项报告的内容应清晰、判断准确，并且说明不符合标准条款。

④开具的不符合项报告，要得到受检查部门负责人确认，以保证不合格项能够完全被理解，有利于纠正。

（3）结束会。

①在现场检查和起草内部检查报告结束，由内部检查员主持召开末次会议：内部检查员负责向受检查部门介绍检查结果，宣读不符合项报告；内部检查员提出检查结论和建议，并商谈纠正措施，商定纠正措施完成日期，以及跟踪验证等事宜。

②参加人员：理事长、有机生产管理者、受检查部门的负责人、检查组成员等。

（4）检查报告。本次会议结束后，由内部检查员编制《内部检查报告》，报送理事长批准后，按受控文件发放到理事长、有机生产管理者、受检查部门。

（5）纠正措施的实施和跟踪验证。

①受检查部门接到不符合项报告，立即分析原因制定出相应的纠正措施，提交检查员确认、理事长批准后，予以实施。

②检查员对纠正措施实施情况进行跟踪，如发现问题要及时向有机生产管理者报告，确保及时采取措施，以消除已发现的不符合情况及其原因。

③纠正措施完成后，检查员对措施实施情况进行验证。验证内容包括：纠正措施是否按规定日期完成；纠正措施的各项措施是否都已完成；完成后的效果；实施纠正措施时是否记录，记录是否按记录控制要求进行管理。

④经验证，确认纠正措施已完成，检查员要在《不符合项报告》的跟踪验证栏目中记

录验证结果和签名。

（6）内部检查中产生的全部记录由内部检查员移交理事长按照记录控制要求进行管理。

4.2.5 投诉

（1）投诉的受理：合作社接受顾客的来电、来函、来访，并采取首访负责制，谁接访谁处理，必须保持积极的态度，尽快实施投诉处理流程。对用户意见和投诉登记验证，将该表复印一份，报理事长备案。

（2）合作社在接到有机产品质量投诉，尤其是涉及产品安全的投诉时，在确认事实报理事长批准后可对该批次产品实施紧急召回，并赔偿损失。

（3）合作社对顾客的投诉应认真对待，及时解决。根据不同的情况采取相应的赔偿、道歉或其他措施，直至用户满意。

（4）当顾客对有机产品投诉事件严重或影响较大时，应分析原因，采取纠正措施，并验证其有效性。

（5）合作社在规定时限内将处理结果书面传达给客户。

（6）合作社每年有计划地选定主要顾客进行顾客满意信息收集，其方式可为走访、电话采访等，了解顾客的要求以及对产品质量、服务质量的反映。

（7）执行本程序所形成和涉及的质量记录由生产管理者保管，并按记录控制规定进行控制。

4.2.6 产品召回

1. 召回的时机

当公司存在受不合格因素影响的批次产品已经不在合作社控制下时（如已经交付），应启动召回程序。包括但不限于如下情形都可能涉及待召回产品，触发召回程序。

（1）顾客的投诉。

（2）主管部门检查发现的不适合的产品。

（3）媒体报道的不适合的产品或事件。

（4）合作社内部检查发现受不合格产品影响的批次产品已经交付（见《不合格和不安全品（或潜在）控制程序》）。

（5）供应商通知的原料问题。

（6）其他的改变（包括技术、法律行规和突发事件）影响已交付的产品质量或安全。

2. 待召回产品的识别和评价

（1）产品召回小组，应监视与产品召回有关的信息。

（2）出现 4.2 节描述的情形时，产品召回小组应立即召开小组会议进行召回评审。必要时，应要求最高管理者和法律顾问、各部门的其他主管参加。

（3）召回评审的内容包括：召回原因；信息的来源、可信度；以往的产品安全记录、危害程度；政府卫生部门的流行病学咨询记录；待召回产品的范围（包括产品线和地理区域）；是否启动紧急召回；一旦启动召回，还应制订召回计划明确召回的方法、途径和召回产品的处理等。

（4）只要可能，应对待召回产品对应的批次产品，甚至相邻批次的产品留样进行复查，以证实是否不安全及其不安全的原因。其结果应作为召回评审的输入。留样应保持到召回活动结束。

（5）在有确切的信息支持时，召回的评审不应超过半个工作日。

3. 召回的程序

（1）召回产品溯源，以识别召回活动的相关方。必须考虑工烟、商烟部门、合作社内部单位（包括各部门和所有员工和社员）、供应商、相关的政府主管部门和社会组织（包括媒体和客户组织）。从产品销售、运输储藏的全流程各步骤追溯，寻找所有可能的相关方。

（2）根据相关方选择合适的方式发布召回信息，召回信息应在作出决策后半个工作日内发布。合适方式可以是电话、传真、电子邮件、媒体公告等，无论采用何种方式，均应编制《召回信息发布表》。召回信息应编制成文件，如《产品召回公告》，内容包括：

①召回小组成员的信息，包括成员名单、24 小时联系方式、代表的部门和所承担的职责。

②召回产品的信息，包括召回产品名称、代号或批号、基地名称、生产日期等，召回的原因，召回产品销售去向。

③产品召回的方法、途径和时间。

④受召回产品的不合格影响的其他信息，如已使用待召回产品的后果和对策，与召回有关的费用和赔偿。

⑤给客户的召回计划范本，或作为召回信息的附件，以便他们通知和协助召回。

4. 产品召回的方法、途径和时间

（1）应尽可能利用商烟部门作为召回网络，由商烟部门将召回产品反馈至工烟部门，进行追溯处理。

（2）应保持从合作社到商烟部门、工烟部门的接受召回产品的通道，并在召回信息中予以明确。

（3）每一批（或件）召回产品均应编制《产品召回登记表》予以记录。

5. 召回产品的处理

（1）召回产品在处理前应进行标识和隔离。

（2）召回产品应作为不合格品，按《不合格和不安全品（或潜在）控制程序》规定处理。应建立《不合格和不安全品（或潜在）处理报告》，并注明为召回产品处理。

（3）当召回产品的处置方法为报废时，可由客户在公司的监督下进行，但处理方式以不影响当地环境质量为前提。

6. 产品召回的结束和报告

（1）召回计划要求的产品全部回收并妥善处理完毕，表示该次召回活动结束。

（2）召回活动结束后，召回小组应编制召回报告，作为管理评审的输入。召回报告应包括召回的原因、范围和结果。

（3）召回的程序和要求应编制成召回计划，经总经理批准后可正式启动。

（4）所有涉及的相关记录应予以保存。

7. 召回的公关

为了避免损害公信，合作社应对公众的报道做好准备，并指定专人（产品召回组长或公关人员）负责，以便恰当地向公众传达召回相关的信息。

8. 纠正和预防措施

（1）组织应通过使用验证试验、模拟召回或实际召回来验证召回程序的有效性，并记录结果，按照《纠正和预防措施控制程序》利用结果制定纠正和预防措施，编写《纠正和预防措施控制程序》。

（2）发生召回时，产品召回小组应根据召回报告，对召回程序和管理体系存在的问题，按照《纠正和预防措施控制程序》采取必要的纠正和预防措施。

4.2.7　持续改进

1. 不合格或潜在不合格的发现与识别

（1）内审、外审的结果。

（2）数据分析结果。

（3）对产品安全目标的测量分析。

（4）过程和服务的监视和测量中发现的产品、服务、设备设施、供应商、分包方等的重大不合格。

（5）培训效果的评价。

（6）相关人员/部门的改进建议或合理化建议。

（7）管理评审的结果。

（8）纠正和预防措施实施及统计分析结果。

（9）客户投诉和客户满意度调查分析结果。

（10）其他情况，如安全专项检查等。

（11）不合格或潜在不合格的处理。

不合格或潜在不合格一经发现，由发现人/部门建立《纠正和预防措施表》，经生产管理者审批（审核中发现的由审核组长审批）后，由不合格或潜在不合格的部门主管确认并负责分析原因、制订和执行纠正或预防措施，直到不合格或潜在不合格的原因被消除。

2. 原因分析、制定措施并执行

相关责任部门根据收到的《纠正和预防措施表》，针对不符合/潜在不符合情况深入分析原因，必要时合作社相关职能部门一起讨论确定原因，分析结果记录于《纠正和预防措施表》原因栏。

责任部门针对上述确定的原因，制定切实可行的措施，以确保防止不符合的再次发生或潜在不符合的发生，并记录于《纠正和预防措施表》措施栏。

责任部门根据确定的措施，确定完成日期，并在规定期限内有效实施完成，实施完毕后，反馈给《纠正和预防措施表》编发部门进行验证。

对于措施的实施引起有机生产管理体系文件更改的情况，依据《文件控制程序》规定实施。

3. 措施的验证与跟踪

《纠正和预防措施表》发出部门对纠正部门措施的实施情况进行跟踪了解实施情况。

《纠正和预防措施表》发出部门员工收到责任部门反馈实施改进完毕的信息后，及时对措施的实施效果进行验证评价，评价结果记录于《纠正和预防措施表》效果验证栏。

对于在验证过程中，发现措施无效或未全面实施，由验证部门要求责任部门重新按照4.2.7 节的要求处理。

对于连续两次验证发现同一不符合/潜在不符合的措施无效时，由验证部门报告生产管理者进行处理。

《纠正和预防措施表》记录的管理。

最后由《纠正和预防措施表》验证通过后，体系管理和产品质量安全方面的资料由办公室保存。

为消除实际或潜在不合格原因所采取的任何纠正或预防措施，应按问题的重要性与本合作社所承受的风险程度相适应，根据实际情况满足合作社内外的需要。

为方便管理，《纠正和预防措施表》应编制顺序号，格式为：YY—XX（YY—年份；XX—从"01"开始的流水号）。

办公室和质检部确保所采取预防措施的有关信息提交到管理评审。

4.2.8　社会公正

合作社应建立针对雇佣员工和社员的社会公正体系，针对员工主要应考虑薪资发放、假期等，针对社员主要应考虑每年公积金的合理分配。

1. 薪资发放管理

（1）员工薪资为保密性质，任何员工不得相互泄露本人或他人薪资。

（2）每月 1 日至月末为薪资计算周期。

（3）薪资发放的日期为下月的 20 日（如遇假日提前一至二天）。

（4）员工对自己薪资项目与金额有任何疑问时，必须通过直接上级逐级咨询，若部门负责人尚不能解释或解释不被员工接受时，可统一转由会计或理事长征求解答。

（5）薪资支取以现金支付。

（6）若遇情况特殊（如解雇、生病、灾害或提前 30 日辞职等），可按其已工作日数支取薪资）。

（7）薪酬保密

①实行薪金保密制度。

②除指定管理人员知道员工薪水外，任何员工禁止泄露薪酬秘密，严重者将受到开除的处分。

2. 假期管理

（1）法定节日：元旦一天；春节三天；国际劳动节一天；国庆节三天；中秋节一天；端午节一天；清明一天，其十一天为有薪资假期。

（2）年休假：工作一年未满五年者 5 天；满五年未满十年者 7 天；满十年未满二十年者 10 天。

（3）工伤假：在工作时间内受伤人员，经部门经理人员核准签核后方视为工作处理，休假期间正常支付薪资。

（4）婚假：本人结婚，可享受婚假 3 天，晚婚者（男年满 25 周岁，女年满 23 周岁）增加 7 天。职工结婚双方不在一地工作的，可根据路程远近休路程假。途中交通费由职工自理。

（5）产假：女职工生育，产假 90 天，其中产前休假 15 天。难产的增加产假 30 天。多胞生育的，每多生育一个婴儿增加产假 15 天，实行晚育者（24 周岁后生育第一胎）增加产假 15 天。领取《独生子女优待证》者增加产假 35 天，产假期间给予男方看护假 10 天。

（6）丧假：父母、配偶或儿女直系亲属死亡的需请假奔丧人员，经部门经理核准后享受 3 天有薪丧假。

（7）请假：如请病假、事假则扣除病假或事假日或时段之基准薪资，而不会以加班工时作填补。

3. 加班规定

（1）合作社鼓励员工在每天 8 小时工作制内完成本职工作，不鼓励加班。

（2）加班是自愿的，不能强迫员工加班。

（3）确因工作需要（如农忙季节）加班或值班，才予批准。

（4）加班时间限制：一般每日不超过 1 小时，特殊情况每日不超过 3 小时；每月累计加班一般不应超过 36 小时。

（5）不安排女员工在怀孕期或哺乳未满 1 周岁婴儿期间加班。

（6）不安排未成年员工加班。

4. 社员权利

（1）参加成员（代表）大会，并享有表决权、选举权和被选举权；按照章程规定对本社实行民主管理。

（2）利用本合作社提供的各项服务和各种生产经营设施。

（3）按照章程规定或者成员大会决议分享盈余。

（4）查阅本社的章程、成员名册、成员大会或者成员代表大会记录、理事会会议决议、监事会会议决议、财务会计报告和会计账簿。

（5）对本合作社的工作提出质询、批评和建议。

（6）自由提出退出申请，依照本章程规定退出本合作社。

5. 内部申诉

为了保障员工和社员的合法权益，维护合作社的良好声誉，监督各项规章制度的管理执行人员在执行过程中的行为，加强民主建设。特制定内部申诉管理制度。

（1）公司所有员工和社员均有权通过合法渠道利用合法手段，向各管理层以及理事长表达自己的意见和建议。

（2）申诉原则。

①申诉内容首先要尊重事实，要有真实证据。

②申诉的出发点必须是为了维护合作社声誉、促进合作社发展，保障员工和社员的权利和义务。

③申诉不得成为个人打击报复的手段，要公正、客观地看待问题。

（3）申诉的内容。

①上级事件处理不公，滥用职权。

②损害公司利益，蒙骗公司，徇私舞弊。

③偷盗公司财产及包庇偷盗行为。

④贪、占、骗、抢行为，私下要挟、逼迫、诽谤等不道德行为。

⑤工作中屡次不规范行为、而又无人更正的事件。

⑥员工和社员权益受到侵犯的事件。

（4）申诉方式。

①申诉可使用公开、非公开两种方式。

②公开申诉可以是面谈、书面直呈。

③非公开申诉则以书面形式。为了便于调查，以书面形式的申诉，最好注明姓名及所在部门，以表示申诉的诚意。

④设置意见箱供员工和社员投放书面意见和建议。

⑤工作区的意见箱由总经理亲自开箱管理。

⑥开箱时间：周一、周五早上 8：00。

⑦除了悬挂意见箱接受员工和社员申诉，还可利用各种信息平台收集申诉意见。

⑧对员工和社员的申诉，应当在 6 个工作日内给予答复。

⑨意见箱管理人员要注意为申诉者保密, 有泄密者按严重违纪违规处理。

4.3　烟叶有机生产质量运行体系保障

4.3.1　组织保障

1. 组织落实

发展烟草有机生产是一项长期、复杂、艰巨的系统任务, 需要协调和利用各方面的资源和力量。合作社应加强自身的组织构建, 完善有机生产体系。除了构建自身组织架构, 还应充分利用各方面的力量, 特别是烟草工业部门、商业部门和地方政府, 争取由烟草工业部门、商业部门和地方政府 (烟办) 建立一个能够跨部门协调的组织机构, 即 "有机烟草生产管理小组", 这是确保此项任务顺利实施的重要保证。有机烟草生产管理小组牵头组织相关事宜, 并明确下属各烟草公司、烟站在有机烟叶生产基地建设过程中的职责, 做好组织协调和推动工作, 为烟叶有机生产基地建设和生产过程中存在的问题提供力所能及的帮助。有机烟草生产小组的主要职责包括: 烟叶有机生产开发的部门、烟站、基地间的协调工作; 建立有机农业、烟叶有机生产的信息库; 搜集政策、法规、标准、技术信息; 组织有机农业、烟叶有机生产的宣传工作; 实施烟叶有机生产的评价工作; 组织有机农业、烟叶有机生产的知识与技术培训。

2. 明确责任

完善烟叶有机生产发展目标考核体系, 对基地各部门下达发展烟叶有机生产的责任目标, 做到层层有责任, 逐级抓落实。依据有机烟草生产年度分解各阶段重点工作, 各部门重点工作。合作社根据各阶段重点工作, 各部门重点工作, 对落实烟叶有机生产的状况定期进行评估, 并将评估结果作为主要负责人考核的重要依据。

4.3.2　制度保障

1. 完善制度体系

以国家法律法规政策为指导, 加快制订合作社发展烟草有机生产的规章制度, 完善落实已经制定的烟草有机种植质量手册和操作规程, 逐步建立起与现代烟草发展相适应的规章制度体系。同时, 充分发挥监事长的监督作用, 完善合作社监察制度和内部检查机制, 建立长效的监督机制, 确保各项制度的有效性和严肃性。

2. 建立相关考评体系

一是积极根据有机烟草生产的实际情况、合作社章程和管理体系, 逐步建立起科学、合理、全面的烟草有机生产考核评价体系。

二是逐步建立健全奖惩与监督机制, 建立规划实施工作业绩考核制度, 对各部门在年度计划实施中工作绩效进行年度考核, 实行绩效与奖惩相挂钩。

3. 建立健全员工和社员参与机制

积极开展烟草有机生产基地的员工和社员教育，提供员工和社员参与的机会和条件，促使员工和社员逐渐形成符合有机思想的文明生活方式，使他们有更多的机会参与烟草有机生产基地建设。出台鼓励参与的政策，采取经济措施，对在有机农业循环经济建设过程中作出显著贡献的部门和个人给予精神和物质奖励。组织形式多样的宣传活动。编印《有机农业与烟草有机生产知识手册》，利用明白纸和可目视资料等广泛宣传有机生产理念、生产操作规程和基本要求、发展烟草有机生产的重要意义，宣传相关法规和方针政策，弘扬先进典型。大力开展群众性的有机生产合理化建议、技术革新等活动。

4. 信息资源共享制度

及时向合作社各部门发布集团有关有机农业、烟草有机生产的技术、管理和政策等方面的信息，开展有机生产信息咨询、技术推广、宣传培训等。建立合作社内部烟草有机生产相关信息数据库、环境友好生产技术的数据库等，实现物质循环、能量流动、技术共享和信息传递的网络化管理。

4.3.3 人才与技术保障

发展有机农业，先进的科学技术是核心竞争力。合作社应依托烟科所等载体，通过科技创新、技术改造，突破技术瓶颈，逐步建立与有机生产发展相适应的技术创新机制和技术支撑体系，增强科技推动烟草有机生产发展的动力和能力，提高技术进步对发展烟草有机生产的贡献率。鼓励引进国内外先进的烟草有机生产技术和经营管理模式，加快成熟技术、工艺、设备、管理的推广应用。一是加快品种更新换代，逐步建立烟草有机种子育繁一体化服务体系，二是加快烟叶有机种植技术的研发及推广工作。

1. 完善烟叶有机生产技术服务体系

成熟、实用的有机烟草种植技术是实现烟叶有机生产可持续发展的重要保障。要建立科学合理的耕作制度，不断改良土壤，实现自然资源的可持续利用。通过改革传统耕作制度，推广植烟土地轮作休闲方式。不仅要根据烟草有机生产的生物学特性，突出烟草在整个轮作制度中的主体地位，还要根据当地光、热、水资源、作物的生育期、轮作制度中养分的平衡协调供应等因素，科学安排不同作物组合和耕种方式。

针对部分从事烟叶生产的农民文化素质普遍较低，合作社将烟农有效组织起来开展有机生产标准、有机生产技术培训，不断提高广大烟农的知识化、专业化水平。应积极促进科研单位及农民技术能手开展有机生产各环节（育苗、机耕、施肥、植保、烘烤）的专业化、社会化服务；有机烟草生产办公室要制订烟农有机生产培训计划，加大对农民有机烟叶科技教育与培训的力度。要建立烟叶有机生产保障机制，烟叶有机生产属农业生产范畴，受自然灾害影响较大，没有必要的支持保护机制，烟叶生产的良性发展难以为继。建立烟叶有机生产风险金，缓解烟农的后顾之忧；保持有机烟叶收购价格总水平与其他作物收益（亩产值和效益）的比较优势，保证农民种烟积极性；提升管理水平，加强企业自我发展能力，推行烟叶有机生产全面质量管理，走管理标准化之路。以科学、先进的全面质量管理理论为基础，将烟叶生产经营质量管理标准纳入烟叶有机生产体系。烟叶生产经营质量管理标准是以烟叶生产和经营的全过程为控制对象，一方面对烟叶生产经营企业必须具备的资源条件、技术水平、管理过程和产品质量提出要求；另一方面为行业管理本身提供行为准则。质量管理标准内容涉及影响烟叶产品质量的各主要因素。具体包括：烟叶生产基地的自然生态条件与生产布局的要求，烟叶有机生产经营的管理职责、人员素质与管理要求，有机生产技术要求，有机烟田与农户管理要求，有机生产过程管理要求，收购过程管理要求，储存调运过程管理要求，烟用物资、设施及设备的技术与管理要求，销售过程管理要求，产品质量要求等，形成各方支持烟叶有机生产发展的良好氛围，建立有效机制，支持烟叶有机生产可持续发展。

2. 建立有机烟田建设和保护制度

制定有机烟田规划建设与保护的具体实施办法，制定有机生产环境标准和技术标准，通过土壤改良、用养结合、休耕轮作，生物有机肥使用等技术措施，保护和培肥地力，科学合理利用水土资源，提高有机烟田综合生产能力。加大烟草有机种植轮作力度，有计划、有顺序地轮换种植不同类型的作物。同时建立用地养地结合的种植制度，常年维持一定比例的绿肥和豆科作物种植面积。在部分产区采用前作—绿肥—烤烟的轮作方式，在休闲期间因地制宜种植短生育期的绿肥，在冬前深翻压青，改善土壤结构，减少土壤病虫害。改良土壤，改善烤烟有机生产的土壤环境。采取有效措施调节土壤酸碱度。选择生石灰、熟石灰、石灰石粉、白云石粉等土壤 pH 改良剂调整土壤 pH 至适宜范围。也通过适当选用微生物菌肥（注意禁止使用转基因菌种），结合移栽时通过窝施、环施等技术措施改善根际微环境内的酸碱度。平衡施肥，协调养分的均衡供应。根据土壤养分丰缺状况筛选、调整、优化烟草有机专用肥配方，为优质烟有机生产奠定良好的基础。不同区域的有机烟种植要通过对土壤养分的深入分析，进一步细化专用有机肥配方，实现配方区域化和多元化；深化平衡有机肥施肥技术的推广及应用，提高技术的到位率和提升技术服务水平，逐步实现施肥专业化。同时结合户籍化管理，通过对烟田土壤养分的长期定位监测，及时了解土壤养分变化状况，适时调整专用有机肥配方；通过协调种植制度的肥料养分管理，统筹安排有机肥种类和合理用量，推行以烟为主的综合养分管理。

3. 加大烟叶有机生产先进适用技术推广力度

通过大力推广烟叶有机生产先进适用技术，提高烟叶质量，增强有机烟叶的可用性，满足工烟部门生产需要。改进烟叶生产组织管理方式，提高管理水平。加强与烟草商业部门联系，落实有机烟叶收购合同制。合作社将烟草公司有机烟叶种植收购计划通过合同制落实到每个农户，通过合同约定烟叶有机种植面积，规定交售等级数量，明确种植品种和技术方案以及收购价格政策，并以此调控烟叶有机生产。对有机烟农实现户籍化管理。通过对种烟农户建档立案，分类指导，开展全程服务；对基层技术人员实行目标责任制，分户到人，技术指导到户，量化考核；利用信息化手段实现烟叶有机生产管理的规范化、科学化。

4. 科技兴烟，重视有机烟叶人才队伍建设

科学技术是第一生产力，依靠科技进步是坚持科学发展观在烟叶有机生产过程中的重要体现，是现代烟草农业建设的重要内容，是烟叶有机生产可持续发展的根本途径。合作社应重视科技进步对烟叶有机生产和质量的重要意义，充实以农艺师、有机农业专业人才为主的烟叶人才队伍，对有机原料基地的烟叶进行生产管理、技术指导和科研工作，搞好烟叶有机生产科技创新、推广，加大科技合作。

要制定走出去参观学习、把专家请进来培训指导的长期人才培养战略。"走出去"，参加有机农业相关的培训班、博览会等活动，可以学习知识，开拓视野，交流经验，参观其他开发成功的有机农业基地可以充分地借鉴他人的成功经验。"请进来"，即邀请有机农业领域的知名专家教授传授有机生产需要的技术知识，指导基地的有机农业开发。合作社也要定期开展对员工的培训，通过举办技术讲座、观看图像资料、发放生产资料材料等形式，宣传、讲解有机农业开发的重要意义，介绍有关生产技术规程，新品种、新材料的应用方法。要加强与外界的联络，通过有关渠道加强有机烟草生产同行尤其是国外烟草有机生产同行之间的交流，及时了解本领域的发展动态。

以农业科研单位、大专院校、基地技术中心为平台，围绕烟叶可持续发展，按照现代烟草农业建设要求和烟叶有机生产要求，积极开展有机烟叶科技研究，重点抓好特色品种的选育和推广、烟叶有机栽培技术标准化体系建立、土壤改良和施肥技术改进、机械化作业、密集烘烤技术等工作，提高烟叶有机生产水平，改善烟叶质量。

4.3.4　资金保障

烟叶有机生产所需的有机肥，病虫害防治的物质如波尔多液、石硫合剂、苦参碱、植物油、B.t 制剂、防虫网、杀虫灯等要早做准备。有机转换过程中，有增加投入、降低产量的风险，而且需要投入有机认证费用、宣传费用等，合作社可向当地政府申请政策倾斜、资金支持，利用农业贷款等。

烟叶有机生产基地在有机转换初期会遭遇技术不到位、自然灾害、品质和产量下降等问题，通常情况下，从常规生产向有机生产转换，产量将下降 20%～30%。随着转换时间的延长、土壤肥力的恢复及生产技术经验的积累，有机种植的产量才逐渐与常规生产持平。合作社应积极争取政府项目补贴和资金支持，同时，通过品牌建立和市场推广等手段加强非烟农产品的营销能力，提升合作社市场化运作能力，减轻烟叶有机种植风险和烟农种烟的后顾之忧，从而提升社员和员工的凝聚力和向心力。

4.3.5　质量保障

1. 落实全面质量管理

全面质量管理要求合作社全体员工和社员及各个部门同心协力，把经营管理、专业技术、数量统计方法和思想教育结合起来，建立针对生产作业全过程的质量管理体系，有效地利用人力、物力、财力、信息等资源，提供符合国家有机标准规定要求和

用户期望的产品和服务。合作社要制定有机生产专业人力资源规划，明确工作职责、基本标准和评价的方式、方法、准则，并建立良好的工作环境，如价值共享、相互信任、鼓励和激励的环境、有必要的资源和培训条件等，激发员工和社员的积极性和创造力，挖掘潜能，提高他们的工作效率、工作质量和工作成效，从而提高全面质量管理的实施效果。

负责有机生产的领导和管理者应带头参加质量管理培训，学习质量管理知识和先进的质量经营理念，提高质量意识，反对形式主义、弄虚作假，明白自身在有机生产质量管理体系中的示范作用和职责，保证全面质量管理的有效推行。

合作社要加强与烟草工业部门的联系，促进相关有机烟草卷烟产品开发，详细把握工烟和商烟部门对烟草的规格和品质等的具体要求并积极了解顾客对产品的意见，接受他们的询问和投诉等，并对此进行分析、挖掘，以促进有机烟草的有效改进。

2. 加强质量检测把关力度

烟草公司十分重视对烟草质量的监督与控制，合作社应建设产品质量控制机制，重点监督有机生产投入物质如有机肥、生物与植物源农药的使用以及烘烤、储藏过程中的污染控制，加强产品禁用物质的检测等工作。

3. 生产基地要建立严格的内部质量保证体系

合作社进行有机生产，是小农户集体生产，针对小农户生产自身的缺陷，必须建立严密的内部质量保证体系，引入小农户集体内部控制体系，形成专门文件，作为检查认证的必备资料和基地产品质量的重要保障。

1）新农户登记注册

每一位农户需要在一份农户入会登记表（见附件）中记录在其管理下的所有耕地（包括非有机地块），有机烟叶种植面积、其基本的耕作方式、最后一次使用禁用物质的时间。农场基础数据尽可能全面，便于此后的监督管理、准确的估算产量等。有机审批员审查农户入会登记表，并根据内部有机标准决定其转换状态。一旦被接受为会员，农户将拥有一个新代码，并在所有文档中用该代码指代这名农户。新的农田将被增补到平面图中，使用代码标识。农户的所有信息加入处于转换期的注册农户列表中。通常登记时的调查不能作为第一次内部检查，而必须是在登记调查之后进行内部检查。

每位农户必须与合作社之间签订承诺书，相关条款必须保证农户能理解。承诺书中必须尊重有机标准的承诺，清楚写明违背合约的后果，同意内部检查员和外部检查员检查农场生产记录。必须制订一份有机项目的总平面图（村庄或社区地图），标出有机地块所在区域。

2）产量估算

在有机烟叶收获之前一个月，内部检查员必须对每个农户的有机烟叶产量进行准确预估，一般较为准确的产量估算是以上一年农户交货数量为基础，再综合考虑目前作物的长势，并直接记录在农户登记表中，然后递交给生产管理者，再由他据此制作审批收购清单交给负责收购的人员。收购人员根据该数据核查农户销售的有机烟叶是否属实。

3）内部认可程序

内部检查员根据规定的程序决定审批或处罚农户。所有农场内部检查表都必须经理事长全面审核，尤其要重视有机关键点和难点，核查内部检查员对农场的评价，决定是否批准认证。理事长召开会议，参加人员应包括生产管理者、内部检查员和各部门负责人，核对农户对上年度整改意见的执行情况和内部检查员建议的新要求，决定每位生产者是获得批准还是接受处罚，处罚的原因和期限，并在农场检查表上记录要求和处罚措施。会议结果体现在批准和处罚农户清单上，此外，每次会议都需要进行记录。

4）违规与处罚

当遇到农户违规情况时，内部控制体系要采取适当的纠正或减轻影响的措施。

典型的有机烟叶违规行为及其相应的处罚方法见附件，在违规农户登记表记录违规农户的名字与处罚原因，确保在收购表中已消除该农户名字，并通知所有相关收购人员，确保其了解情况，不会误购违规农户的烟叶。当遇到一些严重的违规情节时，内部检查员或发现问题的人必须要提交一份违规报告。

如果农户在有机地块中使用了禁用投入品，但其仍然希望继续进行有机作物生产，那么必须重新经过整个转换期。在这种情况下，还必须核查该农户是否已经交货，其烟叶是否与其他有机烟叶混合。如果是，应立即通知相关方，并隔离这些混合烟叶，采取必要的措施。如果该批烟草已销售，应立即启动召回程序。

假如一位种植者没有能够遵守有机规则/标准，而且内部控制体系人员也没能发现，那么他的行为就将给其他会员或至少其中一批货物带来不能通过认证的风险，如果严重的违规情况是在加工过程中或加工后才发现，那么包含了这个违规农户烟叶的所有有机烟叶都将不能通过有机认证，而且这个生产集体的内部控制体系资格也将受到质疑，因为其未能检查出问题。

5）内部控制体系文档

（1）有机烟叶项目中的每个农户都有个人文件袋以记录所有资料，这些文件存放在内部控制区域中心（有机基地）的办公室中，每个农户的文件中都包含了其从注册开始就建立的文档和农场检查清单。一年的所有资料证明等汇总在一起放在塑料文件袋中形成农场文件。每个通过认证的有机烟叶农户必须保留以下相关文档：

农户签订的正式承诺书，保证遵守内部有机标准（书面合同）；

农户入会登记表（农户资料清单），包括禁用物质最后使用记录；

最新的农场资料：最新种植情况（面积、作物种类），投入品使用情况、收获数量等；

每位农户的地块图；

年度农场检查表；

田间管理员对农户的培训与建议记录。

（2）必须准备以下所列资料作为内部控制的总结。

农户清单和违规农户登记表：注明农户的姓名和代码，地块总面积，有机作物种植面积（或作物数量），登记为有机农户的日期，禁用物质最后使用记录，内部检查资料，内部检查员姓名，内部检查结果（有机农户与转换期农户分开），记录处罚原因和处罚期限。

4. 树立非烟农产品品牌，作为质量保证与监督的手段

除了立足有机烟草生产，还应发挥轮作非烟作物的质量优势。因为烟草实行国家统一定价政策，因此非烟农产品的营销对于提高合作社和社员经济收入显得尤为重要。树立有机非烟农产品品牌，拓展营销渠道，既能提高综合收益，同时也能保障非烟农产品和整个基地有机完整性。

4.3.6　外部监督

对有机产品生产企业的外部监督指的是第三方认证机构对有机产品生产企业的检查认证活动。第三方认证机构将依据中国《有机产品认证实施规则》的要求，对照中国的有机产品标准 GB/T 19630.1～19630.4—2011《有机产品》的条款对生产企业进行检查和审核，以确认该企业的生产管理是否满足有机生产标准的要求。

1. 中国的有机产品标准中对有机生产基地的基本要求（要点）

（1）产地的环境质量状况应符合 GB/T 19630.1～19630.4—2011《有机产品》规定的要求；当申请者不能提供有效的环境质量状况报告或权威部门的证明，认证机构应要求申请人委托有资质的检（监）测机构对产地环境质量进行检（监）测，并提供有效的检（监）测报告。

（2）生产基地应在 24 个月（一年生作物）或 36 个月（多年生作物）内未使用过相应的有机认证标准中的禁用物质；新开荒地及撂荒多年的土地也需经至少 12 个月的转换期。

（3）禁止使用任何转基因的种子和种苗，种子使用前不允许使用任何禁用物质进行处理。

（4）生产基地应建立长期的土壤培肥、植物保护、作物轮作和畜禽养殖计划。

（5）生产基地无明显水土流失、风蚀及其他环境问题。

（6）作物在收获、收获后的处理、干燥、储存和运输等过程中应避免受到禁用物质的污染，或非有机认证产品的混杂。

（7）在申请认证单元中存在平行生产的情况下，应建立平行生产管理体系，以保持有机产品的完整性。

（8）生产企业应按 GB/T 19630.4—2011 的要求建立并实施有机产品生产质量管理体系，包括质量手册、操作规程、可追溯性的记录体系等。

2. 中国的有机产品标准中对有机产品加工经营的基本要求（要点）

（1）原料应是获得有机产品认证的产品。

（2）获得有机认证的原料在终产品中所占的重量或体积不得少于 95%。

（3）只允许使用天然的调料、色素和香料等辅助原料、相应的有机认证标准中允许使用的物质，禁止使用人工合成的色素、香料和添加剂等。禁止采用基因工程技术及其产物

以及离子辐照处理技术。

（4）在申请认证单元中存在平行加工的情况下，应建立平行生产管理体系，以保持有机产品的完整性。

（5）有机产品在加工、储存、运输和销售过程中应避免受到禁用物质的污染，或非有机认证产品的混杂。

（6）加工企业应按 GB/T 19630.4—2011 的要求建立并实施有机产品生产质量管理体系，包括质量手册、操作规程、可追溯性的记录体系等。

3. 有机检查认证的基本程序

（1）生产企业作为申请者提出有机认证申请，认证机构根据申请者的生产类型向其发送相关申请材料（如申请书、调查表等）。

（2）申请者应尽可能按照要求详细填写申请书和调查表，并附上申请时需要提交的证明材料（如生产企业的资质文件、生产基地的环境证明材料等），发送给认证机构。

（3）认证机构对申请者提交的书面材料进行审核，决定是否受理申请。若审查符合规定要求，认证机构将接受申请并通知申请者。如果审核发现申请材料信息不完整，认证机构可要求申请者作必要的补充、修改或说明，直至符合规定后，再接受申请。如果审核发现申请材料不符合申请要求，认证机构将通知申请方，并解释不接受申请的原因。

（4）认证机构接受申请后，即与申请者签订有机认证检查协议，并根据申请者的基本情况（如产品类型、生产加工期）派遣检查员，在正式派遣前认证机构将向申请者传真检查员委派通知，征求申请者对检查委派的意见。

（5）认证机构正式委派检查员后，检查员将制订检查计划，并与申请者协商检查安排，形成正式的检查计划。

（6）检查员按照检查计划前往现场实施检查，对企业的有机产品生产状况进行检查，对企业的有机产品质量管理系统进行审核，并根据检查计划和实际情况在现场采集作物、土壤或产品样品。

（7）检查员根据现场检查情况编写检查报告，依据标准和适用的法律法规对受检查方的符合性和持续有效性做出评价，并将检查报告发送给申请者签字确认。

（8）检查员向认证机构递交检查报告，认证机构颁证委员会根据检查报告和附件材料进行复核，做出认证决定，并将结果及时通知申请人。

（9）认证机构根据认证决定制作和寄发证书和认证决议函。

4. 有机检查的基本内容

1）农场

检查认证时需会见的人员：检查员现场需要访谈农场生产管理者、农场生产技术负责人、仓库保管员、财务负责人、运输负责人、销售负责人和有机种植者等，以便了解各个生产环节的情况。

检查员需要检查的"硬件"：现场检查时检查员需要对生产基地进行全面的检查，包括地块、作物、种子/种苗、培育种苗的设施、温棚、灌溉水、灌溉设施、土壤培肥物质（叶面肥料、外购商品有机肥、自制堆肥、生物活性制剂等）、病虫草害控制物质（植物源农药、微生物农药、矿物性农药、植物生长调节剂、杀虫灯等）、缓冲带及缓冲带内种植的作物、农场生产设备（收割机、喷雾器等）、运输工具、农场内简易加工设备、包装材料、仓库和用于仓库有害生物控制的物质等。

检查员需要检查的"软件"：检查员还需要对生产企业的质量管理体系进行审核，包括质量手册、操作规程、可跟踪的记录等。

（1）生产企业的资质材料（营业执照、土地所有权证或土地租赁合同等），环境证明材料（如水土气检测报告）；当申请者不是有机产品的直接生产者时，还需提交申请者与生产企业签订的有机生产书面合同。

（2）申请认证地块的种植历史表，在地块种植历史表中必须注明年份、地块、种植作物、肥料和农药的名称、使用日期和投入数量。

（3）如申请认证的地块为新开垦荒地，则需提供省级相关政府部门批准开垦荒地的批文。

（4）农场所在地的地理位置图（市或县/乡的行政图，标明农场所在乡镇位置）。

（5）农场地块分布图，必须注明地块号、地块面积，申请认证的地块与周边地块之间的缓冲带及其宽度，并注明申请认证的地块四周土地利用情况。

（6）申请认证产品的总量统计表（内容包括地块号、地块所在地名、地块负责人、上年度的实际收获量和预计本年度的总产量）。

（7）本年度申请认证的有机地块种植计划以及下三年度在内的农场轮作计划（详细到每个地块，如果一个地块种植多种作物，应标明面积和作物名称）。

（8）农场使用的所有外来物质（种子、肥料、生物农药等）的购买发票、物质标签、说明书，以及没有转基因成分、没有添加有机认证标准中禁用物质的证明等。如果农场自制堆肥或生物农药时，应提供详细的自制方法和记录。

（9）农场有机生产管理全过程农事记录、收获记录、运输记录、仓储记录、清洁记录（工具设备、仓库和运输车辆等）。

（10）如果农场存在平行生产则需提供平行生产管理计划和管理记录（即除有机地块生产记录，还需提供农场转换地块和常规地块的土壤培肥、病虫草害防治、收获、储藏、运输和销售等全套记录）。

（11）缓冲带配置记录（如果缓冲带种植了作物）。

（12）农场有机生产管理手册，手册内容应至少包括种子、种苗、灌溉水、土壤培肥、病虫草害控制、收获、运输、储藏、销售、清洁管理、仓库虫害管理、培训、记录管理和客户申/投诉处理等。

（13）农场生产操作规程，内容包括认证作物的操作规程、防止有机产品与非有机作物混合和污染的规定，作物收获规程及收获后运输、储藏等工序的管理规程、机械设备的维修、清扫规程、员工福利和劳动保护规程。

（14）若属再次认证，请提供上年度认证作物的收获量、销售量和库存量的平衡统计表，包括销售收据及申请办理有机销售证的情况说明。

2）加工厂

检查认证时需会见的人员：检查员现场需要访谈加工厂生产管理者、各生产车间及生产工序负责人、仓库保管员、卫生清洁负责人、财务负责人、运输负责人、销售负责人、废弃物处理负责人等，以便了解各加工产环节的情况。

检查员需要检查的"硬件"：原（辅）料（有机配料、非有机配料、添加剂和加工助剂）、加工设备、水源、水质报告、锅炉房、锅炉水处理剂、锅炉除垢剂、有害生物防治设施（诱捕器、杀虫灯）和控制物质、卫生清洁消毒物质、原料收货区、产品搬运区、生产区、包装区、装货区、包装材料仓库、原料仓库、半成品仓库、成品仓库、厂外仓库、运输工具、废料（废渣、废水和废气）处理场所、分析化验室等。

检查员需要检查的"软件"：检查员还需要对生产企业的质量管理体系进行审核，包括质量手册、操作规程、可跟踪的记录等。

（1）生产企业的资质材料（营业执照、食品生产许可证等），环境证明材料（如具有资质机构出具的加工场所有关环境管理质量的相关证明材料以及工厂污染物排放达标情况说明）；当申请者不是有机产品的直接加工者时，还需提交申请者与加工企业签订的有机加工书面合同。

（2）加工厂所在地的地理位置图（市或县/乡的行政图，标明农场所在乡镇位置）。

（3）加工厂平面布置图（包括厂区内各种建筑物、设备位置以及周围土地利用情况）和加工厂设备分布图。

（4）申请认证产品的工艺流程图（含有机关键控制点），如工艺流程图不含有机加工关键控制点，须提交有机关键控制点计划。

（5）加工用水水质分析报告与产品样品分析报告（执行 GB 5749—2006《生活饮用水卫生标准》和相关食品分析标准）。

（6）外购有机原料和配料的有机产品销售证书正本或复印件。

（7）工厂使用的配料、添加剂等物质的标签、说明书或其他相关证明，包括非转基因声明等。

（8）工厂全套生产报表样本（收购、原料仓储、各生产工序、产品仓储、发货、运输、质检等）。

（9）设备、车间、仓库、运输工具清洁记录。

（10）如加工设备既加工有机产品，又加工常规产品，则需提供平行加工的质量控制措施及记录。

（11）加工过程使用的各类清洁剂、杀虫剂等物质清单、标签、使用安全物质数据表（MSDS）和使用说明。

（12）防治鼠、虫害等有害生物的捕捉器或监视器分布位置图。

（13）工厂污染物排放达标情况说明及相关证明材料。

（14）工厂废弃物处理说明和废弃物处理记录。

（15）加工厂有机加工质量控制手册，内容至少应包括原料收购、加工、储存、运输、销售、申/投诉、产品召回、员工培训、卫生、虫害控制和质量控制体系建设等各个关键环节的控制程序。

（16）有机加工操作规程。内容包括：申请认证产品原料运入、接收、加工、包装、标识、储藏、运输等各道工序的管理规程；禁止有机产品与转换期产品及非有机产品相互混合，以及防止有机生产、加工和经营过程中受禁用物质污染的规程；机械设备的维修、清扫规程；工厂废弃物处理规程；员工福利和劳动保护规程等。

（17）若属再次认证，请提供上年度认证产品的原料运入、加工量、销售量和库存量的平衡统计表，包括销售收据及申请办理有机销售证的情况说明。

第5章 烟叶有机生产信息系统

5.1 概 述

5.1.1 系统意义与功能

随着我国经济的快速增长，人们对农产品质量的需求也越来越高，而对于农产品的质量安全问题也越来越被关注，但是大量农产品安全事故的发生，如毒牛奶、毒豆芽、毒大米、毒食用油、毒生姜等事件，一次又一次挑战人民群众的底线让人们对农产品的生产失去信心。烟叶作为特殊的农产品，也被提出相应的质疑。

我国早在20世纪90年代就提出了"无公害农产品"概念，并以此为框架建立了农业安全生产体系，以期全面促进提高我国农产品质量水平，保证人体健康。所谓"无公害农产品"是指产地环境、生产过程、产品质量符合国家有关标准和规范要求，经认证合格获得认证证书并允许使用无公害农产品标志的未经加工或初加工的食用农产品。而有机农产品则比无公害农产品更进一步，有机烟叶是指在生产过程中不使用化学合成的农药、化肥、除草剂、生长调节剂等物质，以及基因工程生物及产物，而是遵循自然规律和生态学原理，采取一系列可持续发展的农业技术，协调种养殖平衡，维持农业生态系统稳定，且经过有机认证机构认证，并颁发有机产品认证证书的烟叶。自2008年起，红塔集团启动《有机绿色烟叶生产技术及规程的综合研发》重大科技项目的研究，项目为红塔高端品牌提供了优质原料基础，并为红塔集团反哺农业与参与解决三农问题，促进原料产地农业可持续发展找寻了一条新的出路。

有机烟叶生产有众多的工作需要完成，所有过程均需要留下管理的痕迹，并存储相关的过程数据信息，以便于后续的有机认证工作及高端卷烟产品的开发。如果采用手工方式完成其中的生产过程管理，从管理的效率及管理所投入的人力成本上，都将大大制约有机烟叶的生产。使用信息技术，开发一套对有机烟叶生产过程进行管理，将减轻整个生产过程管理的管理工作量，并提升管理的效率，并为后续的有机认证工作提供方便。开发有机烟叶生产管理系统的目的是，对有机烟叶的原产地、生产过程、包装运输和储藏进行全过程的控制和追溯，保证有机烟叶种植生产和销售全程可控。在有机烟叶生产的过程中，采用信息化技术对整个生产过程及生产中的资源、人、产品等信息进行有效管理，提高整个生产过程的管理效率，并为产地进行有机认证提供数据支撑。

5.1.2 国内外发展趋势

发达国家以计算机技术为代表的信息技术于20世纪40年代创建并发展，从70年代开始应用于农业领域，初始的研究主要用于建立农业气象模型、农产品需求模型等农业领域模型，并以此建立一些原始的农业专家系统。从80年代开始，微型计算机的价格不断降低，农业领域的专家也开始大量使用计算机对农业方面的生产、加工进行记录与控制。但这一时期因受计算机软、硬件条件的制约，所研制的信息系统功能有限，仅在发达国家得以使用。从 20 世纪 90 年代开始，计算机及相关的信息设备价格不断下降，且图形化操作系统得以广泛使用，农业信息系统、农业生产管理系统等农业领域的系统也被大量采用。1996 年英国爆发疯牛病以后，欧盟把农产品可追溯系统纳入法律框架下，所有的农产品、可能进入食物链条和饲料链条的农产品生产原料的生产、加工和流通的各个环节都要记录追溯信息以便能够识别和追踪可能进入食品和饲料链条的所有物质的来源。同时，为满足相关的信息记录与管理，大量农业生产管理系统被应用于各农产品生产过程。美国对农产品生产管理方面的研究较早，随着 2002 年美国"生物反恐法案"诞生，美国逐步建立了农产品生产的强制性管理制度，此制度分三项，分别是农业生产环节可追溯制度、包装加工环节可追溯制度和运输销售过程可追溯制度。日本从 2001 年引入欧盟推动的"农产品可追溯制度"，以此为基础建立了日本农产品认证制度，对所有农产品进行认证，并完成记录档案可追溯系统。

我国农产品生产系统的发展稍晚于国际发达国家，从 20 世纪 80 年代开始，就有相关农业智能专家系统的研究报道。进入 21 世纪，随着三鹿奶粉、蒙牛毒奶、毒大米、注水猪肉等农产品安全事件的不断发生，使用信息技术对农产品生产过程的监测的呼声越来越高，大量的农产品质量追溯系统被研发及应用。这些应用中典型的应用包含北京市农业局食用农产品质量安全溯源系统，该系统主要针对进京蔬菜，主要功能是实现食品生产、包装、储运和销售全过程的信息跟踪；上海食用农副产品质量安全信息平台，采用条码技术和信息技术，实现农副产品生产过程监控、条码识别；2004 年，农垦系统通过开发无公害农产品质量追溯管理软件、开通"农垦农产品质量安全信息网"、建立从田间档案管理到追溯产品上市信息记录和发布体系，通过该系统，建立了生产者与消费者间的信息共享平台。

烟叶作为特殊的产品原料，也有众多的研究者对其进行了研究，如在生产过程的信息化系统，在烘烤过程的管理信息系统，以及众多的专家系统，烟用物资物流系统，烟叶收购信息系统等，涵盖烟草生产的各个重要流程。也有一些系统着重关注烟叶生产的产品质量。所有这些烟叶生产系统仅关注烟叶生产的一方面或几方面，作为一个有机烟叶生产信息系统，应该解决的问题有：生产过程的信息化管理，这包含合乎有机生产要求的信息记录；生产产品的管理，主要是烟叶产品质量信息的管理；生产物资的管理，所有物资信息还应有相应有机认证文件；生产者的管理，包含管理有机生产者的资质及相关满足有机生产要求的活动；有机生产产地的管理，包含产地基础信息、产地生态环境信息及产地社会资源信息。

5.2 总 体 设 计

5.2.1 系统目标与用户范围

正如 5.1 节所述，有机烟叶生产系统建设的目标是完成有机生产过程的信息化管理，同时对产地信息、产品质量信息及生产物资信息进行管理。它的最终目标是成为最终高端卷烟产品研发的原料质量数据辅助平台，生产过程管理的平台及有机认证的辅助工具。

有机烟叶生产系统的用户包含如下几类：有机生产者，即一线参与有机生产的工作人员，主要对生产过程的信息进行管理；有机生产管理者，其主要任务是对生产者的工作进行分配及考核，并对产地基础信息、环境信息进行管理；产品质量管理者，其主要任务是对有机生产系统中的产品质量信息进行管理；系统管理员，对用户、权限进行管理，并可设置系统参数，对系统数据进行备份与管理。

对于一个普通的管理系统来说，它的部署环境可以是一台单独的计算机、一个局域网络或者是 Internet 环境中。有机烟叶生产系统中的管理对象包含对多个生产点生产资源、生产过程及产品的管理，同时，它也被提供给产品的最终客户对产品信息进行查询，因此系统应被部署在 Internet 环境中，最好是基于 Web 的系统，这样方便用户的应用，也便于开发人员对系统进行安装维护。

5.2.2　系统设计原则

本系统的设计、开发，是为了满足烟草生产企业在进行有机烟叶生产管理过程中遇到的实际需求，提升有机烟叶生产过程管理效率、降低生产管理成本并提供最终用户烟叶原料基础数据，以便于最终用户对烟叶原料的使用。从上述设计原则来考虑，系统设计必须以烟草生产企业对有机烟叶生产管理的实际需求为基础，利用信息管理系统的方法和流程，实现有机生产过程管理的标准化、高效化。与此同时，系统的设计和开发也是为了积极利用信息技术提高农业生产管理的方法，系统要立足红塔集团，兼顾后续在其他单位使用，在可维护性、兼容性等方面需要进行重点考虑。基于以上因素，系统设计的整体原则如下。

（1）系统设计应考虑到易用性。因系统用户由多个不同层次的用户进行使用，各层次的用户应用及各层次的应用环境。

（2）系统应具有高可靠性。系统需要能够长时间无故障运行，对常见的恶意攻击、网络故障具有一定的防护能力，关键数据要进行备份，系统出现严重故障时能够确保数据不丢失、可以快速恢复。

（3）可扩展性较强。考虑到系统以后有可能应用于其他类型的有机生产，有机烟叶生产系统应具有较好的可扩展性，系统应采取扁平化、松耦合的架构设计，各功能模块间采取标准的接口，应预留新的功能模块拓展空间。

5.2.3　系统总体结构

有机烟叶生产系统从软件体系上可分为 4 层，即基础设施层、信息资源库、应用操作层及用户应用层。为确保系统安全、有效使用，系统还包含管理体系与安全体系以确保系统的正常运行。图 5.1 显示了整个系统的软件体系结构。

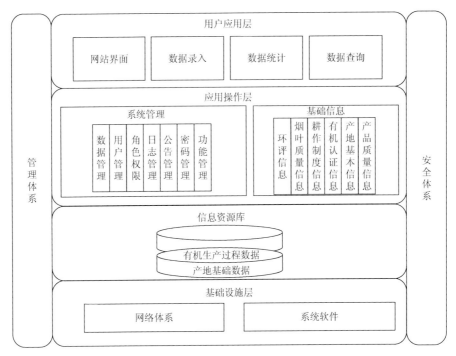

图 5.1　红塔有机生产管理系统软件体系

1. 基础设施层

为系统提供硬件基础、网络体系与系统软件。本系统的硬件基础为安装在互联网络上的数据库服务器及 Web 服务器，为确保系统有效运行，在各个生产点还需要有一定的电脑，为各级用户提供使用平台。

网络体系包含两部分的内容，系统软件包含服务器操作系统及数据库服务器。本书所涉及的有机生产管理系统采用 Windows 服务器，可运行在 Windows Several 2008 以上版本的服务器上，数据库采用 SQL Server 2008 版本的数据库系统。

2. 信息资源库

信息资源库为系统的运行提供数据支撑。本系统中，信息资源库包含两方面的基本数据：一是有机生产过程数据，主要保存有机烟叶生产过程中的生产数据，如生产计划、轮作规划、育苗移栽、大田管理、水肥管理及产品质量数据；二是产地基础数据，主要保存产地环境数据，如土壤重金属、灌溉水、空气质量、耕地基本情况、主栽品种、产地地图、生产管理人员等数据。

两类数据可安装到一个数据库上，在数据记录过多时，可采用数据库集群方式保存数据。

3. 应用操作层

应用操作层包含两方面的应用：一方面为系统管理；另一方面为基础信息管理。

系统管理操作层主要负责对数据管理与维护、用户信息、用户权限信息、角色信息、用户使用日志信息、公告信息及密码信息等方面的内容进行管理。

基础信息管理主要用于用户对环评信息、烟叶质量信息、耕作制度信息、有机认证信息、产地基础信息及产品质量信息进行管理。

系统管理层通过管理员进行管理设置，基础信息管理通过各生产点管理用户进行使用。

4. 用户应用层

用户应用层主要提供用户应用界面，提供数据录入、查询、统计及相关公告信息的录入。由于其中数据有不同产地的工作人员共同进行维护，整个系统采用 B/S 架构，所有界面均通过 Web 客户端实现，其中数据统计支持在线数据统计及分析。

5. 系统管理体系

系统整个管理体系采用基于 Web 安全性的结构，终端用户不能直接访问系统数据，通过 Web 服务器的授权才能访问。

6. 系统安全体系

系统安全性包含两方面的安全性。首先，系统网络安全由相关的网络服务提供商提供，系统数据库服务器安装在系统内部网络上，而 Web 应用服务器则安装在最终用户可以访问的网络上，以确保用户只能通过应用层访问数据。其次，在系统的管理体系上，采用基于角色的安全体系，以保证系统应用的安全，并使整个系统具有良好的可管理特性。

7. 系统设计模式

由于系统的用户分布较为分散，例如，生产数据一般由各生产点的生产管理人员进行录入，而生产组织信息由中烟公司有机生产部门完成，且系统需满足用户不受地点限制的要求，因此整个系统采用 B/S 的架构设计。B/S 架构设计主要是通过浏览器向服务器发送 request 请求，当服务器接收到请求后通过 response 返回用户请求的，且将返回的数据通过浏览器呈现出来。系统开发模式采用目前应用较为广泛的 MVC 设计模式进行，即 Model View Controller（模型+视图+控制）。MVC 模式中控制器对数据不做任何处理，只是进行简单的分发，让相应的模型处理数据、视图呈现数据。采用 MVC 模式的优势在于其控制的灵活性以及按照层次划分的特点，通过模型驱动的思想使得界面的展现，工作流的管理，业务逻辑以及数据持久化的分离成为现实，提高了系统的健壮性。通过 MVC 的设计也在一定程度上利于系统的开发与维护。

5.2.4 系统模块功能

在进行软件系统设计时，首先应注重的是降低模块之间的耦合度，加强各模块的内聚。根据系统设计的需求，本书所涉及的有机烟叶生产管理系统分为生产基础信息、生产物资信息、综合信息库、烟叶质量信息、生产过程与追溯、有机生产信息、新闻管理与系统后台管理三部分。在系统的实际开发设计过程中，系统的各模块存在着一定的联系，如系统管理模块中的代码管理，与生产基础信息模块及生产物资模块均有一定的联系。模块结构图如图 5.2 所示。具体模块如下。

1. 生产基础信息模块

生产基础信息模块主要用于管理产地信息、环评信息、地块信息、农户土地信息与地图管理等产地基础信息。其中产地信息管理产地经纬度、产地介绍等信息；环评信息管理产地土壤重金属、空气质量、灌溉水、土壤养分等环评检测数据与检测报告；地块信息用于管理各产地的地块位置、海拔、面积等基础信息；农户土地信息用于管理各产地进入有机生产的农户土地基本情况；地块图信息，用于管理各产地地块分布图数据。

2. 生产物资信息模块

生产物资信息模块主要用于管理有机生产过程中所使用的生产物资基本信息，包含农机具管理、仓库管理、供应商管理与物资出入库管理等几方面的管理内容。农机具管理包含各有机产地的物资基本信息管理，同时管理农机具清洁与审核；仓库管理包含各有机产地的仓库基本信息管理，同时管理仓库的清洁记录、仓库清洁审核记录、仓库库存信息与物资出库记录记录；供应商管理主要管理有机生产过程中所使用到的物资供应商与相关资质信息。

3. 生产过程与追溯模块

生产过程与追溯模块主要用于管理整个有机生产的过程信息，并对最终产品自动生成追溯数据。本模块包含农事操作管理、采收烘烤记录、初烤烟入库记录、工业分级记录、模块配方记录、成品烟生产记录及库存烟叶记录。农事操作管理用于管理每一个地块的每次农事操作内容及相关操作时间；采收烘烤记录用于管理每一个产地的采收烘烤数据；初烤烟入库记录各产地初烤烟叶的品种、等级与数量信息；工业分级模块用于管理初烤烟叶的工业分级信息；模块配方信息用于记录每年经过工业分级后的烟叶进入各工业模块的比例；成品烟生产记录每一批次成品烟所用工业模块的比例与相关生产信息；库存烟叶信息用于管理有机生产的库存烟叶情况，并可自动显示各批次烟叶生产过程。

4. 有机生产信息模块

有机生产信息库模块主要用于管理有机产地的育苗信息、堆肥信息、物资发放信息、农户名册信息、农户培训信息、产地轮作计划、地块种植历史、产品申投诉记录、产品召回记录及产地内部检查记录。此模块所记录的信息最终用于有机认证。其中基地育苗信息用于管理各产地育苗过程及育苗时所使用的投入品用量信息；堆肥信息管理各有机产地的堆肥记录、堆肥方式、堆肥温度及翻堆次数等信息；物资发放信息管理各产地发放物资的

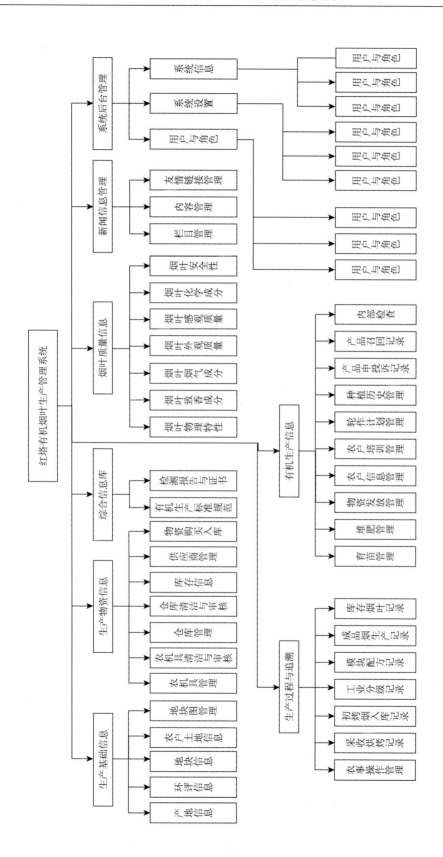

图 5.2　红塔有机生产管理系统模块结构

数量与发放的物资种类信息；农户名册记录各有机产地农户土地及相应种植作物与种植时间信息；农户培训信息管理农户培训内容、培训时间及相应的农户签到表；轮作计划管理各地块有机轮作时间与轮作内容；种植历史管理各地块各年度种植的作物品种与种植面积；产品申投诉信息记录有机产地所生产的有机产品在用户使用过程中产生的投诉内容及最终的受理情况；产品召回记录管理产品召回的批次与数量及召回原因等信息；内部检查信息记录产地进行有机生产内部检查的内容。

5. 烟叶质量信息模块

烟叶质量信息模块主要用于有机产地所生产烟叶的质量数据，以此为产品生产及研发提供数据支持，其所管理的数据包含烟叶物理特性、烟叶致香成分、烟叶烟气成分、烟叶外观质量、烟叶感观质量、烟叶化学成分与烟叶安全性数据。

6. 综合信息库模块

综合信息库模块主要提供有机生产中的信息资源库，包含有机生产过程中所应用到的生产标准规范以及所使用到投入品的检测报告与证书信息。

7. 新闻信息管理模块

新闻信息管理模块主要为整个有机生产管理提供一个对外宣传的接口，可将向社会公众发布的新闻信息通过此模块进行管理。此模块包含新闻栏目管理、内容管理与友情链接管理等三个子模块。

8. 系统后台管理模块

系统后台管理模块主要为系统的安全运行及配置提供一个有效的管理接口。它包含三个子模块：用户与角色、系统设置及系统信息。其中用户与角色管理用户基本信息及所具有的角色，并对系统角色所拥有的权限进行管理，同时用户也可通过此模块修改自己的登录密码；系统设置子模块主要提供系统运行参数设置、系统代码库设置及系统功能设置等三个方面的管理接口；系统信息模块提供系统运行错误管理与系统用户日志管理，通过此模块可对系统运行过程中所产生的错误进行跟踪。同时，当系统出现安全问题后，可通过用户日志模块对所出现的安全问题进行检查。

5.3　数据库设计

5.3.1　数据逻辑设计

系统所涉及的数据根据性质分为产地基础数据、产地环境数据、产品质量数据、生产过程数据、生产物资数据、有机产品数据及系统辅助数据。

（1）产地基础数据由一组数据表格组成，用于存储产地基本信息，如产地海拔、经纬度、所在县、乡等信息。产地基础信息还保存了产地社会经济信息，如产地人口、耕地面积、种烟面积等。有机烟叶生产管理系统中最小的产地管理单位是地块，地块信息也是产地基础数据的一部分，主要保存进行有机烟生产的各地块面积、海拔、经纬度、地块图等基础信息。产地基础数据是一切环境数据、产品质量数据的基础。

（2）产地环境数据，由一组数据表格实现，主要用于存储产地环境信息。有机烟叶生产系统所管理的产地环境信息包含产地灌溉水信息、空气质量信息、土壤重金属信息、土壤养分信息。产地环境数据与产地数据通过产地编号进行关联。图 5.3 显示了产地环境数据与产地基础信息间的数据关系模型，其中产地（place）与地块（fields）数据为 1 对多的关系，一个产地有多个生产地块，每个生产地块根据生产年份的不同，可以有多组不同的环境数据。

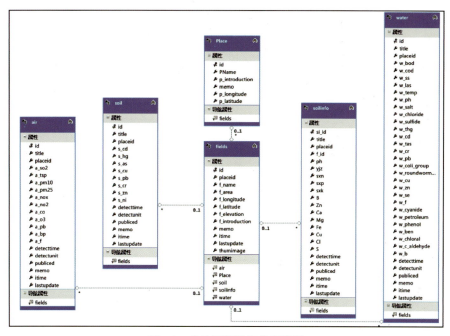

图 5.3　产地环境数据关系模型

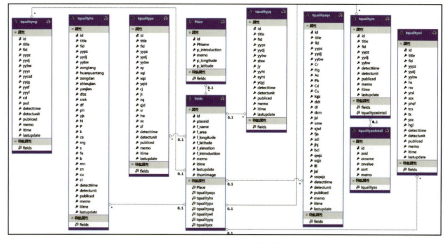

图 5.4　烟叶质量数据关系模型

（3）产品质量数据。有机烟叶生产系统中的产品质量数据主要指烟叶原料质量。有机烟叶生产管理系统中的烟叶原料质量数据可以保存烟叶化学成分数据、物理质量数据、评吸质量数据、烟气分析数据、致香成分数据等。烟叶质量数据同样与烟叶产地信息进行关联。图 5.4 显示了产地烟叶质量数据与产地基础信息间的数据关系模型。

（4）生产物资信息用于管理有机生产过程中所用到的生产物资、生产设备及存放物资的仓库、农户土地信息。生产物资按产地进行管理。图 5.5 显示了生产物资数据与产地基础信息间的数据关系模型。

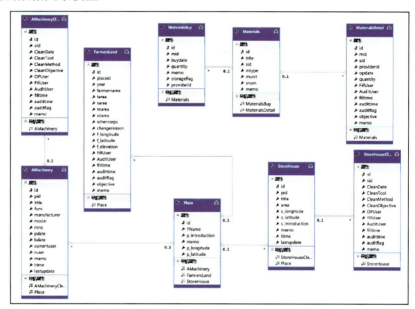

图 5.5　生产物资数据关系模型

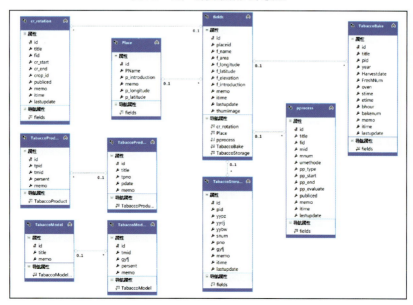

图 5.6　生产过程数据关系模型

（5）生产过程数据用于管理有机生产过程轮作、田间农事操作、采收烘烤、初烤烟叶入库、烟叶工业分级、模块配方与成品烟生产记录数据。烟叶生产过程溯源数据主要来自于这一部分的数据。图 5.6 为生产过程数据关系模型。

（6）有机生产数据，主要存储用于有机生产认证所需要的提供的数据，如育苗管理数据、堆肥数据、物资发放数据、农户名册数据、农户培训计划数据、轮作计划数据、种植历史数据、产品申投诉数据、产品召回数据以及内部检查数据。

（7）用户角色与权限数据，主要用于存放用户基本信息、用户角色信息、用户权限信息及用户密码信息等。用户角色与权限数据是基于用户角色认证的基础。图 5.7 为用户数据关系模型。

（8）系统辅助数据，主要用于存放系统运行所需要的一些辅助数据信息，如用户使用日志数据、系统配置数据、系统出错记录数据、系统代码表、系统功能定义表等。这些数据不对普通用户开放，仅当系统管理员对系统设置时可见。

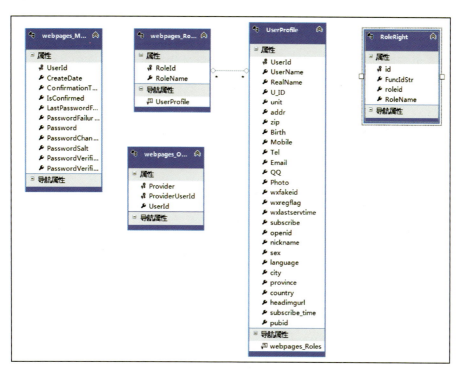

图 5.7　生产过程数据关系模型

5.3.2　数据编码

有机烟叶生产系统数据包含数十个表，每一个表中都具有一个唯一标识记录的主键，一般来说，对这个主键有多种编码方法，最简单的方法是使用一个整数作为记录的主键标识，这样的做法的优点是在程序中的操作比较简单，且所需要的存储空间也较小，在运行中生成新记录的主键值所需要的程序开销也较小。采用整型数作为主键标识缺点是数据范围小，对一些表，如用户日志表，每日产生记录过多时，整型数据的长度无法满足系统的需求。此外，因为整型主键值采用顺序递增的方式生成，在某些场合，可能会给系统带来一定的安全风险。另一种办法是采用更长的数据类型，如 SQL Server 中的 uniqueidentifier 类型，其可生成唯一的二进制数，生成 uniqueidentifier 类型的算法可以确保世界上的任何两台计算机都不会生成重复的主键值，这样可以让系统的主键值永远不会重复，且在使用时，用户无法猜测到 uniqueidentifier 类型的数据值，这为系统带来更好的安全性。但是 uniqueidentifier 类型的缺点是数据所需要的存储空间较大，每一个 uniqueidentifier 类型的数据需要 8 个字节保存，且生成 uniqueidentifier 类型数据的系统开销更大。第三种方式采用自定义编码的方式对主键进行编码，这种方式一般使用字符串作为记录的主键，字符串的每一个字节均给其特殊的含义，这样的编码方式的优点是主键包含了更多的信息，在应用中可有更多的使用功能。使用自定义方式编码，缺点是系统的开销更大，且程序复杂度更高。

5.4　系　统　实　现

5.4.1　用户角色管理

　　用户角色管理及相应角色权限的管理是有机烟叶生产系统安全性的基础，在有机烟叶生产管理系统中，可以对用户的角色及权限进行定制。单击系统主选菜单，选择用户管理，可对用户的基本信息及角色权限信息进行设置。

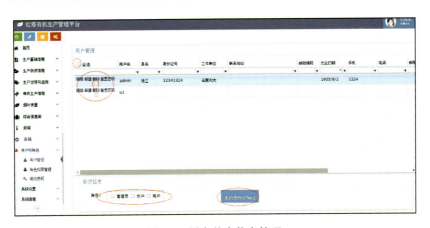

图 5.8　用户基本信息管理

　　有机烟叶生产系统采用基于角色的安全性设置，用户可具有一个或多个角色，当赋予用户某一角色后，该用户就具有此角色的所有权限，图 5.9 是用户角色权限的设置过程图。在选择好角色后，即可修改该角色所具有的权限，单击确定后，即可保存该角色的权限。

5.4.2　生产基础数据管理

　　生产基础数据管理包含对产地基础信息、环评信息、地块信息、农户土地信息等的管理。图 5.10 用于管理产地基础信息，用户可对产地名、产地位置及产地的介绍进行编辑，同时，用户也可很容易创建新的产地。

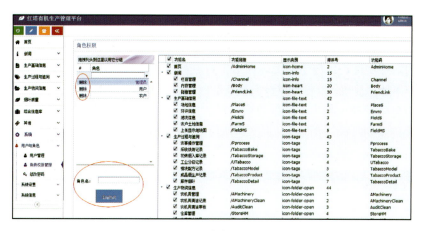

图 5.9　角色权限管理

图 5.10　编辑产地信息

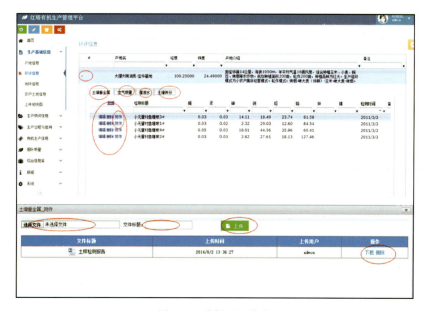

图 5.11　编辑环评信息

　　产地环评信息用于对有机烟叶产地环境信息进行管理,有机烟叶生产系统可管理产地土壤重金属、空气质量、灌溉水质量及土壤养分数据。所管理的每一个环评信息指标均可上传相关的附件文件,以便于相关环评报告的保存。用户上传的环评报告也可以很容易地下载到用户本地计算机,以便于进行有机认证时的资料整理。图 5.11 为环评信息的编辑图。

　　地块信息的管理也是生产基础数据管理的重要内容,地块信息也是其他有机生产信息及产品质量信息的基础。图 5.12 为产地地块信息的管理图。地块信息包含地块面积、地块位置、海拔及地块的基本介绍信息。

图 5.12　编辑地块信息

5.4.3　生产物资信息管理

　　有机烟叶生产系统中的生产物资信息是指用于有机生产的资源数据的管理,包含对物资信息、农机具信息、仓库信息及库存信息和供应商信息的管理。图 5.13 为库存信息管理图,管理员可对指定的物资进行入库操作,系统记录入库信息,并自动对入库的物资进行汇总。

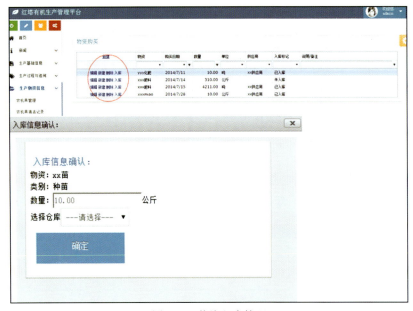

图 5.13　物资入库管理

　　系统入库的物资数据，也可以通过出库操作发放给相关人员使用，图 5.14 是有机烟叶生产系统中的出库操作。通过出库操作，系统记录出库信息，并自动对该项物资的库存量进行计算。

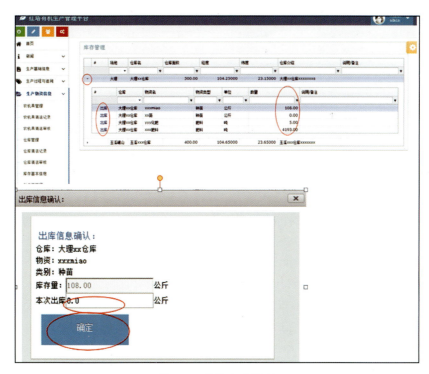

图 5.14　物资入库管理

　　生产物资的管理中还包含了存放物资的仓库管理及供应商的管理两个基本信息库的管理。仓库管理用于管理仓库的基本信息及清洁信息。图 5.15 为仓库基本信息管理图，用户可对仓库基本信息进行添加、删除、查询及修改等操作。

图 5.15　仓库基本信息管理

供应商管理是对物资的供应商基本信息进行管理，图 5.16 为供应商基本信息管理图。

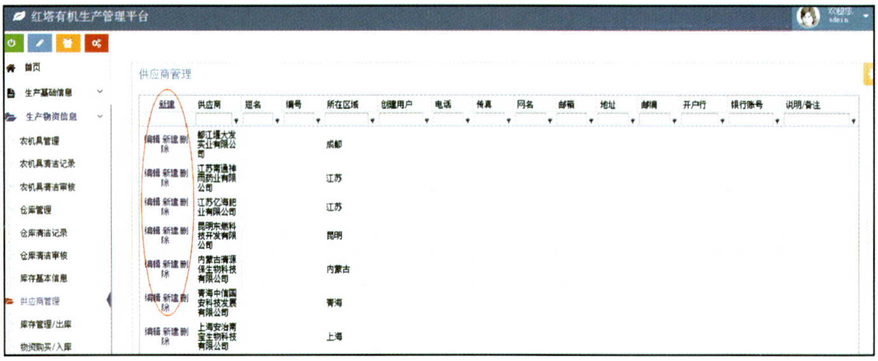

图 5.16　供应商信息管理

5.4.4　有机烟叶产品溯源实现

有机烟叶产品溯源是将最终的有机烟叶产品与其生产过程进行连接的过程,对系统中的最终有机产品烟叶进入管理系统后,相关的工作人员可对有机产品的生产过程信息进行追溯查看。每一个批次的成品烟叶,均是由不同的配方模块组合而成的,而不同的配方模块又由不同的工业分级烟叶构成。工业分级的烟叶原料是对收购烟叶中按国标进行分级原料,以工业使用的观点进行更细致分级的原料,各工业分级的烟叶原料分别来自不同的烟叶产地,每一个烟叶产地在每个生产季均有较多的农事操作及烟叶初烤过程。这样,最终的有机烟叶产品的溯源信息关联即需要如下的过程:

有机成品卷烟←多配方模块←多工业分级←不同产地←田间农事操作及烟叶初烤

为进行最终的成品卷烟田间生产过程溯源,系统必须对有机烟叶原料的田间农事操作及初烤过程进行管理,初烤烟叶被调拨至烟草工业后,经过工业分级及配方打叶进入有机烟叶的专用库存的仓库,在最终使用经过工业分级的有机烟叶原料前,还应将有机烟叶原料进行模块配方,并最终生产出符合有机烟标准的卷烟产品。

图 5.17 用于管理各地块的田间农事操作,农事操作的类型包含施肥、移栽、灌溉等,

图 5.17　农事操作管理

对每一项农事操作，也需要管理所用的投入品及用法和用量。

　　有机烟叶产品和普通的有机农产品不同，有机烟叶产品有一个初烤过程，只有经过初烤的烟叶产品才能进入烟草工业使用。图 5.18 为有机烟叶初烤信息管理图，用于对有机烟叶生产的每一批次烘烤的过程进行记录。

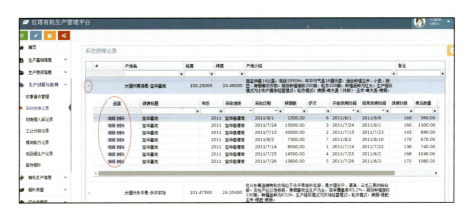

图 5.18　采收烘烤记录

　　经过初烤的烟叶可以进入有机产地的库存，等待卷烟工业企业的调拨使用，图 5.19 显示了初烤烟入库的信息管理，用户可对每一批烟叶进行入库管理，主要管理其等级、数量。

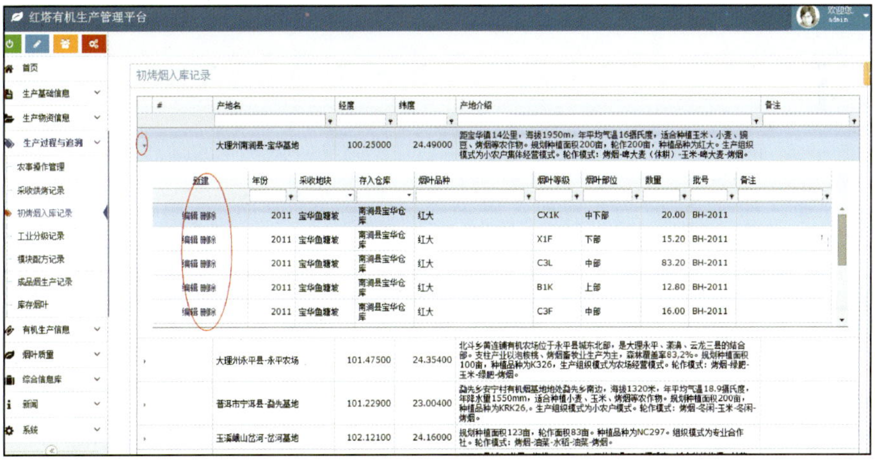

图 5.19　初烤烟入库记录

　　对每一批初烤烟叶，在进入初烤烟库存后均需要按国标进行分级，但卷烟工业最终使用的有机烟叶原料还需要进行工业分级和模块配方，不同产地与年份的烟叶可由卷烟工业对其进行工业分级，并将不同工业分级的原料组成最终卷烟生产的配方模块，最终生产出卷烟产品。图 5.20 及图 5.21 分别对初烤烟叶进行工业分级及对模块配方进行管理。

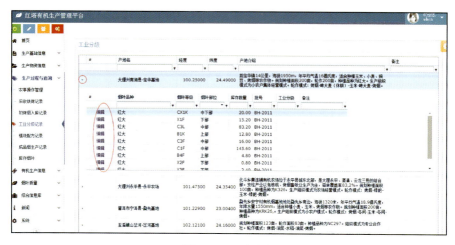

图 5.20　工业分级

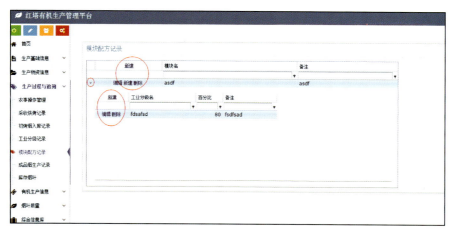

图 5.21　模块配方记录

　　经过上述管理，对库存有机烟叶产品即可自动生成溯源记录，用户可非常容易地根据有机库存烟叶产品读取到生产过程信息。图 5.22 为自动生成的库存烟叶溯源信息。

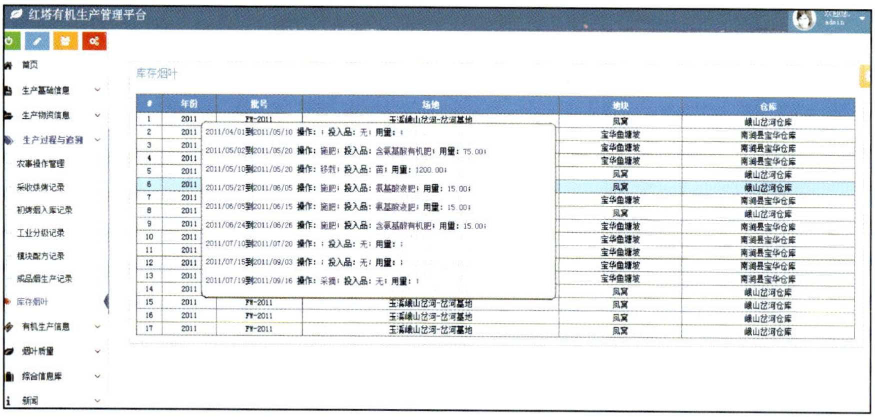

图 5.22　库存烟叶溯源信息

5.4.5　有机烟叶产品二维码应用

　　二维码是将可对产品进行标识的信息进行编码，并将编码后的信息用特定的几何图形按一定规律在平面（二维方向）上分布的黑白相间的图形，可通过该几何图形直接查询产品的基本信息。在有机生产领域，可以将二维码当作所有有机产品信息数据的钥匙。随着智能手机的普及，使用二维码应用的领域也不断扩大，在有机烟叶生产系统中，可将产品内部编码作为二维码编制的标准，系统自动对其编码，并生成二维码，用户可通过扫描的二维码查询到产品编码信息，并通过手机软件查询到相关批次产品的质量信息及生产过程信息。图 5.23 是某批次有机烟叶产品编码所产生的二维码信息，用户可使用智能手机对其编码进行扫描及读取。

图 5.23　有机烟叶产品二维码

下　篇
实　践　篇

第6章 烟叶有机生产基地选址与规划

6.1 基地选择

玉溪庄园凤窝有机生产基地选址在位于云南省岔河乡河外村的凤窝。该基地位于峨山县西北部，东经 102°9′～102°19′，北纬 24°14′～24°22′，平均海拔 1313m。基地年均气温 17℃，年均日照时数 2286h，无霜期 268 天，年均降雨 980mm，河流水体富含大量氧气、矿物离子和微量元素，森林覆盖率高达 86%，空气含氧量较高，是不可复制的高原山涧小盆地。该区域年积温较高，光热条件较好。

凤窝位于低热河谷，四面环山，形成了独立完整的生态循环系统。基地沿文山河与河外河两岸连片种植，土地平整，灌溉、排涝非常方便，且便于集中规划，建立有机生产基地所需要的缓冲带。两河上游沿途无垃圾填埋场，无大型厂矿企业，避开了公路铁路干线，生态良好，空气清新，河水清澈无污染。

红塔集团在选址之初即委托农业部农业环境质量监督检验测试中心（昆明）对包括河外村凤窝在内的所有候选试验点的土壤及灌溉水样进行了检测，检测结果见表 6.1 和表 6.2，所有检测指标均符合有机生产所要求的《土壤环境质量标准》（GB 15618—1995）中的二级标准和《农田灌溉水质标准》（GB 5084—2005）。

表 6.1 峨山岔河乡示范点土壤样品监测结果

土壤采样地点	检测项目	计量单位	标准要求	检测结果	单项判定
河外村委会鹏展基地	总镉	mg/L	0.30	0.18	合格
	总汞	mg/L	0.50	0.02	合格
	总砷	mg/L	30	2.39	合格
	总铅	mg/L	300	28.8	合格
	总铬	mg/L	200	95.3	合格
	总铜	mg/L	100	28.1	合格
	pH	—	—	7.35	—
河外村委会凤窝基地南	总镉	mg/L	0.30	0.18	合格
	总汞	mg/L	0.50	0.03	合格
	总砷	mg/L	30	2.40	合格
	总铅	mg/L	300	25.5	合格
	总铬	mg/L	200	84.4	合格
	总铜	mg/L	100	17.9	合格
	pH	—	—	7.35	—
河外村委会凤窝基地北	总镉	mg/L	0.30	0.12	合格
	总汞	mg/L	0.50	0.03	合格

续表

土壤采样地点	检测项目	计量单位	标准要求	检测结果	单项判定
河外村委会凤窝基地北	总砷	mg/L	30	2.08	合格
	总铅	mg/L	300	28.4	合格
	总铬	mg/L	200	74.3	合格
	总铜	mg/L	100	20.2	合格
	pH	—	—	7.24	—
青河村委会哈龙基地东	总镉	mg/L	0.30	0.17	合格
	总汞	mg/L	0.50	0.02	合格
	总砷	mg/L	30	6.4	合格
	总铅	mg/L	300	29.5	合格
	总铬	mg/L	200	55.9	合格
	总铜	mg/L	100	23.2	合格
	pH	—	—	7.27	—
青河村委会哈龙基地西	总镉	mg/L	0.30	0.16	合格
	总汞	mg/L	0.50	0.03	合格
	总砷	mg/L	30	2.76	合格
	总铅	mg/L	300	27.1	合格
	总铬	mg/L	200	82.0	合格
	总铜	mg/L	100	22.1	合格
	pH	—	—	7.40	—
河外村委会阿佐拉木基地东	总镉	mg/L	0.30	0.17	合格
	总汞	mg/L	0.50	0.03	合格
	总砷	mg/L	30	2.5	合格
	总铅	mg/L	300	27.3	合格
	总铬	mg/L	200	76.7	合格
	总铜	mg/L	100	22.7	合格
	pH	—	—	7.35	—
河外村委会阿佐拉木基地西	总镉	mg/L	0.30	0.17	合格
	总汞	mg/L	0.50	0.02	合格
	总砷	mg/L	30	2.26	合格
	总铅	mg/L	300	27.3	合格
	总铬	mg/L	200	54.2	合格
	总铜	mg/L	100	21.3	合格
	pH	—	—	7.36	—

注：表中项目检测由"农业部农业环境质量监督检验测试中心（昆明）"进行

表 6.2 峨山岔河乡示范点灌溉水样品监测结果

灌溉水采样地点	检测项目	计量单位	标准要求	检测结果	单项判定
青河村委会哈龙灌溉沟（棚租坝水库和旧寨水库水质）	pH	—	5.5～8.5	8.18	合格
	化学需氧量	mg/L	200	18.0	合格
	总汞	mg/L	0.001	0.00005	合格
	总镉	mg/L	0.01	0.00001	合格
	总砷	mg/L	0.1	0.0005	合格
	总铅	mg/L	0.2	0.0001	合格
	六价铬	mg/L	0.1	0.035	合格
	氰化物	mg/L	0.5	0.002	合格
	石油类	mg/L	10	0.002	合格
河外村委会凤窝灌溉沟（白云水库和自然坝水库水质）	pH	—	5.5～8.5	7.93	合格
	化学需氧量	mg/L	200	14.6	合格
	总汞	mg/L	0.001	0.00005	合格
	总镉	mg/L	0.01	0.00001	合格
	总砷	mg/L	0.1	0.0005	合格
	总铅	mg/L	0.2	0.0001	合格
	六价铬	mg/L	0.1	0.033	合格
	氰化物	mg/L	0.5	0.002	合格
	石油类	mg/L	10	0.002	合格

注：表中项目检测由"农业部农业环境质量监督检验测试中心（昆明）"进行

玉溪庄园凤窝有机生产基地土壤属棕紫泥紫色土和水稻土，对土壤养分的检测结果见表 6.3。由表 6.3 可见，基地土壤磷、钾含量比较丰富，酸碱适中，氯含量低于 30mg/kg，适宜生产优质烤烟。

表 6.3 峨山岔河乡示范点土壤化学性状

村委会	pH	有机质/%	交换钙/(mg/kg)	交换镁/(mg/kg)	有效氮/(mg/kg)	有效磷/(mg/kg)	有效钾/(mg/kg)	有效硼/(mg/kg)	有效氯/(mg/kg)	有效锌/(mg/kg)	有效锰/(mg/kg)
河外	7.30	1.9	7212.5	442.5	75.7	24.8	53.9	0.5	12.6	0.8	7.0
哈龙	7.34	2.3	6410.0	600.0	88.4	25.6	146.4	0.6	24.4	1.0	10.7

注：表中项目检测由"农业部农业环境质量监督检验测试中心（昆明）"进行

从基地所处的生态类型、气候条件、地形地貌和海拔、环境质量和土壤条件综合评价，玉溪庄园凤窝有机生产基地是较为适宜的烟叶有机生产基地。

6.2　基地建设规划

6.2.1　概述

　　庄园是中世纪欧洲的基本经济单位，欧洲的庄园农业模式起源于 15 世纪的英国，当时因城市毁坏、商业衰退，欧洲经济沦为自给自足的农业经济，随后的"羊吃人运动"使大量土地集中在少数人手中，从而使西方农业走向集约化经营，并实现了农业现代化。欧洲最早产生及最著名的有机庄园当属有机葡萄酒庄，如法国朗格多克法定产区的骑士庄园、波尔多的拉菲酒庄、柏翠酒庄、拉图酒庄等均为世界顶级的有机葡萄酒庄园，这些庄园在进行严格的葡萄园管理和采用长期实践而得的独特酿酒工艺、限制葡萄的单位产量和成品酒的产量以打造顶级葡萄酒的同时，酒庄背后还拥有着浓厚的家族史和传奇动人的故事，本身就是极富文化内涵的博物馆。部分有机庄园在吸取传统酒庄的精髓外，更赋予酒庄有机美食、休闲度假、娱乐、旅游等功能，使有机葡萄酒及其文化进一步推向大众。

　　进入 21 世纪以来，生态农业在中国蓬勃发展，一种新的农业开发模式——生态庄园农业首先在沿海省份兴起，如广东化州市的"龙汇庄园"、番禺市的"天湖庄园"、深圳的"光明华侨农庄"等相继建成，随后在全国迅速蔓延开来，掀起了一股生态庄园的建设热潮。有机农业于 20 世纪 90 年代引入中国以后，经过 20 余年的长足发展，有机农业认证面积突破 200 万公顷，并且在提高农产品品质、增加农民收入、解决农民就业、增强农村和农业可持续发展能力、引导食品安全提升等方面，日益显现出强大的生机和活力。将有机理念与生态农庄相结合的有机庄园也随之在国内兴起，如长白山和韵有机田园、北京天福园有机农庄等，在业内得到了广泛关注和充分肯定，取得了较好的社会、生态和经济效益。

　　红塔集团紧紧围绕行业"卷烟上水平"的基本方针和战略任务，以生产高品质烟叶为抓手，利用当地优越的生态环境优势投资建立有机庄园循环经济生产基地，将有机烟叶生产与农业循环经济建设紧密结合起来，不仅为红塔集团提供高品质、无污染的有机烟叶原料，更是通过有机庄园的打造带动凤窝村整个有机农业产业的发展，最终辐射到岔河乡、玉溪市乃至云南省，不仅体现红塔集团关注环保、回报社会的高度社会责任感，更是将其作为新农村建设中调整农业生产结构、转变农业增长方式和发展有机农业的示范典型。

6.2.2　有机庄园的定义及特点

　　有机庄园模式的实践源于生态学理论和循环经济理论，它是以培育健康的土壤为起点，以生态链和物质循环、能量转化理论来设计的，建立土壤—植物—动物—人类健康生产体系，最终实现整个生态系统的健康，促进自然界万物间的公平关系和良好的生命质量。主要通过农业生态系统内部以及与农业相关产业之间的物质循环和能量转化来建立的一种集景观、产业、生态于一体的复合型有机体，是一个自然—经济—社会复合系统。

　　有机庄园是根据生态学、生态经济学和系统科学等原理，在不同组成要素之间建立起来的以有机生产为主，兼具有机消费、休闲旅游、示范功能，具有完善的物质循环体系和相对封闭的营养循环体系，充分实现能量的梯级利用，体现生态文明和环境伦理，能与外界进行流畅的信息流交换，具有一定规模的可持续发展区域统一体。

有机庄园作为有机农业高端品牌的重要表现形式，无论是红酒园，还是茶庄园，或者蔬菜园、水果园等，都是以庄园为载体，以厚重的文化为依托，以先进的生产技术为支撑，以超前的理念为引领，通过协调经济发展与环境之间、资源利用与保护之间的关系，形成生态和经济上的良性循环，在结构上能够实现多层次、多产业复合，在效益上能够体现生态、经济和社会效益的并重，最终实现可持续发展。

6.2.3　有机庄园设计原则

1. 设计建立相对封闭的营养循环体系

庄园内所有生产、活动均要按照有机农业要求进行，所有投入物质均要符合国家有机产品标准要求。因此，通过营养物质内部循环体系的科学设计，把各种有机废弃物如牲畜粪便、作物秸秆和残茬等，重新投入生产系统中，把人、土地、动植物和农场联结为一个相互关联的整体，从而大大减少外部物质的投入，降低外来物质污染风险，将庄园建成一个相对独立、功能完备、健康稳定的个体。

2. 设计成熟配套的有机生产技术体系

培育充满生命活力的土壤是有机农业的首要任务，各种生产方法都立足于土壤健康和肥力的保持与提高。这就要求施用有机肥、种植绿肥为土壤生物提供养分。通过科学的设计保持土壤的可扎根性、通透性、土壤的有机质含量及土壤生命活力，这是作物吸收所需养分、增强对病虫抗性的关键。其次，要设计建立作物病虫害的生态防治和健康栽培体系。通过采用适当的农艺措施，建立合理的作物生长体系和平衡的生态环境，从而抑制害虫的爆发。

3. 设计有效运行的有机生产质量体系和组织管理模式

建立有效运行的质量体系是开展有机农业生产的重要组成部分。通过设计合适的质量管理体系和追踪体系，建立完备的质量管理手册和生产操作规程，落实全面质量管理；通过建立详实的记录体系和跟踪审查体系，实现庄园内所有生产、活动、产品的可追溯。通过设计科学的组织管理模式，引领庄园内所有人员（管理者、内检员、技术员、生产者、农户等）严格按照有机生产标准和质量体系要求，组织开展有机农业生产。

4. 设计功能和元素多重耦合的系统

首先，设计要让系统中的每个要素发挥多重功能。比如，在一个有机苹果园里种植一些刺槐，它们可以很快地长成防风林和防护林，作为缓冲带用；并且能帮助减少地表水的咸度，从而使果园内的其他植被不用吸收过咸的水；刺槐还能固定空气中的氮，从而给相邻的植物提供了一些营养；刺槐还能为鸟、蜜蜂提供栖息之地。另外，一个设计的重要功能应该由许多元素来完成。例如，庄园内的灌溉用水在因地制宜的原则下，可以综合运用污水处理循环利用、挖沟引流建支渠、建蓄水池收集雨水、栽种植被保水保肥等措施共同完成；虫害的防治可以通过安置太阳能杀虫灯、利用性诱剂扰乱昆虫的嗅觉和触觉、套种趋避植物或杀虫植物、引进生物天敌等综合手段来防御。

5. 景观美学与生态功能相协调

一个成熟的有机庄园应是一个具有完善生态功能和自然景观美学的生态系统。在设计时应遵循因地制宜、随地成形的原则，在保护生物多样性、发挥生产和生态功能的同时，注重增加景观异质性、挖掘景观个性和美学元素，体现景观之美与自然和谐之美。

6. 注重当地农业传统文化保护与传承

有机农业强调保持地方农业传统、技术、乡村文化和恒久的地区性结构安全。在设计时应维护农村历史文脉的延续性，传承与创新当地生态农业技术，挖掘与利用人文景观资源，实现庄园文化与当地文化的完美融合。

6.2.4　规划主体内容

1. 规划目标

按照"依托天然优势，创造独特庄园"的理念，以有机农业和循环经济基本理论为指导，从定位、定性、定量的角度打造庄园农业循环经济体系和高效运行的有机生产质量体系，注重突出生态特色、体现文化内涵和高端引领，研究探索庄园发展模式，融传统与现代、自然与科技、生态与文化为一体，打造独特的"有机庄园、科技庄园、人文庄园"。

2. 循环经济模式设计

有机庄园设计首先考虑建立相对封闭的营养循环体系，因此本规划以庄园内现有的农业资源为基础，利用循环经济原理和有机农业技术优化庄园内农业系统结构，通过引进有机养殖环节，结合废弃物利用、要素耦合等方式实现物质、营养、能量系统内循环。果园养鸡，鸡的粪便可以培肥土壤；果园间作饲料作物，以及有机大田轮作玉米，均是猪饲料的重要来源；猪的粪尿及时作为沼气池填料，沼气池随时提供沼气、沼渣和沼液；沼气用于生活能源，沼渣和沼液为蔬菜作物提供优质肥料。生产中产出的所有有机农产品均供应给庄园内的有机餐厅。该模式将太阳能、生物能综合利用，实现了养殖、种植和沼气利用等方面的良性循环和增生利用。如图 6.1 所示。

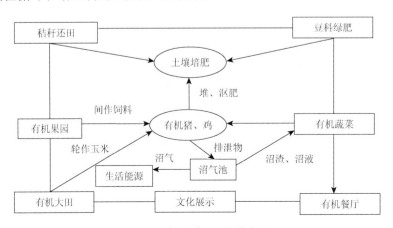

图 6.1　庄园循环经济模式图

3. 规划布局

以庄园内现有的农业种植格局为基础，通过缓冲带、隔离带设计分区，选址建立有机养殖区和文化展示区。各分区通过道路、水系、缓冲带等联系成为整体，分区内各要素也要合理配置，以形成物质、能量流畅的子整体。

（1）有机大田种植区。此区为有机种植核心示范区和有机生产技术创新区，包括有机育苗区、栽培技术示范区、病虫害综合防治技术集成区，分区之间以芦竹等植物带隔离，设计"烟叶—除虫菊（油菜）—水稻—油菜—（除虫菊）烟叶"水旱轮作与"烟叶—绿肥—玉米—绿肥—烟叶"旱旱轮作两种模式。

（2）有机养殖区。以有机猪养殖为主，选择在地势高燥、采光充足、排水良好、隔离条件好的区域建立猪舍，设置生产区、辅助区和污染隔离区，包括猪舍、消毒室、消毒池、药房、出猪台、育肥舍、隔离舍、贮粪场等，且隔离舍应距生产区 150m 以上，贮粪场应距生产区 50m 以上。养殖场粪尿通过堆肥、沤制和制作沼气等方法进行利用，处理粪便场所应采取防渗措施，防治污染地下水。

（3）有机林果区。将庄园内现有的石榴、李子等水果全部按照有机方式管理。按照有机水果栽培技术规程要求，着力推广生态防治、种养结合模式。发展果园养鸡，重视绿肥种植，特别是豆科与禾本科的间混套种，不但有培肥土壤的作用，更主要的是能够平衡土壤水分，达到稳产的目的。重点考虑饲料作物的种植，如苕子、苜蓿、黑麦草或狼尾草等，为庄园内有机猪和有机鸡的养殖提供部分饲料来源。

（4）有机蔬菜区。庄园内现有蔬菜全部按照有机方式管理，在现有的辣椒、葱、韭菜、瓜、青菜、姜、番茄等品种基础上，增加白花、青花、四季豆、莲花白、青笋等品种，以小片、多样化种植为主。制订科学的蔬菜种植轮作计划，如将需肥多和耐瘠性蔬菜，根系深和根系浅的蔬菜进行轮茬，品种安排做到多品种、小批量，生产计划做到既有长年计划，又有分月、分批安排，落到实处。

（5）文化展示区。建设庄园体验馆和庄园会所，以品鉴"玉溪庄园"手工制作卷烟为主，展现融有机农业文化、烟文化、雪茄文化、玉溪历史文化、云南民族文化为一体的庄园特色文化内涵。体验馆内通过文字、图片、展板、影像、实物等全面展示世界主要国家有机农业和烟叶生产发展的水平；采用先进的声光电技术，展现玉溪良好的生态环境，展示从一粒种子到一片玉溪庄园有机烟叶的生产过程，体现玉溪庄园有机烟叶的极品品质；设置彝族文化展示墙，描绘当地特有的花鼓舞、点火把、舞龙、对山歌等少数民族文化活动，展示丰富的彝族文化。

4. 有机生产技术体系设计

1）培育充满生命力的土壤

充分腐熟猪粪、鸡粪培肥土壤：猪粪质地细，含纤维少，养分含量高，腐熟后的猪粪能形成大量的腐殖质和蜡质，增加土壤的保水性。且猪粪含有较多的氨化细菌，肥力后劲足，既可作底肥也可作追肥，适宜施用于各种土壤和作物。鸡粪有机质含量高，养分丰富，充分腐熟后可作蔬菜和烟叶追肥，有利于提高这两种作物的产量和改善品质。

种植豆科绿肥：豆科绿肥含氮量丰富，且其根部周围富集微生物，有利于营养物质的释放。设计在烟叶和玉米种植的岔口种植紫云英，它的根很大，有很多根瘤菌，可以固氮，并在其生长到上花下荚或盛花期时，及时割青作田块覆盖物。在有机蔬菜地块冬季种植油菜，以释放土壤中有效磷的含量，在地块外围种植苕子和田菁隔离带，增加土壤氮含量，全面增加土壤养分。

秸秆覆盖还田：利用作物秸秆、杂草、稻糠、木屑等作为地表覆盖物或种植一些覆盖作物，以保持土壤物理结构、湿度，增强土壤活性与土壤肥力，抑制杂草生长，并为作物提供养分，改善土壤内的微气候，防止太阳辐射造成的危害。

2）建立病虫害综合防治体系

增加作物多样性，建立平衡的生产系统：依据天敌假说和资源密度假说，多样性设计主要分为时间多样性和空间多样性。前者指合理轮作，如大田种植采取"烟叶—绿肥—水稻—绿肥—烟叶"水旱轮作模式，有效减少病虫害的发生；后者主要为多种作物品种的复合种植以及同种作物不同品种的混合种植，如在有机蔬菜种植中大致以叶菜类面积占40%、茄果类占20%、野菜类占20%、豆类占20%的比例安排，高矮作物、迟熟早熟作物、开花和不开花作物复合型种植，从而收到较好的防病治虫效果。

强化生产全过程管理，减少作物病虫发生：选择抗病虫的品种，采用盐水、石灰水等物理方法处理种子，杀死病菌和虫卵；掌握病虫发生规律，适当调整播种和移栽日期，回避病虫高发期；加强冬季田间管理，如采取冬耕，将地表或浅土中的害虫和虫卵等翻入深土，使其难以出土而死亡；果树树干涂白，或石硫合剂封园。

采取适当的生物、物理防治措施：生物措施主要有保护、释放天敌益虫（如草蛉、瓢虫、寄生蜂、捕食螨等），施加生物农药（Bt 制剂、病毒制剂），植物性农药（苦参碱、鱼藤酮、除虫菊素、大蒜汁液、小苏打等），放养大型动物（鸡、鸭）可以防虫，一些微生物菌剂可防治病害，昆虫的性外激素可诱杀或干扰害虫行为。物理措施主要有灯光、色板、糖醋液诱杀害虫，防虫网防虫，果实套袋，真空吸尘器吸虫。

利用有机产品标准中允许使用的矿物性物质防治：主要有硫磺、石灰、石硫合剂、铜制剂、矿物油等物质防治病虫。

5. 质量体系与组织管理模式设计

庄园内从事有机生产的主体以当地的小农户为主，能否保证小农户集体中的每个成员都严格按照有机标准要求开展生产，是成功建设有机庄园的根本前提和核心要素。因此，本规划创造性地引入小农户集体认证内部控制体系，通过质量体系的有效运行和组织管理模式的合理设计，保障有机生产顺利开展。

小农户集体认证内部控制体系（ICS）是指一个文件化的质量保证体系，该体系指定小农户集体（即庄园合作社）中的某个部门和一些人员，对该集体内的所有成员进行年度检查。合作社主要通过既定程序，要求所有成员遵守有机生产规则，而外部认证机构则主要通过核查 ICS 文件体系、核查内部检查员的资格及其工作、抽查复检部分农户，以判定该集体的内部控制体系是否有效运作，从而确定该集体是否按照有机方式进行生产。庄园合作社内部管理人员严格按照 ICS 体系要求实施管理，不仅为顺利通过第三方认证机构的认证打下坚实的基础，而且十分有利于小农户集体的持续健康发展。

充分整合原有资源，设立庄园综合管理中心，建立庄园目标管理、组织管理、流程管理、制度规范管理、财务管理和绩效考核管理等六大管理组成的庄园综合管理体系，形成一套全新的、科学的庄园管理模式；以庄园管理中心为核心，构建管理体系，成立管家部，负责庄园的整体运行管理；构建有机技术联合研究中心，负责庄园有机烟叶生产技术集成与应用；成立玉溪庄园专家顾问委员会，负责庄园运行、科技研发的咨询。

成立庄园合作社，采取当地政府、红塔集团、庄园合作社、小农户签订契约生产，红塔集团持有有机认证证书，并参与组织内部控制体系工作，组织庄园内有机烟叶及非烟作物的生产。

6.2.5 可行性结论

玉溪庄园是一种以有机烟叶种植为中心，以有机化生产模式为主体，强调人与自然和谐发展，实现增加烟农收入与提升优质烟叶保证能力相统一的全新模式。玉溪庄园作为集科技创新、有机生产、组织经营管理、高端旅游、文化宣传体验为一体的综合性庄园，不仅突破了传统的烟叶生产模式，体现了安全、生态、健康、环保的烟叶生产理念，引领了有机烟叶的发展方向，而且对于引领当地有机农业发展，推动农业产业结构升级，带动农民增收致富，促进新农村建设具有积极作用。庄园建设符合国家相关产业政策，严格按照有机行业的有关标准执行，园区的建设有利于将资源优势转化为产品优势、有利于生态环境建设、有利于促进社会资源的合理配置。庄园内各项目经济合理、技术先进可行、场址选择适宜、外部协作条件较好，建设是完全可行的。

第7章 烟叶有机种植基地轮作模式构建

7.1 有机种植基地概况

文山村委会是峨山县岔河乡的一个行政村，地处岔河乡西北面，距乡政府所在地19km，交通方便。东面邻安居村委会，南面邻河外村委会，西邻富良棚乡，北面邻甸中镇，海拔1650m，年平均气温16℃，年降水量900mm。辖白云、宝石、青香、文老、文新、见义、友竹、翠竹、茂林、中镇、双安11个村民小组。占地面积27.2km²，拥有林地32233.7亩。耕地总面积3271亩（其中，田1748亩，地1523亩），人均耕地1.37亩，主要种植烤烟、稻谷、包谷、小麦、油菜等农作物。现有农户556户，共1923人，其中男性978人，女性945人，农业人口总数为1923人，劳动力1296人。

安居村委员会是峨山县岔河乡的一个行政村，地处岔河乡西北面，距乡政府所在地14km，交通方便。东北邻岔河乡云美村委会，西北邻文山村委会，海拔1568m，年平均气温15.6℃，年降水量860mm，适合种植烤烟、水稻、玉米、油菜、小麦等农作物。安居村委会辖玉壶、安居、青龙三个村民小组。占地面积21.02km²，拥有林地25834.2亩，经济林果地6491.5亩，人均拥有林果地6.61亩。耕地总面积3001亩（其中，田1073亩，地1928亩），人均耕地3.06亩。现有农户274户，共982人，其中男性502人，女性480人，农业人口总数为982人，劳动力715人。

河外村委会风窝组是峨山县岔河乡的一个自然村，属于半山区。距乡政府所在地9km，年平均气温17℃，年降水量900mm，适宜种植烤烟、水稻等农作物。总耕地面积512亩（其中，田429.8亩，地82.2亩），其中人均耕地4.06亩；有林地3794.7亩。有农户53户，常住人口126人，其中男性57人，女性69人，劳动力82人。

7.2 有机种植区域作物种植结构

三个村委会的种植作物种类如下。

文山村委会：小春作物主要有油菜、小麦、蚕豆、豌豆、绿肥；大春作物主要有烤烟、水稻、玉米。

安居村委员会：小春作物主要有油菜、蚕豆、豌豆、绿肥；大春作物主要有烤烟、水稻、玉米。

河外村委会风窝：小春作物主要有油菜、蚕豆、豌豆；大春作物主要有烤烟、水稻、玉米。

主要轮作模式有水-旱轮作模式和旱-旱轮作模式，水-旱年际轮作模式为"烤烟-油菜（蚕豆、豌豆、小麦）→水稻-油菜（蚕豆、豌豆、小麦），旱-旱年际轮作模式为烤烟-油菜（蚕豆、豌豆、小麦、绿肥、冬闲）→玉米-油菜（蚕豆、豌豆、小麦、绿肥、冬闲）。

7.3　有机烟轮作的重要性及原则

轮作是一项技术性较强且实用的耕作技术。根据生物多样性的原理：层次结构单一，生物多样性减少，生态功能差的烟田环境不能满足生态平衡的要求。因此，要求进行烟草和多种其他作物的合理轮作，利用生物多样性来保护烟田环境、改善烟株生长环境、减少病虫害、提高烟叶产质量。

有机烟种植区域应进行至少 3 种作物轮作，冬季休耕土地至少 2 种作物轮作；水利条件好的地方，坚持水旱轮作；明确以烟草为重点，在作物布局和养分配置上必须优先考虑保证烟叶的良好品质和产量的相对稳定，确定以烟草为主体的种植制度；避免与烟草有同源病害的作物轮作，尤其是茄科、葫芦科作物不能与烟草轮作；当地气候条件能够满足各轮作作物生长发育需求，并能保证前后茬作物茬口吻合，前后茬作物之间不产生争季节的矛盾；决定烟草轮作周期和烟草在轮作中的顺序时，必须根据当地的实际情况，因地制宜地进行灵活安排。

7.4　不同前茬作物对有机烟叶生长发育及产质量的影响

在有机烟核心示范区，根据有机种植区域气候特点、作物种植结构、烟农种植习惯和有机烟轮作原则，选择了油菜、小麦、蚕豆、绿肥（紫花苕）和休闲这 5 种前作方式为研究对象（每个处理设 3 次重复，共 15 个小区，采用随机区组排列。每小区栽烟 100 株，株行距为 55cm×120cm。其他大田管理按红塔集团有机烟叶生产技术规程进行。小春季作物种植均按有机种植方式进行。油菜大田期施用有机肥 6000kg/hm^2；小麦施用有机肥 3750kg/hm^2；蚕豆和绿肥处理不施肥，但绿肥于烤烟移栽前 30 天，全部翻压还田；冬闲不播种不施肥。研究不同前作对有机烟农艺性状、化学成分、感官质量、经济性状的影响。研究结果如下。

不同前作与有机烟农艺性状：烤烟的农艺性状反映了烟株的生长情况。由表 7.1 可知，不同前作之间有机烟农艺性状有一定的差异，但差异较小。不同前作对有机烟株高、叶长、叶宽、叶片数差异不显著，叶面积系数差异显著。就株高、叶长、叶宽、叶面积系数而言，均以绿肥最大，蚕豆次之，小麦最小；叶片数以冬闲地最多，绿肥次之，小麦地最少。综合来看，有机烟农艺性状前作为绿肥、蚕豆、休闲的地块稍好于油菜和小麦，但差异较小。说明不同前作对有机烟农艺性状的影响较小。

表 7.1　不同前作有机烟农艺性状

前作	株高	叶长	叶宽	叶片数	叶面积系数
油菜	92.24a	60.67a	29.61a	19.03a	3.54b
小麦	91.43a	57.72a	28.23a	18.95a	3.16c
蚕豆	100.05a	63.18a	29.82a	20.36a	4.19a
绿肥	100.57a	67.17a	30.61a	21.12a	4.45a
冬闲	99.65a	62.65a	29.8a	21.87a	4.17ab

注：同列中不同字母表示在 0.05 水平上差异显著性

不同前作与有机烟化学成分：优质烟叶理想化学成分指标为：总糖 18%～24%；还原糖 16%～22%；烟碱 1.5%～3.5%；总氮 1.5%～3.5%；钾大于 2%；糖碱比为 10 左右较好；氮碱比为 1 左右较好。有机烟常规化学成分因前作不同而有一定差异（表 7.2）。

本试验中油菜、小麦、蚕豆、绿肥、冬闲五种前作处理，就总糖、还原糖而言，各处理均符合优质烟叶的要求；其中，油菜为前作的处理最高，绿肥为前作的处理最低。对于烟碱、总氮，各处理均符合优质烟叶的要求；其中，以绿肥为前作的处理最高，小麦为前作的处理最低。就氧化钾而言，前作为油菜、蚕豆的处理符合优质烟叶的要求，其余处理均低于优质烟叶的要求；其中，油菜为前作的处理最高，小麦为前作的处理最低。在化学成分协调性方面，油菜和小麦的糖碱比较适宜，符合优质烟叶的要求，绿肥的糖碱比最不协调；油菜和蚕豆的氮碱比较适宜，符合优质烟叶的要求。

综合这几项指标来看，在有机烟叶核心示范区以油菜和蚕豆为前作的处理有机烟化学成分及其协调性较适宜。

表 7.2　不同前作有机烟化学成分

前作	总糖	还原糖	总氮	烟碱	氧化钾	糖碱比	氮碱比
油菜	23.3	19.5	2.16	2.34	2.16	9.96	0.92
小麦	22.4	18.3	1.85	2.22	1.79	10.09	0.83
蚕豆	21.1	17.9	2.52	2.74	2.07	7.7	0.92
绿肥	20.5	15.7	2.56	2.93	1.96	7.27	0.91
冬闲	21.9	16.4	2.53	2.82	1.83	7.47	0.86

不同前作与有机烟感官质量。对不同前作下有机初烤烟样品进行感官评吸，结果表明（表 7.3），不同前作处理有机烟的各评吸指标存在一些差异。从评吸总分来看，以油菜为前作的处理总分最高，以绿肥为前作的处理总分最低，评吸总分由高到低依次为：油菜＞小麦＞蚕豆＞冬闲＞绿肥。

以油菜为前作的处理与其他处理相比，清香型特征强；香韵以清甜香为主，辅以坚果香、酸香和辛香；烟香丰富性较好，香气量足，甜韵较足，质感细腻圆润，刺激不大，劲头适中，口腔干净度较好，口腔润感较好，口感特性较好。

表 7.3　不同前作有机烟化学成分

前作	香韵	香气量	香气质	浓度	刺激性	劲头	杂气	干净度	湿润	回味	合计
油菜	8	13	13.5	8	13	5	8	8	4.5	3.5	84.5
小麦	8	12.5	13	8	13	4.5	8	8	4	4	83
蚕豆	8	12.5	13	8	12.5	4.5	8	8	4	3.5	82
绿肥	7.5	12	12.5	8	12	4	7.5	7.5	4	3	78
冬闲	7.5	12.5	12.5	8	13	4.5	8	7.5	4	3.5	81

不同前作与有机烟经济性状。由于不同前作存在插口特性的差异，必然影响烤烟产质

量。本试验中不同前作对有机烟经济性状的影响由图 7.1~图 7.3 可知。就产量而言,烟叶产量(经济产量)是衡量烤烟生产水平的重要指标之一,在前作为油菜、小麦、蚕豆、绿肥、冬闲五个处理中,以前作为绿肥的有机烟叶产量最高,前作为小麦的产量最低;产量由高到低依次为绿肥、蚕豆、冬闲、油菜、小麦。就产值而言,以前作为绿肥的有机烟叶产值最高,前作为小麦的产值最低;产值由高到低依次为绿肥、冬闲、油菜、蚕豆、小麦。就上等烟比例而言,以前作为油菜的有机烟叶上等烟比例最高,前作为绿肥的上等烟比例最低;上等烟比例由高到低依次为油菜、冬闲、蚕豆、小麦、绿肥。

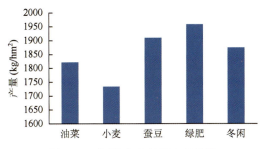

图 7.1 不同前作有机烟产量统计

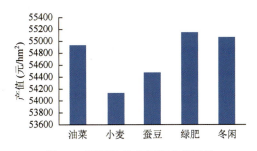

图 7.2 不同前作有机烟产值统计

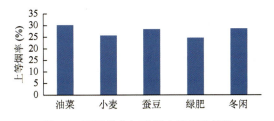

图 7.3 不同前作初烤烟上等烟率统计

小结与讨论。前作对有机烟农艺性状的影响不大,各处理间差异较小,以前作为绿肥、蚕豆、休闲的处理稍好于其他处理。有机烟化学成分,以前作为油菜和蚕豆的处理化学成分及其协调性较适宜,符合优质烟叶的要求。感官质量以前作为油菜的处理最好,与其他处理相比,清香型特征强、香韵以清甜香为主,辅以坚果香、酸香和辛香,烟香丰富性较好,香气量足,甜韵较足,质感细腻圆润,刺激不大,劲头适中,口腔干净度较好,口腔润感较好,口感特性较好;各处理感官质量由好到差依次为:油菜>小麦>蚕豆>冬闲>绿肥。前作为绿肥的处理有机烟产量、产值最高,但上等烟比例最低,以前作为油菜的处理上等烟比例最高。前作为绿肥的处理初烤烟重金属含量最高，蚕豆或油菜为前作的处理重金属含量较低。

综上所述，在该有机种植区域的生态条件下，有机烟最适宜的前作为有机油菜，其次是有机蚕豆。这可能是由于油菜与烤烟基本没有同源病害，且前茬作物为油菜的土壤中各养分含量较为丰富，油菜的根系分泌物对烟株生长有促进作用所致。

本试验中，在不同前茬作物条件下，烤烟施肥水平及其他管理措施基本一致，并未针对不同前茬作物采取差异化的栽培管理措施，不同前茬条件下烤烟化学成分的差异是在一致的栽培管理措施下所产生的。因此，根据不同前茬土壤的理化性状，采用何种烤烟生产技术措施有待进一步研究。

7.5 不同轮作模式效益

不同作物有机种植效益。从表 7.4 中可以看出，水稻、玉米、油菜、蚕豆、烟叶这 5 种作物种植成本最高的是玉米，投入成本最低的是蚕豆。其中，有机种植和常规种植中投入成本由高到低均依次为：玉米、水稻、油菜、烟叶、蚕豆。除蚕豆外，其余 5 种作物均以肥料投入占总成本的比重最大；蚕豆种植过程中不施肥，以种子成本占总成本的比重最大；玉米是 C_4 作物、植株高大、每亩种植 3500～4000 株、千粒重大、需肥量较大，成本主要集中在种子和肥料上。

从亩产值来看，有机种植亩产值由高到低依次为：有机水稻、有机蚕豆、有机玉米、有机烟叶、有机油菜。常规种植亩产值由高到低依次为：烟叶、水稻、玉米、蚕豆、油菜。这主要是由于有机种植大大提高了农产品的附加值，使有机水稻、有机蚕豆、有机玉米、有机油菜的均价较常规种植高 2～4 倍。有机烟叶由于受政策的限值，收购均价较常规烟叶增幅不大。

从净收益来看，有机种植净收益由高到低依次为：有机水稻、有机蚕豆、有机玉米、有机烟叶、有机油菜。常规种植净收益由高到低依次为：烟叶、水稻、蚕豆、玉米、油菜。这主要是由于有机种植肥料和植保产品投入成本较高，使有机水稻、有机蚕豆、有机玉米、有机油菜、有机烟叶的成本较常规种植增加 10%～201.7%。

表 7.4 有机作物种植成本及效益统计表

作物种类	成本（元/亩）				亩产/kg	均价/（元/kg）	亩产值/元	净收益/（元/亩）
	种子/苗	肥料	植保	小计				
有机水稻	40.7	1025.0	127.0	1192.7	313	30.0（大米）	9390.0	8197.3
常规水稻	40.7	350.0	48.5	439.2	354	7.0（大米）	2478.0	2038.8
有机玉米	105.0	1100.0	40.5	1245.5	750	6.5（干玉米粒）	4875.0	3629.5
常规玉米	102.0	360.0	51.0	513.0	1000	2.3（干玉米粒）	2300.0	1787.0
有机油菜	6.3	825.0	147.0	978.3	98	24.0	2352.0	1373.7
常规油菜	6.3	310.0	42.0	358.3	200	6.5	1300.0	941.7
有机蚕豆	170.0	0.0	72.0	242.0	208	28.0（去皮青蚕豆）	5824.0	5582.0

续表

作物种类	成本（元/亩）				亩产/kg	均价/（元/kg）	亩产值/元	净收益/（元/亩）
	种子/苗	肥料	植保	小计				
常规蚕豆	170.0	0.0	50.0	220.0	220	10.0（去皮青蚕豆）	2200.0	1980.0
有机烟叶	35.0	730.0	104.0	869.0	96（地烟）	29.8	2860.8	1991.8
常规烟叶	35.0	213.0	40.0	288.0	121（地烟）	22.68	2744.3	2456.3

注：有机大米、有机玉米、有机油菜、有机蚕豆的价格参照昆明好宝箐生态农业有限公司有机食品销售价；常规水稻、玉米、油菜、蚕豆、烟叶的价格参照 2013 年玉溪市市场零售价。以上作物的成本核算依据 2013 年物价计算。有机产品的亩产、均价、亩产值为 2013 年整个有机种植区域的平均值

有机与常规种植相比，在投入成本方面：水稻成本增加 171.6%，玉米成本增加 142.8%，油菜成本增加 173.0%，蚕豆成本增加 10.0%，烟叶成本增加 201.7%。在亩产值方面：水稻亩产值增加 278.9%，玉米亩产值增加 112.0%，油菜亩产值增加 80.9%，蚕豆亩产值增加 164.7%，烟叶亩产值增加 4.3%。在净收益方面：水稻净收益增加 302.1%，玉米净收益增加 103.1%，油菜净收益增加 45.9%，蚕豆净收益增加 181.9%，烟叶净收益减少 18.9%。

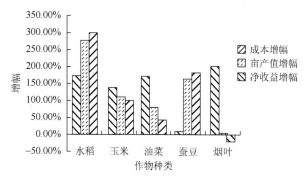

图 7.4　有机与常规种植相比成本、亩产值、净收益增幅

目前，由于公司有机农产品销售平台还未搭建，基地种植的有机玉米、有机水稻、有机油菜、有机蚕豆还未在市场上销售；以上均价、亩产值、净收益均是参照目前市场上同类有机产品价格计算。有机玉米、有机蚕豆、有机水稻加工后的米糠主要用于基地有机循环体系的构建，为有机养殖提供饲料；有机水稻仅在公司食堂使用；有机油菜用于加工有机菜籽油，菜籽压榨过程中使用物理方法压榨（出油率仅为 28.5%），保证菜籽油的有机品质，压榨后的菜籽饼经过充分腐熟后用作有机肥种植有机烟叶。玉米秸秆、水稻秸秆、油菜秸秆用粉碎机粉碎后还田，蚕豆秸秆用粉糠机粉碎后用于养殖。

有机烟叶种植成本较高，是常规烟种植成本的 3 倍左右，产量较常规烟减少 21%，种植过程中需要人工除草、人工打顶抹杈，费工费时，在推广上有一定的难度；为保障集团有机烟叶原料的持续供应，目前有机烟种植所需的肥料、生物农药等生产物资均由县烟办免费提供；此外，有机烟收购时，适当提高等级，以补偿烟农因有机种植而造成的产量损失。

不同轮作模式有机种植效益。有机烟种植是一个系统工程，不仅要求烟叶种植过程中

按照有机标准操作，还要求轮作作物也必须按照有机标准进行种植管理。旱地和水田的耕地面积直接决定轮作的类型和方式。旱地较多，则以旱—旱轮作为主；水田较多，则以水—旱轮作为主。

试验结果表明，以油菜和蚕豆为有机烟叶前作较好。以油菜或蚕豆为前作的水—旱轮作模式有以下两种：油菜→烟叶/蚕豆→水稻/油菜→烟叶；蚕豆→烟叶/油菜→水稻/蚕豆→烟叶。以油菜或蚕豆为前作的旱—旱轮作模式有以下两种：油菜→烟叶/蚕豆→玉米/油菜→烟叶；蚕豆→烟叶/油菜→玉米/蚕豆→烟叶。

由表 7.5 可知，在两种水-旱轮作模式中，投入成本最高的轮作模式是处理①油菜→烟叶/蚕豆→水稻/油菜→烟叶，投入成本最低的轮作模式是处理②蚕豆→烟叶/油菜→水稻/蚕豆→烟叶，处理②与处理①相比成本下降了 14.4%；总收入最高的轮作模式是处理②蚕豆→烟叶/油菜→水稻/蚕豆→烟叶，总收入最低的轮作模式是处理①油菜→烟叶/蚕豆→水稻/油菜→烟叶，处理②与处理①相比总收入增加了 12.5%；净收益最高的轮作模式是处理②蚕豆→烟叶/油菜→水稻/蚕豆→烟叶，净收益最低的轮作模式是处理①油菜→烟叶/蚕豆→水稻/油菜→烟叶，处理②与处理①相比净收益增加了 18.8%。这主要是由于有机油菜投入成本高、产值低，有机蚕豆投入成本低、产值高。

在两种旱-旱轮作模式中，投入成本最高的轮作模式是处理③油菜→烟叶/蚕豆→玉米-油菜→烟叶，投入成本最低的轮作模式是处理④蚕豆→烟叶/油菜→玉米/蚕豆→烟叶，处理④与处理③相比成本下降了 14.2%；总收入最高的轮作模式是处理④蚕豆→烟叶/油菜→玉米/蚕豆→烟叶，总收入最低的轮作模式是处理③油菜→烟叶/蚕豆→玉米/油菜→烟叶，处理④与处理③相比总收入增加了 15.0%；净收益最高的轮作模式是处理④蚕豆→烟叶/油菜→玉米/蚕豆→烟叶，净收益最低的轮作模式是处理③油菜→烟叶/蚕豆→玉米/油菜→烟叶，处理④与处理③相比净收益增加了 23.6%。这也是由于有机油菜投入成本高、产值低，有机蚕豆投入成本低、产值高。

在这 4 种轮作模式中，以处理②蚕豆→烟叶/油菜→水稻/蚕豆→烟叶的总成本最低、总收入和净收益最高；以处理③油菜→烟叶/蚕豆→玉米/油菜→烟叶的总成本最高、总收入和净收益最低。总成本由高到低依次为：处理③＞处理①＞处理④＞处理②。净收益和总收入由高到低均为：处理②＞处理①＞处理④＞处理③。

表 7.5　不同轮作模式一个轮作周期有机种植效益　　（单位：元/hm²）

处理	总成本	收入			净收益
		非烟收入	有机烟收入	总收入	
①油菜→烟叶/蚕豆→水稻/油菜→烟叶	76940	298800	109900	408700	331700
②蚕豆→烟叶/油菜→水稻/蚕豆→烟叶	65890	350800	109000	459800	393900
③油菜→烟叶/蚕豆→玉米/油菜→烟叶	77730	231000	109900	340900	263200
④蚕豆→烟叶/油菜→玉米/蚕豆→烟叶	66690	283100	109000	392100	325400

注：以上数据均为一个轮作周期（6 季作物）的数值

第8章　烟叶有机生产重要病虫害综合防控技术研究与示范

随着现代科学技术的发展，世界传统烟叶生产正朝着现代烟草农业方向迈进。从国内外烟草行业的发展趋势来看，现代烟草农业离不开植物保护的科技支撑，尤其在近30年来烟叶有机生产的发展过程中，烟草重要病虫害的研究及综合防控工作显得日益重要。

近年来，在玉溪庄园（凤窝园）有机烟叶生产过程中，本项目组对烟草重要病虫害的发生流行开展了系统调查，对其防控技术（尤其是生物防治技术体系）进行了重点研究以及相关试验示范，取得了明显成效，这将为有机烟叶生产重要病虫害的综合防控奠定良好的基础。

8.1　烟草病虫害的种类及其发生危害状况

1. 烟草病害的种类及其发生危害状况

烟草病害（tobacco diseases）已报道全世界有116种，其中侵染性病害79种，主要有烟草花叶病、霜霉病、赤星病、炭疽病、青枯病、根结线虫病等；非侵染性病害37种，主要有气候斑点病、缺素症等。中国侵染性病害已发现68种，已确诊的有62种，其中真菌性病害30种，细菌性病害8中，病毒性病害17种，线虫病害3种，类菌原体病害2种，寄生性种子植物引起的病害2种。烟草病害按其生长部位分为苗病类、叶病类、根茎类病害等。烟草遭受各种病原物侵染，被害率可达64%，仅主要病害每年造成烟叶产量损失8%～12%。

2. 烟草病害发生危害的环境条件

多数烟草病害的病原物能在土壤中或病残体中越冬，成为翌年初侵染源。烟草生长期借风雨、昆虫、流水、土杂肥及农事操作等传播，引起再侵染。苗床及大田期低温、高湿或高温、高湿，重茬烟地，地势低洼，种植过密，偏施氮肥及管理粗放等均有利于发病。

3. 国内外烟草害虫的种类

烟草害虫（tobacco insect pests）全世界已知约820种，中国约有300种，其中在田间为害的有271种，仓储为害的29种。中国主要烟草害虫有烟蚜（桃蚜）、烟粉虱、烟青虫（烟夜蛾）、棉铃虫、斜纹夜蛾、烟蛀茎蛾（烟草麦蛾）、烟潜叶蛾、小地老虎、黄地老虎、烟盲蝽、野蛞蝓、金龟子、金针虫、非洲蝼蛄、烟草粉螟、烟草甲虫等。烟草害虫按其为害期可分为苗床期、移栽缓苗期、大田生长期、花果期、贮藏期害虫等。

4. 云南省烟草病虫害的种类及其发生危害状况

云南目前发现的烟草病害有60多种，其中每年对烟叶产量和质量造成较大影响的主要病害种类有烟草病毒病（TMV、CMV、PVY、TBTV）、黑胫病、炭疽病、白粉病、煤烟病、赤星病、野火病、根黑腐病、根结线虫病等9种；猝倒病、炭疽病、野火病、根黑腐病4种是苗期常见病害。据统计，云南烟草病害造成的损失占全省烟叶收购量和产值的6.4%，其中黑胫病、野火病、普通花叶病3种病害造成的损失达50%左右。

云南省选择59个县213个乡（镇）的64.22万亩烟田和21幢储烟仓库进行烟草害虫、益虫及相关动物种类的调查，发现了分属昆虫纲、复足纲、容毛纲、哺乳纲等4个纲、13个目、56个科、252种烟草害虫及相关动物，查到属于昆虫纲、蜘蛛纲、两栖纲的10个目、31个科的害虫天敌114种，发现云南昆虫新种16种。其主要的害虫种类有烟草蚜虫、烟粉虱、烟青虫（烟草夜蛾）、斜纹夜蛾、小地老虎、金龟子及蛴螬等。

云南省烟草病虫害每年造成的烟叶产量损失为10%～15%，其发生面积还以每年3%～5%的速度上升。其中，2003年的初步调查结果表明，全省当年因赤星病、野火病、黑胫病、根结线虫病、花叶病（TMV、CMV）、丛枝病以及烟蚜、烟青虫等危害造成的烟叶产量损失为20多万担，产值损失1亿多元。

8.2 烟叶有机生产重要病虫害综合防控技术初探

联合国粮农组织（FAO）1967年在罗马召开有害生物综合防治（integrated pest control，IPC）专家组会议，提出综合防治是一种对有害生物的管理系统，按照种群动态及与之相联系的环境关系，应用所有适当的技术和方法，尽可能相互配合，使种群数量保持在经济损失水平以下。美国环境质量委员会（Committee of Environmental Quality，CEQ）于1972年提出了有害生物综合治理（integrated pest management，IPM），IPM是指运用各种综合技术，防治对农作物有潜在危险的各种有害生物，首先要最大限度地借助自然控制力量，兼用各种能够控制种群数量的综合方法，如农业防治法、利用病原微生物、培育抗性农作物、害虫不育法、使用引诱剂、大量繁殖和散放寄生性和捕食性天敌等，必要时使用杀虫剂（农药）。

1975年中国确定了以农业防治为基础的"预防为主、综合防治"的植物保护工作方针。有害生物综合防治（integrated control of pest）是指，从农田生态系统出发，以预防为主，协调应用农业、生物、化学、物理等手段防治有害生物的策略和措施。要求安全、有效、经济，既把有害生物种群控制在经济损害水平以下，又使对环境的不良影响最小，以维护农田生态系统的自然平衡。

为了保证世界各国在经济快速发展的同时保护和改善人类赖以生存的生态环境质量，联合国1987年召开的环境与发展大会（UNCED）上提出了"可持续发展（sustainable development）"，在1992年第二次联合国环境与发展大会上通过并颁布了"21世纪议程"（Agenda 21），进一步提出了"促进可持续的农业（sustainable agriculture）和农村发展"的要求；我国政府积极响应了这个要求，将可持续发展作为我国21世纪的重大国策，并把可持续农业定为我国21世纪的奋斗目标。在实施可持续农业所需遵循的各个要素中，农作物有害生物的可持续控制是必不可少的环节之一，它与环境质量、资源利用、物种多样性和人类健康等指标都有密切关系。如果有害生物可持续控制不能达标，就不可能有农业的可持续发展。显然，有害生物可持续控制是我国植物保护 21 世纪的长期奋斗目标。随后，我国亦提出了"公共植保，绿色植保"的理念，不断丰富了植物保护的内涵，同时亦更加显示出植保工作的重要性和艰巨性。

云南省自然生态系统复杂多样，农作物种类繁多，是我国农业病虫害大面积发生最为严重的省份之一。显然，在烟叶有机生产过程中，烟草重要病虫害综合防控是其中重要的一环；只有在上述植物保护方针及其理念的指导下，结合我省烟叶有机生产实际，通过大量的系统研究以及试验示范工作，并进行大面积推广应用，才能实现烟草重要病虫害可持续控制，确保有机烟叶生产的顺利进行。

8.2.1　有害生物综合防控的策略和方法

1. 农业防治（culture control）

1）病害农业防治的策略和方法

利用和改进耕作栽培技术，控制植物病害发生和发展的方法。主要包括以下措施：①种植抗（耐）病害品种；②切断病原生活史链，铲除或不种越冬（夏）寄主、转株寄主、中间寄主，切断病菌的生活史链；③建立无病留种田；④轮作（如水旱轮作）、适时灌溉等；⑤改变耕作制度，适当调节播种期；⑥合理肥水管理；⑦田园卫生；⑧加强收获后管理。

2）害虫农业防治的策略和方法

害虫农业防治是指在农业生产过程中，结合各种具体的农事操作和栽培措施，充分利用害虫、作物和环境因素三者之间的关系，有目的地创造有利于农作物和有益生物生长发育而不利于害虫发生的农田生态环境，从而避免或抑制害虫发生而保证农作物安全生产的害虫防治方法。主要包括以下措施：①培育无虫苗，抗性品种选择；②合理安排作物布局，合理密植；③适时调节播种期；④作物轮作、间作和诱杀；⑤合理水肥管理（灌溉、施肥）；⑥合理安排土地休耕期；⑦清除田间杂草，降低虫源基数；⑧清洁田园，切断侵染虫源。

2. 生物防治（biological control）

1）病害生物防治的定义及其利用途径

病害生物防治：利用有益微生物杀灭或压低病害生物数量以控制植物病害发生、发展的一类措施，又称"以菌治菌"。

生物防治是病虫害综合治理体系的重要一环。它具有不污染环境、对人畜无毒，对植物无副作用等优点，对土传病害的控制尤其适用；但防治效果一般不及化学农药显著，防效受环境条件等影响较大，一般生防治剂的效果达 60%～70%就可以认为较理想。

利用途径：病害生物防治的方法及生防治剂的使用方式，可以分成利用自然栖居的有益微生物和人工引进生防菌两类。

2）害虫生物防治的定义及其利用途径

害虫生物防治：利用生物及其产物控制害虫的方法；包括传统的天敌利用（即"以虫治虫"）和近年出现的昆虫不育、昆虫激素及信息素的利用等；昆虫的天敌包括病原微生物（病毒、细菌、真菌、原生动物和立克次体）、线虫、蛛形纲、昆虫纲（捕食性及寄生性昆虫）和一些脊椎动物；此外，还有尚未被利用的高等植物。生物防治可克服化学防治导致害虫抗药性、杀伤天敌和污染环境等缺点，是害虫防治中的重要组成部分。

害虫生物防治的利用途径，可归纳为天敌保护、天敌的大量繁殖与释放、天敌的引移三类。

（1）天敌的保护。保护并促使天敌自然种群的增长，以加大对害虫的自然控制（natural control）能力。如丽蚜小蜂、小花蝽、草蛉等。

（2）天敌的大量繁殖与释放。当本地天敌的自然控制力量不足，尤其是在害虫发生前期，通过人工大量繁殖和释放天敌，可取得良好的防治效果。如蚜茧蜂、瓢虫、赤眼蜂等天敌的大量繁殖和释放。

（3）天敌的引移。主要是引移天敌昆虫，包括国际引种、国内移殖或近地迁移。如美国、中国广东等引进澳洲瓢虫防治吹棉蚧取得成功。

3. 物理防治（physical control）

1）病害物理防治的策略和方法

利用温度、射线等物理因素，控制植物病害发生发展的方法。其物理防治主要采用以下方法：①种（苗）热力处理；②土壤热力处理；③嫌气处理；④汰除处理；⑤辐射处理。

2）害虫物理机械防治（physical and mechanical control）的策略和方法

利用各种物理因子、人工或器械防治害虫的方法。其物理机械防治主要采用以下方法：①人工捕杀、诱杀；②趋性利用（光诱、黄板、蓝板，糖、醋、酒液）；③趋避（银色膜）；④阻隔分离（防虫网、隔离带）；⑤调节温湿度；⑥新技术的应用（辐射、频振式杀虫灯）。

4. 化学防治（chemical control）

害虫化学防治：利用各种来源的化学物质及其加工品，将有害生物控制在经济危害水平以下的防治方法。其原理有杀伤作用、抑制作用和调节作用。

病害化学防治：用化学药剂控制植物病害发生发展的方法。其原理有化学保护、化学治疗和化学免疫。

8.2.2　烟叶有机生产重要病虫害综合防控技术

1. 烟草重要病虫害的田间普查以及室内检测

在红塔集团玉溪庄园（凤窝园）的有机烟叶生产基地，通过近3年的普查得知，有机烟草侵染性病害有6种，其中细菌病害有烟草野火病1种，真菌病害有炭疽病、白粉病、赤星病、黑胫病、蛙眼病等5种，病毒病有烟草普通花叶病毒（TMV）、黄瓜花叶病（CMV）2种，危害较为严重的病害是病毒病、炭疽病、白粉病和赤星病等；非侵染性病害有气候型斑点病。其虫害主要有烟草蚜虫、斜纹夜蛾、金龟子、烟青虫等，危害较为严重的害虫是烟蚜和斜纹夜蛾。

在玉溪庄园（凤窝园）有机烟草和有机蔬菜田所采集的10个土样中，经室内分离鉴定，其线虫种类主要为南方根结线虫（Meloidogyne incognita），虽然不同田块数量不一，但基本达到了防治指标；其中有机烟地的根结线虫数量明显高于有机蔬菜地的数量。

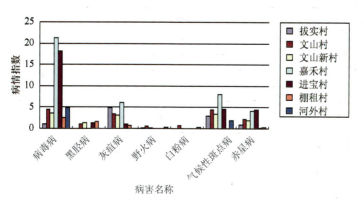

图 8.1　玉溪庄园（凤窝园）周边 7 个村烟草重要病虫害的田间普查

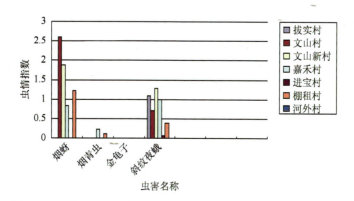

图 8.2　玉溪庄园（凤窝园）周边 7 个村烟草重要害虫的田间普查

　　从图 8.1 和图 8.2 可以看出，在凤窝园周边的 7 个自然村，几种烟草重要病害的发病情况有所差异；其中病毒病、炭疽病、赤星病和气候性斑点病发病较重。对于病毒病来说，发病严重程度依次是嘉禾村、文山村、拔实村、河外村、文山新村、棚租村和进宝村；而烟草害虫较重的还是烟蚜和斜纹夜蛾。

　　2. 有机烟叶生产基地重要病虫害发生流行的系统监测

　　在玉溪庄园（凤窝园）有机烟叶生产过程中，开展了烟草重要病虫害发生流行的系统监测工作。每块烟田均采用五点式取样法每点调查 20 株，每次每块田共计调查 100 株。根茎性病害和病毒病害以株为单位，调查记载各病级数（严重度分级标准按 GB/T 23222—2008《烟草病虫害分级及调查方法》执行），并计算病株率和病指；叶部病害以叶片为单位，调查记载全株剩余叶片各病级数，计算病株率、病叶率和病指。

　　1）有机烟草重要病害的发生流行规律

　　从图 8.3 和图 8.4 可以看出，凤窝、文山和安居在 2013 年有机烟区病毒病（TMV）、赤星病、气候性斑点病和野火病是发生流行的主要病害。其中，病毒病（TMV）在凤窝

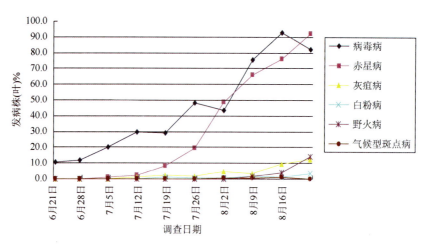

图 8.3   玉溪庄园（凤窝园）有机烟几种重要病害的发生流行规律（2013 年）

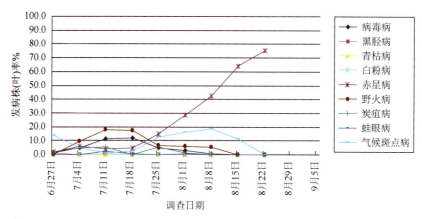

图 8.4   文山村委会有机烟田几种主要病害的发生流行规律（2013 年）

发生流行最为严重，其次是安居，再次是文山，其最高病情指数分别达到 39.17、17.36 和 13.32；赤星病虽然相对 TMV 发生较晚，但最为严重，凤窝、文山和安居最高病情指数分别达到 49.02、33.17 和 19.54；气候型斑点病在凤窝则较轻，整个烟草生育期最高病情指数仅 0.48，而文山和安居则较重，最高病情指数分别为 18.32 和 15.35。

从图 8.5 可以看出，2014 年度在凤窝村有机烟区发生危害的重要病害是病毒病、赤星病、气候型斑点病、炭疽病和野火病；其中，病毒病和赤星病发生流行最为严重。

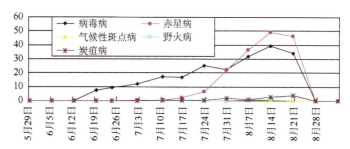

图 8.5   玉溪庄园（凤窝园）有机烟区重要病害发生流行规律（2014 年）

从图 8.6 可以看出，2014 年度文山村委会有机烟区发生流行的重要病害有 6 种。其中，发生流行最早的是病毒病，6 月中旬至 7 月中旬流行较为严重，其次是野火病；气候型斑点病、炭疽病、赤星病和蛙眼病发生相对较晚，其中的气候型斑点病 8 月流行较为严重，每 100 株烟株平均病指达 14.74。

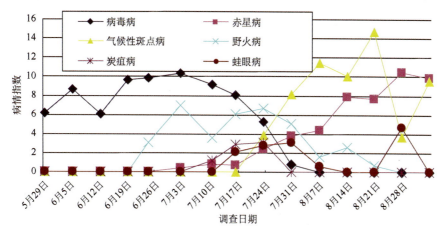

图 8.6　文山村委会有机烟区几种重要病害的发生流行规律（2014 年）

2）有机烟草重要害虫的发生规律

从图 8.7 和图 8.8 可以看出，有机烟 4 种主要害虫中，斜纹夜蛾在有机烟田的发生危害相对较重，烟青虫和小地老虎则零星发生；烟粉虱虽然在文山有一个高峰期（7 月上中旬），但在有机烟整个生育期种群数量也较低，这与远离蔬菜地有关；而在凤窝，有机烟的烟粉虱有两个明显的高峰期，一个是 6 月中下旬，另一个是 7 月下旬，并且田间种群数量相对较大，这与周围蔬菜地（尤其是番茄、豆类等作物）烟粉虱迁入烟田有直接关系。这一时期是释放捕食性瓢虫对烟蚜、烟粉虱进行有效控制的最佳时期，也是田间大量使用性诱剂诱杀成虫以及人工捕杀斜纹夜蛾幼虫的关键时期。对于烟蚜来说，凤窝发生危害相对较轻，这与今年坚持田间释放瓢虫和保护南方小花蝽有关，瓢虫和南方小花蝽均为控制烟蚜种群数量的捕食性天敌；而在文山烟蚜有一个明显的高峰期（文山是 7 月上中旬），

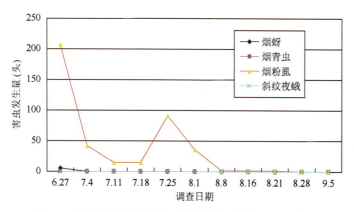

图 8.7　凤窝村有机烟区重要害虫的种群动态（2013 年）

只是发生的时期有所差异；在这个时期，两地均利用 0.5%苦参碱水剂防治烟草蚜虫；到烟草封顶打叉后种群数量明显下降，对有机烟危害也较轻。

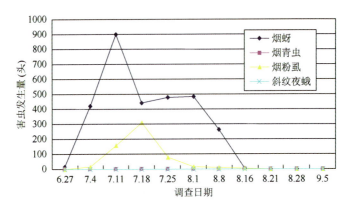

图 8.8　文山村委会有机烟区重要害虫的种群动态（2013 年）

从图 8.9 可以看出，凤窝村 2014 年烟草蚜虫虽有发生，且只是在团棵期，但田间种群数量非常低，这与田间释放捕食性天敌瓢虫和保护敌南方小花蝽田间种群数量较大有直接关系；2014 年发生危害较重的是烟粉虱，烟草旺长期（6 月下旬）达最高峰，平均每100 烟株达 200 多头，7 月中旬有一个小的发生高峰。

图 8.9　凤窝村有机烟区重要害虫的发生规律（2014 年）

从图 8.10 可以看出，文山村委会 2014 年有机烟区斜纹夜蛾（幼虫）在烟田零星发生，并且种群数量较低，这与多年多点长期使用性诱剂诱杀成虫有直接关系。烟粉虱虽然在文山有一个高峰期（6 月中旬），但在有机烟整个生育期种群数量也较低。烟蚜在文山有一个明显的高峰期（6 月中旬），到封顶打叉后种群数量明显下降。

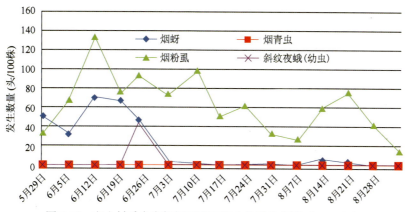

图 8.10　文山村委会有机烟区重要害虫的发生规律（2014 年）

从图 8.11 可以看出，自 2012 年 12 月初至 2013 年 1 月初，烟粉虱种群主要分布在蔬菜大棚；1 月中下旬以后，逐渐迁至育苗场和蔬菜基地；4 月上中旬开始，烟粉虱种群主要迁往烟草、蔬菜作物上进行危害。

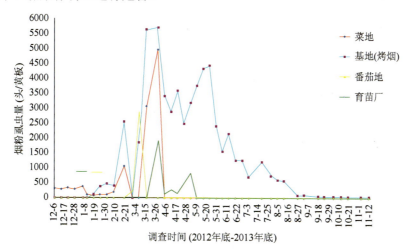

图 8.11　玉溪庄园（凤窝园）—河外村（定点一）烟粉虱的种群动态

从图 8.12 可以看出，自 2013 年 4 月至 2013 年 8 月，在玉溪庄园（凤窝园）—河外

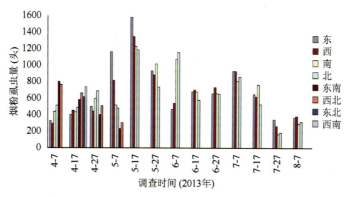

图 8.12　玉溪庄园（凤窝园）—河外村的种群动态

村，烟粉虱的种群数量变化呈抛物线趋势：4 月初，其种群数量逐渐增多，5 月中下旬达到最高值，每周平均每块黄板上烟粉虱虫量为 1583 头，之后逐渐趋于下降；按照东、西、南、北、东南、西北、东北、西南 8 个方位记录烟粉虱虫量，其多少依次为：东＞南＞西＞北＞西北＞东南＞西南＞东北。

从图 8.13 可以看出，自 2013 年 1 月初到 2 月初，斜纹夜蛾种群主要分布在越冬油菜及蔬菜大棚；2 月中旬，逐渐迁至初春菜地；3 月下旬至 5 月下旬，其种群主要分布在育苗场及蔬菜地；4 月初以后，斜纹夜蛾种群大部分迁往蔬菜地及有机烟田。

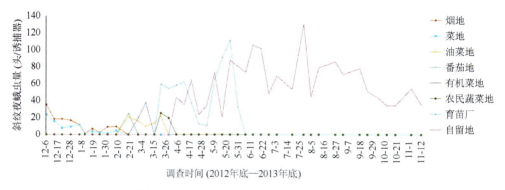

图 8.13　玉溪庄园（凤窝园）—河外村（定点 1）斜纹夜蛾的种群动态

3. 瓢虫生物学特性及其繁殖技术的研究

瓢虫是鞘翅目瓢虫科（Coccinellidae）昆虫的总称，其体型为半球形、色斑鲜明。瓢虫属于完全变态昆虫，一生经过卵、幼虫（有 4 个龄期）、蛹和成虫四个虫态。目前世界瓢虫种类记录已超过 6000 种，中国瓢虫已记录 725 种，而云南的瓢虫种类在我国的省（市）区之中居首位。瓢虫约有 4/5 属于捕食性种类。

捕食性瓢虫是我国农作物害虫生物防治中的重要天敌类群之一，主要捕食蚜虫、粉虱、蚧壳虫、叶螨等有害生物；这类瓢虫的幼虫与成虫捕食同一种猎物的特性，使其在生物防治中占据优势的地位，并对这些害虫的种群数量起着十分重要的控制作用。

1）瓢虫生物学特性的研究

（1）异色瓢虫的生物学特性。在不同的温度（21±0.5℃、25±0.5℃、28±0.5℃）条件下，异色瓢虫的卵历期分别为 5.70 天、2.83 天、2.70 天，幼虫发育历期分别为 14.06 天、10.09 天、8.57 天，预蛹历期分别为 2.02 天、1.00 天、1.02 天，蛹历期分别为 6.87 天、4.92 天、4.13 天，成虫历期分别为 34.26 天、42.17 天、51.93 天；配对成虫的每一雌虫总产卵量分别为 973.22 粒、593.71 粒、1322.90 粒；捕食烟草蚜虫的异色瓢虫，其平均卵孵化率为 85.6%；在 18±0.5℃、21±0.5℃、25±0.5℃、27±0.5℃条件下，二龄幼虫耐饥饿天数为 3.52～4.62 天，三龄幼虫为 3.75～5.96 天，四龄幼虫为 4.91～8.48 天，成虫为 6.72～12.47 天；随着温度的增高，各虫态及各龄幼虫的耐饥饿能力逐渐减弱。

（2）七星瓢虫的生物学特性。

在不同温度（21±0.5℃、25±0.5℃、28±0.5℃）条件下，七星瓢虫（Coccinella septempunctata）产卵前期为 11～14 天，卵历期分别为 6.00 天、2.30 天、3.00 天，幼虫历

期分别为 19.77 天、9.62 天、8.50 天，预蛹历期分别为 1.85 天、1.00 天、1.04 天，蛹历期分别为 7.94 天、5.04 天、4.32 天；成虫历期分别为 47.76 天、23.38 天、78.82 天；产卵至蛹羽化为成虫分别为 35.34 天、19.21 天、17.68 天，配对成虫的平均每一雌虫产卵量为 548.0 粒，最多产卵量达 938.0 粒；配对成虫的每一雌虫产卵历期为 11～28 天，平均产卵块数为 12.91 块，每块平均为 22.83 粒，卵孵化率最高为 75.50%，平均为 67.38%。在不同温度（15±0.5℃、20±0.5℃、25±0.5℃、29±0.5℃）条件下，三龄幼虫耐饥饿天数为 3.51～5.94 天，四龄幼虫为 4.75～14.30 天，成虫为 14.82～27.0 天；随着温度的增高，各虫态及各龄幼虫的耐饥饿能力明显减弱。

（3）龟纹瓢虫的生物学特性。在不同温度（21±0.5℃、25±0.5℃、28±0.5℃）条件下，龟纹瓢虫（Propylaeajaponica）的各虫态平均发育历期为：卵期分别为 5.2 天、2.3 天、2.3 天，幼虫期分别为 15.58 天、9.57 天、8.81 天，预蛹期分别为 2.95 天、1.00 天、1.11 天，蛹期分别为 5.75 天、3.42 天、3.21 天；产卵至蛹羽化成虫分别为 30.40 天、17.48 天、17.32 天，成虫历期分别为 61.50 天、91.95 天、46.81 天；产卵前期 10～11 天，产卵历期分别为 65.75 天、38.83 天、47.25 天；配对成虫的平均每一雌虫产卵块数分别为 54.50 块、35.71 块、45.33 块，产卵量分别为 426.70 粒、288.57 粒、314.22 粒，卵孵化率最高为 86.20%，平均为 65.73%。在不同温度（15±0.5℃、20±0.5℃、25±0.5℃、29±0.5℃）条件下，二龄幼虫耐饥饿天数为 1.83～11.20 天，三龄幼虫为 2.71～13.85 天，四龄幼虫为 3.59～18.07 天，成虫为 4.71～11.93 天；随着温度的增高，各虫态及各龄幼虫的耐饥饿能力明显减弱。

（4）瓢虫能否捕食烟草僵蚜的研究。异色瓢虫、七星瓢虫等首先选择捕食活体烟蚜；在没有活体烟蚜的情况下，亦会捕食僵蚜（烟蚜被蚜茧蜂寄生后形成的）。

在自然界，各种瓢虫、蚜茧蜂等都能同时生存于生态系统中，它们对烟草蚜虫、烟粉虱等起着协同控制的作用，故在红塔集团烟草基地单元，可充分利用这两大类天敌来控制烟蚜、烟粉虱等烟草重要害虫。

2）瓢虫对烟草蚜虫捕食量的研究

（1）3 种瓢虫各虫态及幼虫龄期对烟草蚜虫的捕食特性见表 8.1。

表 8.1　3 种瓢虫各虫态及幼虫龄期对烟草蚜虫的捕食特性

瓢虫名称	幼虫龄期（捕食量）				幼虫期（合计）	成虫期	瓢虫一生
	1 龄	2 龄	3 龄	4 龄			
异色瓢虫	3.74	9.45	34.28	112.74	160.21	1645.47	1805.68
七星瓢虫	3.99	4.84	34.44	112.28	155.55	1064.75	1220.30
龟纹瓢虫	2.48	3.69	16.14	52.85	75.16	1662.46	1737.62

从表 8.1 可以看出，异色瓢虫、七星瓢虫、龟纹瓢虫一生捕食烟草蚜虫分别为 1805.7 头、1220.3 头、1737.6 头，捕食量大小依次为异色瓢虫、龟纹瓢虫、七星瓢虫。

（2）异色瓢虫捕食烟蚜及菜蚜之后的产卵情况。

从图 8.14 以看出，在室内，本项试验连续调查的 78 天内，捕食烟草蚜虫的异色瓢虫，平均每对（雌、雄配对）成虫产卵 14.47 块以及产卵 274.70 粒，平均每一个卵块为 19.40 粒；捕食蔬菜蚜虫的异色瓢虫,平均每对成虫产卵20.03块以及产卵448.03粒,平均每一个卵块为22.36粒;从总体来看,捕食烟草蚜虫的异色瓢虫,其产卵量明显低于捕食蔬菜蚜虫的异色瓢虫。

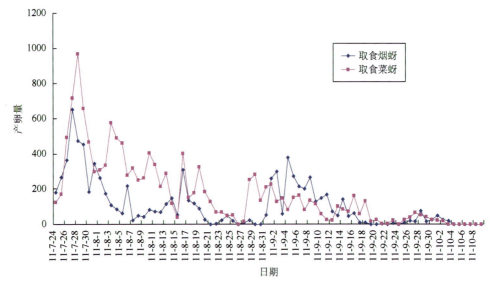

图 8.14　异色瓢虫成虫捕食烟蚜、菜蚜的产卵量动态变化

从图 8.15 以看出,捕食烟蚜、菜蚜的异色瓢虫成虫,其产卵量动态变化的生物学特性较为明显;第一个月(2011 年 7 月 24 日~8 月 23 日)的产卵数量最大,为产卵高峰期;随后有 3~5 天(8 月 24 日~8 月 27 日)的产卵低谷期;第二个月(8 月 28 日~9 月 20 日)的产卵量明显低于第一个月;两个月之后的产卵数量很少;本次异色瓢虫的产卵持续了 72 天。

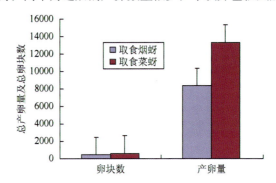

图 8.15　色瓢虫捕食烟蚜、菜蚜的总卵块数及总产卵量比较

3)瓢虫规模化繁殖配套技术的研究及优化

分别研究了异色瓢虫、七星瓢虫、龟纹瓢虫的人工饲养关键技术,并建立了配套的瓢虫繁殖技术体系;目前已能提供批量瓢虫,用于烟草蚜虫、烟粉虱等害虫的防治试验及示范应用(详见图 8.16)。

在本项目的试验基地,用于扩繁瓢虫的蚜虫种类之一——茴香蚜虫,2013 年 8 月送到了国内蚜虫权威鉴定机构—中国科学院动物研究所国家动物博物馆进行了其种类的鉴定,它们分别为蚜科 Aphididae 的五属五种,即埃二尾蚜 Cavariella aegopodii,棉蚜 Aphis gossypii，胡萝卜微管蚜 Semiaphis heraclei，茴香西圆尾蚜 Dysaphis foeniculus，芫荽明蚜 Hyadaphis coriandri 等。通过研究得知，这些茴香蚜虫不会危害烟草作物，烟草作物上的烟蚜[Myzus persicae（Sulzer）]、烟粉虱（Bemisia tabaci Gennadius）亦不会危害茴香作物。为此，2014 年 12 月 31 日已申请了 "田间利用茴香蚜虫繁殖瓢虫防治烟草害虫的方法" 的发明专利（申请号或专利号：201410851655.X），并于 2015 年 01 月 04 日获得了国家知识产权局的专利受理（发文序号：2015010401480680）。

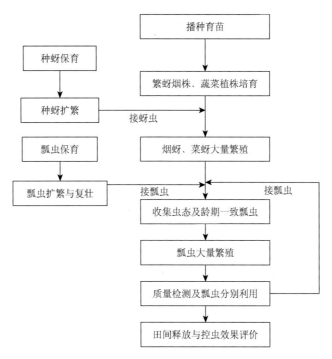

图 8.16　瓢虫繁殖技术与推广应用流程图

8.2.3　生物农药的筛选试验及应用技术

通过试验得知，0.5%苦参碱水剂的使用剂量为 125～250ml/亩对烟草蚜虫的防治效果较好；在云南省农科院环资所的温室，其药后第 3～5 天的防效为 64.8%～79.1%，在玉溪市峨山县文山村委会的有机烟田，其药后第 3～5 天的防效为 55.3%～68.8%，持效期达 7 天。在两个烟草蚜虫试验点，0.5%苦参碱水剂、除虫菊素浸膏乙醇浸出液混剂（125ml/亩＋100ml/亩）的防治效果明显高于 0.5%苦参碱水剂 125ml/亩或 0.5%苦参碱水剂 250ml/亩的防效，说明除虫菊素浸膏乙醇浸出液对烟草蚜虫有明显的增效作用。0.5%苦参碱水剂对烟草作物无药害，对烟粉虱有一定的兼治作用，可选择作为有机烟田烟蚜防治的示范推广药剂。

应用喷雾法测定了采自云南省玉溪市新平县新化乡和峨山县岔河乡的烟草蚜虫种群对 6 种植物源杀虫剂的毒力，并比较了两个烟蚜种群的三种主要解毒代谢酶和乙酰胆碱酯酶的活力。结果表明，峨山县岔河乡烟蚜对植物源杀虫剂的敏感性高于新平县新化乡的烟蚜，其 0.5%藜芦碱可溶液剂、1.5%苦参碱可溶液剂、0.3%苦参碱水剂、1%苦皮藤素水乳剂、2%除虫菊素水乳剂和除虫菊浸膏对新平县新化乡和峨山县岔河乡烟蚜的毒力比分别为 1.820、76.842、2.115、1.082、1.921 和 32.037。6 种植物源杀虫剂对峨山县岔河乡、新平县新化乡烟蚜的室内盆栽药效在高浓度处理下，其防效存在显著性差异；0.5%藜芦碱可溶液剂、2%除虫菊素水乳剂、1.5%苦参碱可溶液剂和 1%苦皮藤素水乳剂在不低于 75ml/亩时可有效防治峨山县岔河乡烟蚜，0.5%藜芦碱可溶液剂和 2%除虫菊素水乳剂在不低于 150ml/亩可有效防效新平县新化乡烟蚜。两地区烟蚜的谷胱甘肽 S-转移酶，羧酸酯酶，P450 和乙酰胆碱酯酶的比活力不存在显著性差异。因此，云南省玉溪市峨山县岔河乡和新平县新化乡烟蚜对 6 种植物源杀虫剂的敏感性存在不同的差异，但其解毒酶不存在显著性差异。本研究结果可为使用植物源杀虫剂防治烟蚜提供科学依据。

8.2.4　生物防治技术体系的构建及示范，保护区域生物多样性

在溪庄园（凤窝园）有机烟叶生产过程，开展了烟草重要病虫害生物防治技术体系的构建及示范工作。

1. 生物防治在有机烟叶生产过程中的重要作用

随着有机农业的发展，农作物重要病虫害的生物防治日益受到世界各国的重视。其中，随着我国现代烟草农业的发展，近年来有机烟叶生产正受到红塔烟草（集团）有限责任公司的极大重视。

在云南烟叶生产过程中，烟田常见的重要害虫为烟草蚜虫、烟粉虱、烟青虫、斜纹夜蛾、小地老虎、棉铃虫、野蛞蝓等，常见的重要病害为烟草病毒病、黑胫病、赤星病、白粉病、炭疽病、野火病、青枯病、烟草根结线虫病、气候斑点病、缺素症等；这些重要病虫害每年造成的烟叶产量损失为 10%～15%，其发生面积还以每年 3%～5%的速度上升。显然，根据有机农业的相关要求，为确保云南有机烟叶生产的顺利发展，结合我省主要烟区的实际，必须加强烟草重要病虫害生物防治技术体系的构建，并进行推广应用。

2. 烟草重要病虫害生物防治技术体系的构建

根据玉溪庄园（凤窝园）、文山和安居村委会等有机烟叶的生产实际，积极开展烟草重要病虫害生物防治技术体系的研究及构建工作，并不断完善。

（1）寄生性天敌的保护及应用：大量扩繁烟蚜茧蜂应用于防治烟草蚜虫，扩繁赤眼蜂应用于防治烟草鳞翅目害虫等。

（2）捕食性天敌的保护及应用：扩繁异色瓢虫、七星瓢虫、龟纹瓢虫等应用于防治烟草蚜虫、烟粉虱等，保护及利用小花蝽、草蛉、食蚜蝇等防治烟草蚜虫。

（3）针对烟草重要病虫害，逐步筛选生物农药并研究其科学使用技术：苦参碱、除虫菊素防治烟蚜、烟粉虱等，氨基寡糖素防治病毒病、黑胫病等，大黄素甲醚防治白粉病等。

（4）生物防治应配套化学生态防控技术：烟草斜纹夜蛾、烟青虫、小地老虎等性诱剂及诱捕器的广泛使用；在这 3 种害虫的发生期，有机烟田分别安置 3 种性诱剂 1～2 枚/亩，每月更换 1 次诱芯，可对上述 3 种鳞翅目雄性成虫起到诱捕作用。

（5）生物防治还应配套物理防治技术：防虫网隔离烟草育苗床（池），杀虫灯诱杀多

种烟草害虫，黄色粘板诱杀烟草蚜虫、烟粉虱成虫等；其中，在虫源集中地、成虫盛发期，有机烟田插入 15～20 块/亩，能有效诱杀成虫，从而减轻直接危害以及降低传播病毒病的间接危害。

（6）生物防治还应配套相关的农业防治技术措施：烟草抗病虫品种的选育、清洁田园、水旱轮作等；如大面积推广 K326 品种，有机烟草与有机水稻的水旱轮作，在有机烟田周围不适宜种植烟粉虱嗜好的茄科、葫芦科及豆科等蔬菜作物，尽量减少迁入有机烟田的烟粉虱虫源数量等。

3. 烟草重要病虫害生物防治技术体系的试验示范

在玉溪庄园（凤窝园）、文山和安居村委会等有机烟叶种植区，分别进行了烟草重要病虫害生物防治技术体系的试验示范。

1）捕食性瓢虫以及寄生性蚜茧蜂、赤眼蜂等的烟田释放技术

在玉溪庄园（凤窝园）烟草蚜虫的初发期（6 月 15 日），把已饥饿 24h 的捕食性瓢虫放入简易释放器内，每个释放器可置 10～20 头瓢虫成虫；将其运送至有机烟区，把装有捕食性瓢虫的简易释放器用竹竿悬挂于烟田，其放置高度高于烟株顶端 10～20cm；每亩有机烟田悬挂释放器 20～30 个，并将释放器开口，让其在烟田搜捕寄主蚜虫（烟蚜）。瓢虫释放数量的大小，由田间烟草蚜虫的发生量来确定；释放时，一般瓢蚜比为 1∶100～1∶300 的比例。

6 月上旬，烟草处于旺长期，烟蚜、烟粉虱等为盛发期，先将批量瓢虫陆续运送到玉溪庄园（凤窝园），并在烟田、菜地等分别进行了瓢虫释放；7 月上旬，烟草处于花蕾期，根据烟蚜发生危害情况，进行烟田第二次批量释放瓢虫；8 月初，在烟田进行烟蚜防控效果调查，发现瓢虫已在当地烟株上建立了自己的种群。

从图 8.17 可以看出，在有机烟田瓢虫释放区，烟草蚜虫发生时间尽管较常规烟非释放区稍早，但发生量和持续时间较为平缓，说明瓢虫对烟蚜起到较好的控制作用。在瓢虫非释放区，虽然烟草蚜虫发生危害的时间相对较晚，但发生速度较快，发生量明显大于瓢虫释放区。

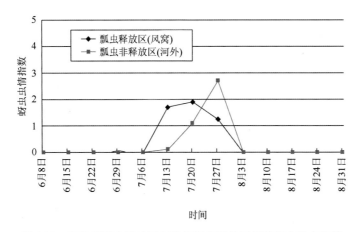

图 8.17　有机烟瓢虫释放区与常规烟非释放区烟草蚜虫动态比较

从在玉溪庄园（凤窝园）释放瓢虫控制烟草蚜虫、烟粉虱等的整体情况来看，瓢虫能耐饥饿一周左右时间，途中运输方便；瓢虫活动范围大，控制烟草蚜虫见效快；与利用烟蚜茧蜂控制烟蚜相比，瓢虫控制烟蚜的亩成本可降低 10%～20%。同时，从控制害虫的种类来看，蚜茧蜂只能寄生蚜虫，而瓢虫的成虫及幼虫则能捕食蚜虫、粉虱、粉蚧、害螨等多种害虫，其食量大，控虫较为迅速，整体防治效果好。

应用捕食性瓢虫控制烟草重要害虫，是一项具有良好实用价值及其应用前景的重要生物防治技术。这将自然控制作用，开发利用于生态烟叶或有机烟叶的生产过程，现已充分展示出生物防治技术在现代烟草农业中的重要作用。

在玉溪庄园（凤窝园）有机烟草重要害虫烟蚜、斜纹夜蛾、烟青虫等盛发期，烟田还分别释放了寄生性昆虫天敌蚜茧蜂、赤眼蜂等，已对这些重要害虫等起到了明显的控制作用。

2）天敌昆虫人工繁殖与释放、保护及利用所取得的效果

2012～2014 年，在玉溪庄园（凤窝园）、文山村委会、安居村委会等，通过连续 3 年的天敌昆虫人工繁殖与释放、保护及利用，已取得下列示范效果以及引领作用。

从图 8.18～图 8.21 可以看出，2013 年在有机烟草重要害虫天敌的系统调查中，在凤窝、文山和安居 3 个调查点的瓢虫和南方小花蝽均有一个明显的高峰期（均在 7 月上中旬），并且与烟蚜、烟粉虱的发生时期较为吻合，故对烟蚜、烟粉虱等起到了较好的生物控制作用。2013 年瓢虫和南方小花蝽等天敌的年发生量较 2012 年有明显的提高，其中凤窝有机烟田的天敌种群年发生量最高，其次是安居，再次是文山。食蚜蝇和蚜茧蜂只是零星发生，种群数量也较低，对烟蚜的控制作用较小。因此，在有机烟草栽培过程中，由于禁止化学农药的使用，有效保护了天敌种类及其种群数量；同时，还保护了该区域的生物多样性，这对顺利发展有机烟叶生产是至关重要的。

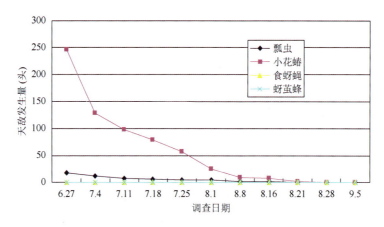

图 8.18　玉溪庄园（凤窝园）有机烟草重要害虫天敌的种群动态（2013 年）

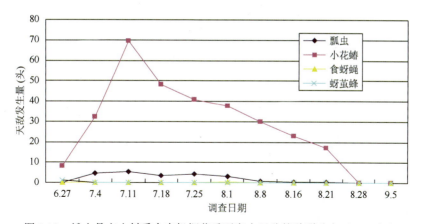

图 8.19　峨山县文山村委会有机烟草重要害虫天敌的种群动态（2013 年）

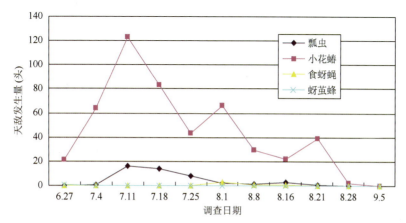

图 8.20　峨山县安居村委会有机烟草重要害虫天敌的种群动态（2013 年）

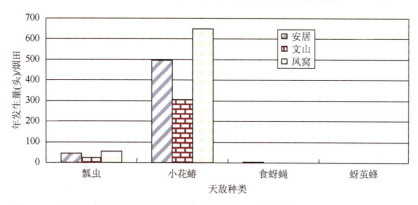

图 8.21　凤窝、文山和安居有机烟草重要害虫天敌的年发生量比较（2013 年）

从图 8.22～图 8.24 可以看出，2014 年在有机烟草重要害虫天敌的系统调查中，选择了凤窝和文山两个调查点。在文山村委会，南方小花蝽有一个明显的高峰期（6 月上旬至 8 月上旬），并且高峰期持续时间较长，从有机烟进入旺长期至开始采收烘烤，对烟草蚜虫起到了较好的控制作用；同时，瓢虫有一个明显的高峰期（7 月上中旬），对烟蚜、烟粉虱等起到了较好的控制作用。在凤窝有机烟区，对烟蚜起到较好控制作用的还是南方小花蟀、瓢虫等，其发生高峰期与文山村委会基本一致，只是持续时间没有文山的长。2014年瓢虫、南方小花蟀等天敌的年发生量较 2012 年、2013 年有明显提高，其中凤窝南方小花蟀种群年发生量最高，几乎是文山的 3 倍，每 100 株烟株年发生量达 3000 多头，对烟蚜、烟粉虱等起到了较好的控制作用，而食蚜蝇种群数量较低。尽管两个有机烟草栽培区

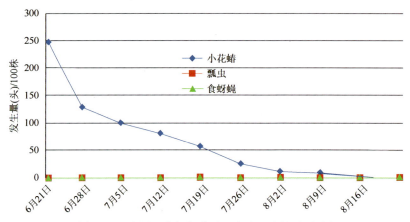

图 8.22　玉溪庄园（凤窝园）有机烟草重要害虫天敌的种群动态（2014 年）

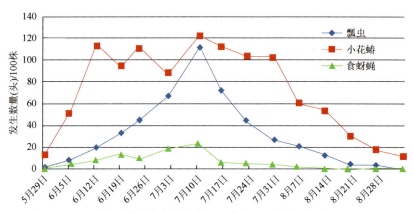

图 8.23　峨山县文山村委会有机烟草重要害虫天敌的种群动态（2014 年）

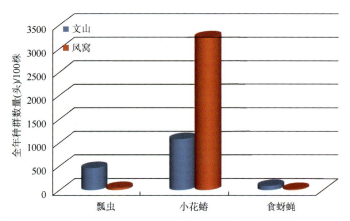

图 8.24　凤窝和文山有机烟草重要害虫天敌的年发生量比较（2014 年）

域的海拔及气候有所差异，但实行有机栽培后，天敌的种类和数量呈现明显上升趋势。因此，结合有机烟草栽培措施，人工繁殖与释放以及保护和利用天敌昆虫的多样性对有效控制有机烟草重要害虫具有重要意义。

4. 有机烟叶生产重要病虫害生物防治技术体系试验示范的经济效益

2012～2014 年，在玉溪市峨山县玉溪庄园（凤窝园）、文山村委会、安居村委会等有机农业的生产过程中，引进、完善并应用了《红塔生态特色原料基地—生物防治技术体系的构建及示范》项目的研究成果——烟草重要病虫害生物防治技术体系，累计在有机烟叶生产示范推广面积 3690 亩，同时还在与有机烟草轮作的农作物上示范推广 900 余亩，有效防治了其重要病虫害对有机烟叶和其他非烟有机作物的危害，其危害损失率控制在 5%以下。

本项生物防治技术体系的科技成果，保证了玉溪庄园（凤窝园）烟叶有机生产的顺利进行，解决了有机生产过程中重要病虫害防治的技术难点。本项目实施两年多来，累计节约防治成本 6.1 万元（有机生产过程病虫害防治成本在 150 元/亩以上），获间接经济效益为 206.6 万元（按亩产值人民币 3000 元计算，初步测算有机生产中病虫害造成 20%以上的损失），两项合计为 212.7 万元。

5. 烟草重要病虫害生物防治技术体系试验示范取得的社会和生态效益

根据《生物多样性公约》的定义，生物多样性（Biodiversity）是指"所有来源的活的生物体中的变异性，这些来源包括陆地、海洋和其他水生生态系统及其所构成的生态综合体；这包括物种内、物种之间和生态系统的多样性"。显然，"生物多样性"是生物（动物、植物、微生物）与环境形成的生态复合体以及与此相关的各种生态过程的总和，包括生态系统、物种和基因三个层次；生物多样性是人类赖以生存的条件，是经济社会可持续发展的基础，是生态安全和粮食安全的保障。

2012～2014 年，在玉溪庄园（凤窝园）、文山村委会、安居村委会等有机农业的生产过程中，结合有机栽培措施（如水旱轮作、抗病虫品种栽培、种植绿肥、拆出塑料大棚等），通过烟草重要病虫害生物防治技术体系的构建及示范，其重要病虫害的发生流行得到有效控制，生物农药的用量亦逐年减少，加之禁用化学农药，该区域生态系统中天敌种类及其数量持续增加（如异色瓢虫、七星瓢虫、龟纹瓢虫、南方小花蝽、食蚜蝇、草蛉、捕食螨等），生态安全已得到有效保障；同时，水稻田还分别养鸭、养鱼等，减少了其他病虫害的发生危害。总之，上述这些有效措施，促进了该区域生态系统的良性循环，保护了生物多样性，现已起到良好的示范和引领作用，确保了红塔集团烟叶有机生产的可持续发展。

8.2.5　其他农作物重要病虫害的普查、系统调查及综合防控技术

1. 蔬菜作物

无论是有机蔬菜、有机烟草以及农户常规种植烟草，烟粉虱都有一个明显的发生危害高峰期，只是三种作物上其高峰期出现的时间有所差异。其中，由于凤窝有机烟田使用了许多黄板诱杀烟粉虱，其发生高峰期仅为 7 月 20 日至 8 月 3 日，持续时间较短；而在河

外村农户常规烟草种殖区，由于农户未使用黄板诱杀，烟粉虱发生高峰期为 6 月 15 日至 8 月 3 日，其盛发时间较早，发生量最大，持续时间长。

由于烟粉虱能传播多种植物病毒病，故在玉溪庄园（凤窝园）的农作物品种布局中，有机烟田周围不适宜种植烟粉虱嗜好的茄科、葫芦科及豆科等蔬菜作物，尽量减少迁入有机烟田的烟粉虱虫源数量。

在玉溪庄园（凤窝园）有机蔬菜上斜纹夜蛾成虫发生相对较重，有明显的 3 个发生危害高峰期。斜纹夜蛾的第一个发生高峰期为 5 月上旬至 6 月上旬；随着气温回暖，这一时期是斜纹夜蛾越冬代虫源大量迁入有机蔬菜地的主要时期，也是全年控制斜纹夜蛾虫口基数的关键时期。第二个高峰期为 8 月中旬至 10 月中旬，持续时间较长。第三个高峰期为 10 月下旬至 11 月中旬，也是全年发生量较大的时期；在这一时期，应采取生物防治、物理捕杀以及农业措施对斜纹夜蛾进行防治，减少斜纹夜蛾的越冬虫源，从而可减少翌年的发生量。

2. 水稻作物

稻瘟病在凤窝有机稻的 4 个栽培品种上发生危害较为严重。发病轻重依次是云恢 290、红米、紫糯米、丰优香占，而文山村农户常规种植水稻的稻瘟病相对较轻。

稻飞虱：灰飞虱、白背飞虱、褐飞虱的成虫、若虫均有发生，其中以灰飞虱和白背飞虱为主，褐飞虱少量发生。

其次，有少量的稻象甲为害，二化螟、三化螟（形成白穗）、有少量黑尾叶蝉、寄生蜂、斜纹夜蛾卵块、瓢虫、蜘蛛等。

在玉溪庄园（凤窝园）有机水稻分蘖期，进行了稻田释放赤眼蜂防控水稻重要害虫稻纵卷叶螟、螟虫、粘虫等初步研究工作，取得了一些明显成效。

玉溪庄园（凤窝园）水稻大多处于分蘖中期田块，灰飞虱和白背飞虱的发生以若虫为主，亩虫量为 12312 头/亩和 12336 头/亩左右；其中灰飞虱若虫以低龄若虫为主。有机水稻均已达到防治指标。

水稻以灰飞虱成虫为主，亩虫量为 1920 头/亩左右。

其他害虫，有少量的稻象甲、二化螟、三化螟（形成白穗）、还有少量黑尾叶蝉、草蛉、蜘蛛；其他害虫，有少量蟋、金龟子、蜘蛛、冬螨、稻象甲等。天敌有瓢虫、寄生蜂等。

水稻病害在玉溪庄园（凤窝园）、安居、文山、河外村委会，水稻条纹叶枯病、稻曲病、胡麻叶斑病等均有少量或零星发生。

3. 油菜作物

1%苦皮藤素水乳剂、1.5%苦参碱可溶液剂、2%除虫菊素水乳剂、0.5%藜芦碱可溶液剂四种植物源杀虫剂对油菜蚜虫均有较好的防治效果，其中，以 0.5%藜芦碱可溶液剂的防治效果最好，显著高于其他三种植物源杀虫剂，其 1200 倍液在药后第 3～5 天对油菜蚜虫的防效为 82.0%～89.9%，持效期可达 10 天；以 2%除虫菊素水乳剂的防治效果最好，显著高于其他三种植物源杀虫剂，其 800 倍液在药后第 3～5 天对油菜蚜虫的防效为 60.6%～78.7%。2%除虫菊素水乳剂、0.5%藜芦碱可溶液剂的防治效果相对更好。

4. 蚕豆作物

1）文山有机蚕豆斑潜蝇发生危害情况

从表 8.2 可以看出，随着有机蚕豆的生长，斑潜蝇危害有逐渐加重的趋势，成虫危害叶率、幼虫危害叶率和枯叶率均呈现加重的趋势，至 11 月 26 日为止，成虫危害叶率、幼虫危害叶率及枯叶率最高已到达 44.3%、50.6% 和 27.3%，已经达到中偏重。

表 8.2　文山有机蚕豆斑潜蝇危害调查（2014 年）

日期	成虫危害叶率（%）	幼虫危害叶率（%）	枯叶率（%）
10 月 13 日	11.4	37.2	1.8
10 月 20 日	15.6	41.7	6.8
10 月 27 日	21.4	43.5	8.9
11 月 4 日	24.2	50.6	9.7
11 月 12 日	33.2	26.6	8.2
11 月 19 日	37.3	43.8	17.3
11 月 26 日	44.3	48.8	27.3

2）文山有机蚕豆斑潜蝇发生规律

从图 8.25 可以看出，从 10 月 13 日调查开始，斑潜蝇成虫数量有明显的上升趋势，到 11 月上中旬达到最高峰，以后有逐渐下降的趋势。由于项目要结题验收，调查时间较短，图中虽不能完全反映有机蚕豆整个生育期斑潜蝇的发生规律，但从前期调查结果来看，文山有机蚕豆斑潜蝇发生危害还是中偏重。

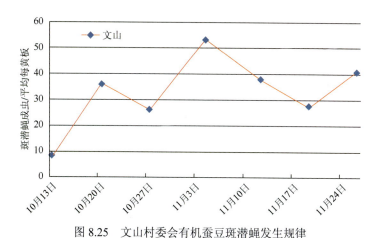

图 8.25　文山村委会有机蚕豆斑潜蝇发生规律

3）有机蚕豆斑潜蝇绿色防控措施

（1）调整作物布局，采取不利害虫，有利作物的轮作、套作、间作等，敏感作物不连作蚕豆等敏感作物，调整作物品种与在近虫源地设置隔离带相结合，可起到阻止和延缓虫源迁入的良好效果。

（2）及时清除有虫枝叶，证明是简便、易行十分省效的控虫措施，在敏感作物的虫源集中地，种群盛发期实施，效果会更好。

（3）有条件的田块，科学灌水，处理土壤，消灭落土化蛹虫源，以及在虫源地设置敏感作物的诱集圃，集中捕杀等。

（4）因地制宜，采用黄卡诱杀成虫，黄卡诱杀成虫实施的重点，应放在虫源集中地、成虫盛发期，15～20块/亩，有效诱杀成虫，减少成虫产卵量，从而减轻危害。

（5）保护利用天敌，害虫虫口密度低，为害轻，尽量不打药或少打药，促进天敌自然种群增长，达到持续控制害虫的目的。

（6）重视科学监测，掌握害虫生物学、田间虫源变迁、种群动态及影响因子的相关性，是准确掌握虫情，进行科学测报及制订综防方案，持续有效控制灾变的重要基础。

第9章 有机烟叶烘烤技术优化与示范

9.1 有机烟叶烘烤过程中主要化学物质变化特征

以有机烟种植区主栽品种 K326 为研究对象，研究普通烤房中常规烟（记为 T1）、绿色烟（T2）、有机烟（T3）烘烤过程中主要化学物质的变化规律，各处理总面积均为 3.3hm^2，并设三个重复，施纯氮 112.5kg/hm^2，N：P$_2$O$_5$：K$_2$O＝1：0.5：2.5，株行距为 120cm×50cm。在烟叶烘烤开始后的 0 时及每隔 12 小时分别取样，直至烘烤结束。主要化学成分及主要生理指标参照《烟草化学》及推荐方法测定。烘烤工艺按照玉溪市优质烤烟烘烤要求，其具体操作见表 9.1。

表 9.1 烘烤工艺的基本操作

时期	变黄期	后熟期	干叶期	干筋期
烘烤时间/h	48~60	24~36	24~36	24~48
干球温度/℃	35~37	42~44	51~53	66~68
湿球温度/℃	33~34	35~36	37~38	39~40
相对湿度/%	85~79	59~56	37~35	15~14
天窗开关程度	开 1/4~1/5	全开	全开	开 1/2~1/3
地洞开关程度	微开	开 1/5~1/4	开 3/4~全开	开 1/3~1/4

烟叶在烘烤过程中水分的变化烟叶烘烤过程中叶片总水含量如图 9.1~图 9.3 所示，总体上，各部位叶片中总水含量在烘烤过程中呈下降趋势；烟叶在烘烤过程中 0~48h 失水量小，失水速度慢，48~96h 失水量大，失水速度快，96h 以后失水量又少，失水速度又减慢，整个烘烤过程中水分动态变化大致呈 S 形曲线变化。

如图 9.1 所示，烘烤开始时（0h），三个处理间下部叶总水含量差异不显著（p=0.3978），但 T3 略高于 T1 和 T2 1.41%、2.27%；烘烤至 48h 时，T3 与 T2 间差异不显著（T3 略高于 T2 为 2.64%），但都显著低于 T1（p=0.0015），烘烤至 96h 时，3 个处理间差异不显著（p=0.0964），但 T3 略高于 T1 和 T3 为 8.95%和 2.99%，烘烤结束后 3 个处理间没有显著差异（p=0.7532），T3 略高于 T1 及 T2 为 9.72%和 2.73%。

从图 9.2 可以看出，0h 的时候，3 个处理间中部叶总水含量差异不显著（p=0.9007）：T3 略高于 T1 和 T2 为 2.21%和 1.76%；烘烤至 48h 时，3 个处理间表现出显著的差异（p=0.0501），但是随着烘烤时间的推移，3 个处理间差异减少，至烘烤 120h 时，T3 略高于 T1 和 T2 为 0.49%和 1.12%但是 3 个处理间没有显著差异（p=0.7547）。

如图 9.3 所示，三个处理上部叶总水含量在烘烤开始时（0h）没有显著差异（p=0.6472），T3 略低于 T1 为 1.73%，略高于 T2 为 0.37%；虽然至烘烤 36h 的时候，三个处理间出现显著差异（p=0.0034），但是从 48h 开始，直至烘烤结束，3 个处理间差异均不显著，至

108h 时，T3 要略低于 T1 及 T2 为 2.79% 和 1.68%，没有显著差异（p=0.2371）。

　　综上所述，虽然在个别时段，3 个处理表现出显著的差异，但是总体上，在相同的烘烤工艺下、相同烘烤时期，有机烟与常规烟、"绿色"烟的总水变化差异不显著，尤其是在烘烤结束的时候，3 个处理总水含量均没有呈现出显著的差异。从总水变化方面看，说明现有的烘烤工艺能够满足有机烟的烘烤要求。

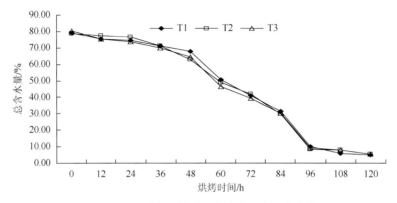

图 9.1　下部叶在烘烤过程中总水分含量的变化

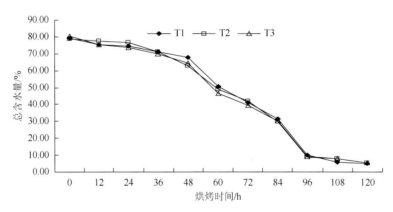

图 9.2　中部叶在烘烤过程中总水分含的量变化

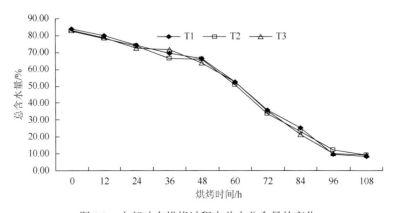

图 9.3　上部叶在烘烤过程中总水分含量的变化

　　烟叶在烘烤过程中自由水的变化从图中可以看出，常规烟、绿色烟及有机烟在烘烤过程中烟叶自由水含量均随烘烤过程的进行而下降；烟叶在烘烤开始至结束的时候失水量失水速度基本一致。如图 9.4 所示，在烘烤开始的时候，3 个处理之间下部叶自由水含量没有显示出显著的差异（$p=0.2539$），T3 较 T1 及 T2 略减少 3.92% 和 3.77%；然后，3 个处理间差异加大，烘烤至 36h 时，T3 要显著低于 T1 及 T2（$p=0.0061$），但是随着烘烤的进行，3 个处理间的差异开始减小，至烘烤结束时（120h），没有显著差异，但表现出 T3 略低于 T1 及 T2 为 4.91% 和 4.02%。

　　如图 9.5 可以得知，0h 时，3 个处理之间中部叶自由水含量存在显著的差异（$p=0.0001$）：T1＞T2＞T3；但是烘烤至 48h 时，3 个处理间的差异不显著（$p=0.2371$），T3 较 T1 略减少 2.01%，较 T3 略提高 1.99%；之后，3 个处理间均没有显著差异，烘烤结束时，T3 自由水含量略低于 T1 及 T2 为 2.78% 和 1.71%，没有显著差异（$p=0.7311$）。

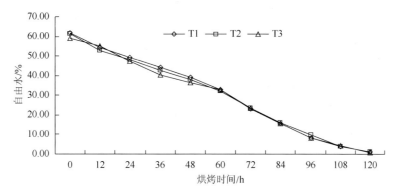

图 9.4　下部叶在烘烤过程中自由水含量的变化

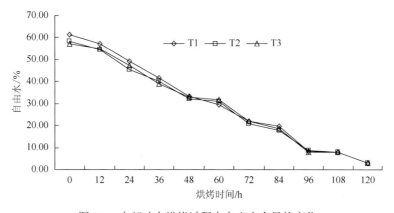

图 9.5　中部叶在烘烤过程中自由水含量的变化

　　从图 9.6 得知，烘烤开始时，3 个处理上部叶自由水含量没有显著的差异（$p=0.5273$），但是烘烤至 36h 时，3 个处理间差异显著（$p=0.0143$），T3＞T1＞T1；之后随着烘烤的进行，3 个处理间差异不显著，至烘烤结束时，T3 自由水含量较 T1 及 T2 略下降 2.01% 和 1.12%，3 个处理间没有显著差异（$p=0.9291$）。

　　虽然在个别时段，3 个处理表现出显著的差异，但总体上的自由水变化差异不显著，

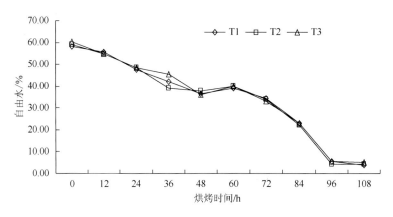

图 9.6　上部叶在烘烤过程中自由水含量的变化

尤其是在烘烤结束的时候，3 个处理束缚水含量均没有呈现出显著的差异。从自由水变化方面看，说明现有的烘烤工艺能够满足有机烟的烘烤要求。

　　烟叶在烘烤过程中束缚水的变化，3 个处理烟叶随着烘烤时间的推移均大体呈现出束缚水含量先升高后降低的趋势：在烘烤开始至 48h 时，束缚水含量均出现出缓慢上升的趋势，在烘烤 48h 至烘烤结束时，各处理束缚水含量呈现出下降的趋势。

　　如图 9.7 所示，0h 时，T1 下部叶束缚水含量要显著高于 T2 及 T3（p=0.0032），T3 与 T2 之间虽没有显著的差异，但 T3 略低于 T2 为 2.76%；至烘烤 48h 时，3 个处理间都还存在着显著的差异（p=0.0398），但是随后 3 个处理间的差距开始减少，并从 60h 开始，3 个处理间没有显著的差异；至烘烤 120h 时，T3 要略低于 T1 及 T2 为 3.84%和 1.49%，但是没有显著的差异（p=0.5221）。

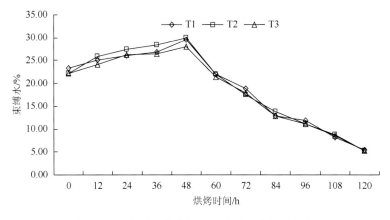

图 9.7　下部叶在烘烤过程中束缚水含量的变化

　　如图 9.8 所示，0h 时，T3 的中部叶束缚水含量要显著高于 T1 及 T2（p=0.0431）；烘烤至 48h 的时候，3 个处理间差异不显著（p=0.1401），直至烘烤结束 3 个处理间差异都不显著，其中 120h 时候，T3 略低于 T1 及 T2 各 0.58%和 0.26%，没有表现出显著的差异（p=0.3349）。

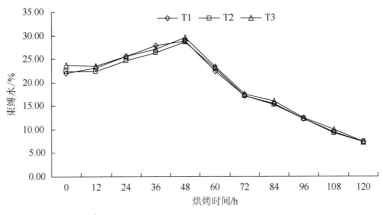

图 9.8 中部叶在烘烤过程中束缚水含量的变化

如图 9.9 所示，烘烤开始时，3 个处理上部叶束缚水含量没有显著的差异（$p=0.5273$），T3 较 T1 和 T2 略低 6.10% 和 2.43%；烘烤至 48 时，3 个处理间也没有显著差异（$p=0.4122$），3 较 T1 和 T2 略低 2.20% 和 1.03%；烘烤结束时，T3 束缚水含量较 T1 及 T2 略下降 0.31% 和 0.22%，没有显著差异（$p=0.6321$）。

3 个处理总体上的束缚水变化差异不显著（除去个别时段，表现出显著的差异），尤其是在烘烤结束的时候，3 个处理束缚水含量均没有呈现出显著的差异。从束缚水变化方面看，现有的烘烤工艺能够满足有机烟的烘烤要求。

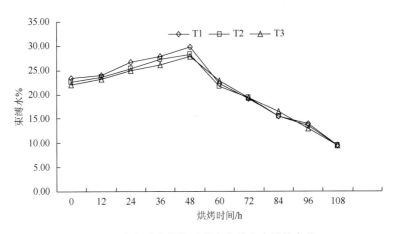

图 9.9 上部叶在烘烤过程中束缚水含量的变化

烟叶在烘烤过程中淀粉酶的变化不论是哪种有机无机氮配比的处理、不论是哪个部位，烘烤过程中烟叶淀粉酶活性均呈现出下降的趋势，其中烘烤开始至 12h 时候，淀粉酶活性下降；12~36h 时；淀粉酶活性上升，36~48h 时，淀粉酶活性下降；48~60h，淀粉酶活性缓慢上升；60~72h，淀粉酶活性缓慢下降；72h 后，淀粉酶活性下降非常迅速。

如图 9.10 所示，虽然 T3 下部叶淀粉酶活性在 12h 时较 T2 差异显著（$p=0.0389$），烘烤至 36h 时较 T2 及 T3 没有显著差异（$p=0.2389$），T3 略高于 T1 及 T2 各 1.23% 和 0.39%；烘烤至 72h 时，T3 较 T2 及 T1 差异显著（$p=0.0145$），但随后，3 个处理间差异减小，至

96h 时，T3 略高于 T1 及 T2 各 0.011% 和 0.010%，没有显著差异（p=0.5271）。

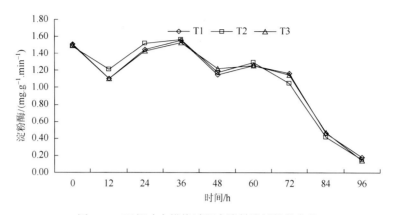

图 9.10　下部叶在烘烤过程中淀粉酶活性的变化

　　如图 9.11 所示，T3 中部叶淀粉酶活性在 36h 时较 T1 及 T2 差异显著（p=0.0001），T3 与 T2 差异虽不显著，但 T3 要略高于 T2 约 0.09%，T3 要显著高于 T1；T3 中部叶淀粉酶在 48h 时要显著低于 T1，显著高于 T2（p=0.0002）；烘烤至 96h 时，3 个处理间差异不显著（p=0.2678）。

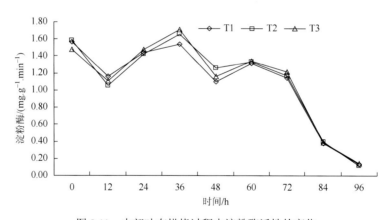

图 9.11　中部叶在烘烤过程中淀粉酶活性的变化

　　如图 9.12 所示，T3 上部叶淀粉酶活性在 0h 时较 T1 和 T2 差异不显著，略增加 1.13%，较 T2 增加 0.51%。烘烤至 12h 时，T3 要显著低于 T1 及 T2（p=0.0523），但是，随着烘烤的进行，3 个处理间的差异均不显著。

　　烟叶在烘烤过程中的淀粉变化从图中可以看出，不论是哪种有机无机氮配比的处理、不论是哪个部位叶，烘烤过程中烟叶淀粉含量均随烘烤过程的进行而下降，其中烘烤开始至 36h 烟叶淀粉含量下降非常迅速。烘烤 48h 后，淀粉含量下降趋于平稳。

　　如图 9.13 所示，虽然 T3 下部叶淀粉含量在 24h 时较 T2 及 T3 显著下降（p=0.0084）；但是烘烤结束时（120h），3 个处理的差异不显著（p=0.3271），T3 略低于 T1 及 T2 为 1.51% 和 0.81%。

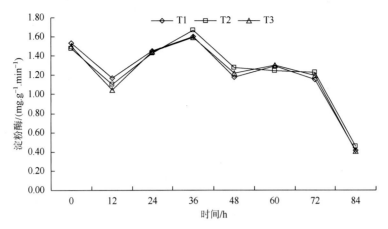

图 9.12　上部叶在烘烤过程中淀粉酶活性的变化

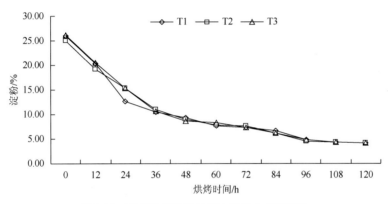

图 9.13　下部叶在烘烤过程中淀粉含量的变化

如图 9.14 所示，T3 中部叶淀粉含量在 12h 时较 T1 及 T2 显著提高（$p=0.0481$）；但是烘烤至 120h 时，3 个处理的差异不显著（$p=0.4227$），T3 略低于 T1 及 T2 各 1.03%和 0.73%。

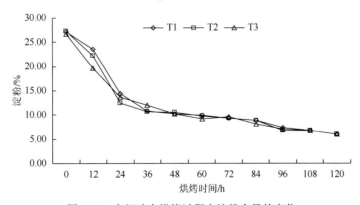

图 9.14　中部叶在烘烤过程中淀粉含量的变化

如图 9.15 所示，T3 上部叶淀粉含量在 36h 时较 T1 和 T2 显著提高（$p=0.0571$）。但是随着烘烤的进行，3 个处理间的差异减少，至 108h 时，T3 略低于 T1 及 T2 各 0.96%和 0.42%，差异不显著（$p=0.6218$）。

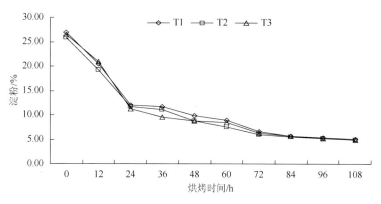

图 9.15 上部叶在烘烤过程中淀粉含量的变化

研究结果表明，在相同的烘烤工艺下、相同烘烤时期，不同有机无机氮配比的烟叶淀粉活性没有明显影响，从淀粉方面看，目前的烘烤工艺能够满足有机烟的烘烤要求。

烟叶在烘烤过程中的含氮化合物变化表 9.2 所示的是常规烟、绿色烟及有机烟在烘烤过程中主要含氮化合物含量变化差异情况，从表中可以看出，3 个处理烟叶均出现出以下的趋势：烟碱含量变化较大，总体呈现出明显的增加趋势；而总氮的变化幅度相对较小，但总体呈现下降趋势。3 个处理之间烟碱烤前与烤后的变化量虽各有差异，但是 3 个处理之间变化量没有显著差异。说明在相同的烘烤工艺下，对不同有机无机氮配比的含氮化合物含量没有明显影响，当前的烘烤工艺能满足有机烟对含氮化合物的烘烤要求。

表 9.2 上部叶在烘烤过程中主要含氮化合物含量的变化

部位	处理	烟碱%			总氮%		
		烤前	烤后	变化量	烤前	烤后	变化量
下部叶	T1	1.21a	1.91a	0.70a	1.85a	1.62a	0.23a
	T2	1.16b	1.85b	0.69a	1.81a	1.57a	0.24a
	T3	1.14b	1.81b	0.71a	1.79a	1.56a	0.23a
中部叶	T1	1.56a	2.38a	0.82a	2.10a	1.55a	0.54a
	T2	1.45b	2.28b	0.83a	2.07a	1.52a	0.55a
	T3	1.42c	2.31b	0.82a	2.05a	1.55a	0.50a
上部叶	T1	1.91a	2.66a	0.75a	2.21a	2.03a	0.18a
	T2	1.89a	2.64ab	0.73a	1.81c	1.61c	0.20a
	T3	1.87a	2.61b	0.74a	2.03b	1.83b	0.20a

烟叶在烘烤过程中的叶绿素变化。从图 9.16～图 9.18 中可以看出，3 个处理烟叶均大体呈现出叶绿素含量随着烟叶部位的上升而增加；叶绿素含量随着烘烤时间的推移而减少。0～36h 时，叶绿素含量下降迅速，36～72h 时，叶绿素含量下降速率减缓，72h 后，叶绿素的变化缓慢。

表 9.3 所示的常规烟、绿色烟及有机烟在烘烤过程中的叶绿素含量变化及相对变化量，在 0～36h 时间段，叶绿色的降解比较快，其后叶绿素含量减慢；3 个处理间，大体呈现

出 T1 叶绿素含量最高，T2 次之，T3 含量最低；在 36h 时各处理各部位烟叶的叶绿素较 0h 的降解量虽各有差异，但均在 76%左右，差异不明显，在 72h 时各处理各部位烟叶的叶绿素较 0h 的降解量均在 89%左右，差异不显著，烘烤结束时各处理各部位烟叶的叶绿素较 0h 的降解量均在 92%左右，差异不显著；在 3 个处理间，各部位烟叶均表现出 T3 的叶绿素降解量＞T2 的叶绿素降解量＞T1 的叶绿素降解量，这说明绿色烟及有机烟较常规烟有可能增加烟叶的致香物质，提高烤烟原料的质量。综上所述，说明在叶绿素变化方面，目前的烘烤工艺能够满足有机烟的烘烤要求。

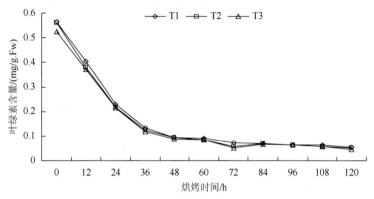

图 9.16　下部叶在烘烤过程中叶绿素含量的变化

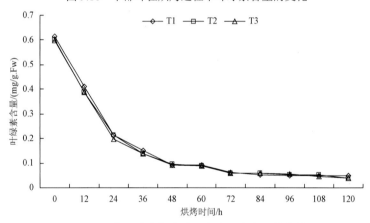

图 9.17　中部叶在烘烤过程中叶绿素含量的变化

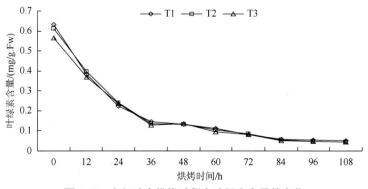

图 9.18　上部叶在烘烤过程中叶绿素含量的变化

表 9.3　烟叶烘烤过程中叶绿素含量的变化

部位	处理	叶绿素含量/（mg/g）				相对降解量/%		
		0h	36h	72h	干样	36h	72h	干样
下部叶	T1	0.564a	0.134a	0.072a	0.053a	76.4b	87.2b	90.7a
	T2	0.562a	0.125b	0.058b	0.050b	77.5ab	89.6a	91.1a
	T3	0.524b	0.117c	0.051c	0.045c	78.1a	90.3a	91.3a
中部叶	T1	0.614a	0.150	0.064a	0.048a	75.1a	89.6b	91.9b
	T2	0.600a	0.137a	0.059a	0.041a	78.3a	90.4ab	93.1a
	T3	0.598a	0.137a	0.058a	0.039a	78.2a	90.8a	93.7a
上部叶	T1	0.633a	0.146a	0.070a	0.051a	76.9b	89.1a	92.0a
	T2	0.611a	0.135b	0.065b	0.045a	77.9a	89.3a	92.4a
	T3	0.566a	0.130b	0.055b	0.045b	77.9a	90.0a	92.3a

烟叶在烘烤过程中类胡萝卜素的变化。图 9.19～图 9.21 所示的是常规烟、绿色烟及有机烟在烘烤过程中主要含氮化合物含量变化差异情况，烘烤过程中的类胡萝卜素含量变化，从中可以看出，3 个处理烟叶均大体呈现出类胡萝卜素含量随着烘烤时间的推移而减少。0～36h 时，类胡萝卜素含量下降迅速，36～72h 时，类胡萝卜素含量下降速率减缓，72h 后，类胡萝卜素的变化缓慢。

表 9.4 所示的是常规烟、绿色烟及有机烟在烘烤过程中的类胡萝卜素含量变化及相对变化量，从表中可以看出，在整个烘烤过程中，类胡萝卜素的降解速度都比较均匀；3 个处理间，大体呈现出中部叶类胡萝卜素降解量要高于下部叶和上部叶；在 3 个处理间，各部位烟叶类胡萝卜素降解量虽没有明显差异，但大体表现出 T3 和 T2 的降解量＞T1 的降解量，这说明绿色烟及有机烟较常规烟类胡萝卜素降解大，提高烤烟原料的质量。综上所述，说明在类胡萝卜素变化方面，目前的烘烤工艺能够满足有机烟的烘烤要求。

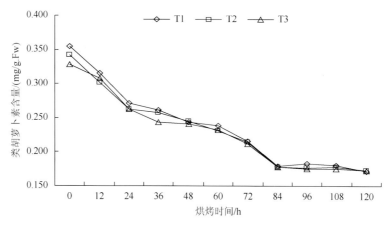

图 9.19　下部叶在烘烤过程中类胡萝卜素含量的变化

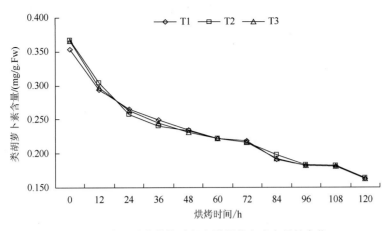

图 9.20　中部叶在烘烤过程中类胡萝卜素含量的变化

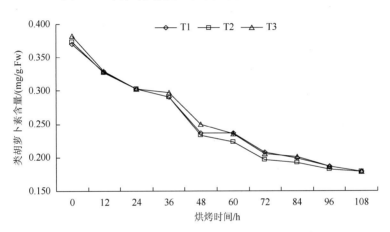

图 9.21　上部叶在烘烤过程中类胡萝卜素含量的变化

表 9.4　烟叶烘烤过程中类胡萝卜素含量的变化

部位	处理	类胡萝卜素含量 mg/g				相对降解量%		
		0h	36h	72h	干样	36h	72h	干样
下部叶	T1	0.355a	0.261a	0.236a	0.188a	26.9a	35.6a	47.8a
	T2	0.342a	0.257a	0.215	0.178ab	27.2a	35.8a	48.1a
	T3	0.328a	0.243a	0.212	0.171b	27.5a	36.1a	48.6a
中部叶	T1	0.353a	0.269a	0.218a	0.167a	24.8b	38.9b	52.5a
	T2	0.367a	0.260a	0.216a	0.164a	25.8ab	39.6ab	53.6a
	T3	0.366a	0.265a	0.216a	0.162a	26.3a	40.1a	52.9a
上部叶	T1	0.370a	0.290a	0.208a	0.190a	21.5a	43.9a	48.6a
	T2	0.373a	0.290a	0.196b	0.190a	22.3a	44.5a	49.1a
	T3	0.382a	0.297a	0.205a	0.193a	22.3a	44.3a	49.1a

　　结论：烟叶烘烤是一个复杂的生理生化过程，其实质是烟叶成熟、衰老的继续和加强。烘烤过程中各阶段的温湿度条件对烟叶的外观质量和内部物质都会产生很大的影响，在烘

烤期间，应创造适宜的温度和湿度条件，才能促使烟叶绿色消退、黄色显现，化学成分向有利于吸食方向发展。随着优质烟叶烘烤技术的推广和普及，烟叶内部的生理生化反应也相应的随着变化，进而影响烤后烟叶化学组分，并最终影响烟叶内在品质。通过常规烟、绿色烟及有机烟在烘烤过程中主要化学物质的变化，烟叶中水分、淀粉酶、淀粉、含氮化合物及色素变化差异不显著。

9.2　不同烤房类型对烟叶品质的影响研究

在有机种植核心示范区，开展了普通烤房和密集烤房对 K326 外观质量、化学成分、致香物质、感官质量影响的研究，试验中将烟叶用刀片沿主脉划分两半，编杆后一半装入普通烤房，一半装入密集烤房，两种烤房都按照常规三段式烘烤工艺执行。

不同烤房类型与烟叶外观质量由表 9.5 看出，处理 1 与对照的成熟度、颜色、叶片结构、身份的差异不明显。说明普通烤房和密集型烤房对烤后烟叶的外观质量影响不大。

表 9.5　不同烤房类型烤后烟叶外观质量

部位	处理	颜色	成熟度	叶片结构	身份	油分	色度
中部叶	处理 1	正黄-金黄	成熟	疏松	稍薄-中等	有	中-强
	对照	正黄-金黄	成熟	疏松	稍薄-中等	有	中-强
上部叶	处理 1	金黄-深黄	成熟	尚疏松	中等-稍厚	有	中-强
	对照	金黄-深黄	成熟	尚疏松	中等-稍厚	有	中-强

不同烤房类型与烟叶化学成分由表 9.6 看出，不同烤房类型烟碱含量差异不明显。从中部烟来看，烟叶总糖和还原糖含量处理 1 和对照的含量较为接近，处理 1 和对照糖碱比都偏高；从上部烟来看，处理 1 的总糖和还原糖含量均低于对照；处理 1 的糖碱比适宜，对照糖碱比略高。说明与密集烤房相比，普通烤房烤后烟叶化学成分更趋协调。

表 9.6　不同烤房类型烤后烟叶化学成分

部位	处理	总糖%	还原糖%	烟碱%	全钾%	氯%	糖碱比
中部叶	处理 1	26.39	25.58	2.16	2.2	0.13	12.2
	对照	26.74	25.91	2.12	2.25	0.15	12.6
上部叶	处理 1	22.63	20.91	2.85	1.68	0.21	7.9
	对照	25.33	23.75	2.81	2.07	0.14	9

不同烤房类型与烟叶香味物质含量烤后烟叶质体色素降解产物从表 9.7 中可以看出，中部烟叶处理 1 烤后烟的质体色素降解产物总量最高，对照最低。上部烟叶处理 1 和对照含量基本接近。说明普通烤房更有利于烟叶质体色素降解产物总量的提高。

表 9.7　不同烤房类型烤后烟叶质体色素降解产物含量　　　　（单位：µg/g）

质体色素降解产物	中部叶		上部叶	
	处理 1	对照	处理 1	对照
6-甲基-5 庚烯-2-铜	3.81	2.39	2.02	2.2
β-大马铜	32.31	29.08	23.1	27.04
香叶基丙酮	5.4	6.4	6.37	7
脱氢 β-紫罗兰酮	0.33	0.36	0.7	0.94
二氢猕猴桃内酯	4.06	2.26	2.66	4.29
巨豆三烯酮 1	2.36	1.77	3.51	3.02
巨豆三烯酮 2	8.27	6.11	12.57	10.15
巨豆三烯酮 3	2.23	1.58	2.72	2.33
3-羟基-β-二氢大马铜	2.91	0.81	1.04	2.12
巨豆三烯酮 4	11.82	7.97	16.13	13.88
氧化异佛尔酮	0.28	0.23	0.3	0.28
法尼基丙酮	22.53	19.05	18.27	21.6
新植二烯	1585	977.5	1057	1077
质体色素降解产物总量	1681.31	1055.51	1146.39	1171.85

　　烤后烟叶西柏烷类降解产物含量由图 9.22 看出，中部和上部烟叶烤后西柏烷类降解产物含量变化规律一致，均是对照高于处理 1。说明密集烤房烘烤与普通烤房相比更有利于提高烤后烟叶西柏烷类降解产物含量。

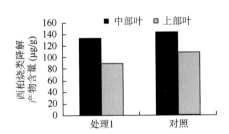

图 9.22　不同烤房类型初烤烟叶西柏烷类降解产物含量

　　烤后烟叶棕色化反应产物含量从表 9.8 中可以看出，处理 1 烤后中部和上部烟叶的棕色化反应产物总量均最高。说明普通烤房与密集烤房相比，更有利于烟叶棕色化反应产物的形成。

表 9.8　不同烤房类型烤后烟叶棕色化反应产物含量　　　　（单位：µg/g）

棕色化反应产物	中部叶		上部叶	
	处理 1	对照	处理 1	
糠醛	32.28	27.89	43.05	35.36
糠醇	8.55	3.73	4.65	5.85

续表

棕色化反应产物	中部叶		上部叶	
	处理1	对照	处理1	对照
2-乙酰呋喃	0.93	0.76	1.03	0.96
5-甲基糠醛	0.96	0.79	1.21	0.99
3，4 二甲基-2，5 呋喃二酮	1.45	1.16	1.78	1.85
2-乙酰基比格	1.16	0.63	0.85	1.00
棕色化反应产物总量	45.33	34.96	52.57	46.01

烤后烟叶苯丙氨酸类降解产物含量从表 9.9 中可以看出，中部烟叶和上部烟叶，处理
1 烤后烟叶苯丙氨酸类降解产物总量均高于对照。说明普通烤房与密集烤房相比，更有利
于烟叶苯丙氨酸类降解产物的形成。

表 9.9　不同烤房类型初烤烟叶苯丙氨酸类降解产物的含量　　（单位：μg/g）

苯丙氨酸类降解产物	中部叶		上部叶	
	处理1	对照	处理1	对照
苯甲醛	2.45	1.77	3.48	2.92
苯甲醇	11.22	8.49	9.28	9.37
苯乙醛	2.55	1.75	3.11	1.71
苯乙醇	3.7	2.92	4.36	3.76
苯丙氨酸类降解产物总量	19.92	14.93	20.23	17.76

烤后烟叶其他香味物质含量由表 9.10 可知，中部烟叶，处理 1 烤后烟叶其他香味物
质总量高于对照。上部烟叶，对照烤后烟叶其他香味物质总量高于处理 1。说明中部烟叶
使用普通烤房烘烤与密集型烤房相比，更有利于烟叶中其他香味物质含量的提高；上部叶
使用密集型烤房烘烤效果更好。

表 9.10　不同烤房类型初烤烟叶其他香味物质的含量　　（单位：μg/g）

其他香味物质	中部叶		上部叶	
	处理1	对照	处理1	对照
芳樟醇	1.85	1.75	2.04	2.01
吲哚	1.47	1.13	1.39	1.64
4-乙烯基-2-甲氧基苯酚	5.17	3.83	4.53	5.7
螺岩兰草铜	0.34	0.23	0.58	0.41
其他香味物质总量	8.83	6.94	8.54	9.76

烤后烟叶致香物质总量由表 9.11 看出，中部烟叶，处理 1 烤后烟叶香味物质总量高
于对照。上部烟叶，对照烤后烟叶香味物质总量高于处理 1。说明中部烟叶使用普通烤房

烘烤与密集型烤房相比，更有利于烟叶中香味物质总量的提高；上部叶使用密集型烤房烘烤效果更好。

表 9.11　不同烤房类型初烤烟叶香味物质总量差异比较　　　（单位：μg/g）

香味物质	中部叶		上部叶	
	处理 1	对照	处理 1	对照
质体色素降解产物	1681.31	1055.51	1146.39	1171.85
西柏烷类降解产物	132.90	143.55	90.89	110.82
棕色化反应产物	45.33	34.96	52.57	46.01
苯丙氨酸类降解产物	19.92	14.93	20.23	17.76
其他香味物质	8.83	6.94	8.54	9.76
合计	1888.29	1255.89	1318.62	1356.20

不同烤房类型与烟叶感官质量从表 9.12 看出，中部烟叶，处理 1 感官质量得分高于对照；上部烟叶，处理 1 与对照感官质量得分接近。普通烤房烤后烟叶与密集烤房相比，香气较优雅细腻，香气量较足，劲头适中，深度中等，余味干净舒适。说明使用普通烤房烘烤能够提升烤后烟叶感官质量。

表 9.12　不同烤房类型烤后烟叶感官质量评价

部位	处理	香气质	香气量	浓度	劲头	杂气	刺激性	余味	甜度	总分
中部叶	处理 1	6.50	6.00	6.00	6.00	7.00	6.50	6.50	6.50	71.50
	对照	6.50	6.50	6.50	6.50	6.00	6.00	6.50	6.00	70.56
上部叶	处理 1	6.00	6.00	6.00	6.50	6.50	6.00	6.00	6.50	67.67
	对照	6.00	6.50	6.50	7.00	6.00	5.50	6.00	6.00	67.39

小结：质体色素在调制、陈化过程中降解产生的多种致香物质是形成烤烟细腻、高雅和清新香气的主要成分，新植二烯是叶绿素降解产物，本身具有清香气。西柏烷类是烟叶腺毛分泌物，在调制、发酵时降解产生香味成分。苯丙氨酸类降解产生苯甲醇、苯乙醇、苯甲醛和苯乙醛是烟叶中香气较丰富的致香物质。普通烤房与密集烤房相比，烤后烟叶外观质量差异不大，普通烤房烤后烟叶糖碱比较为适宜，化学成分更加协调；普通烤房有利于提高烤后烟叶质体色素降解产物总量、棕色化反应产物含量、苯丙氨酸类降解产物含量、感官质量。普通烤房有利于中部初烤烟叶致香物质总量的提高，密集型烤房有利于提高烤后烟叶西柏烷类降解产物含量和上部初烤烟叶致香物质总量。

9.3　有机烟（K326）烘烤技术要求

项目组通过三年的试验及烘烤实践，针对有机烟叶本身素质，主要探索了适合当前主栽品种 K326 的烘烤技术，且在主要有机烟叶生产基地推广应用。

打顶时期及留叶数。K326 品种有效叶严格控制在 22 片以内，以烟叶成熟度为中心，打顶方式采取足叶打顶的方法，及时封顶打杈，当大田烤烟有效叶 18～22 片，有 15cm 长时，从有效叶第 22 片以上叶片和生长点全部打去，统一封顶（同时除去底脚无效叶 2 片）。

成熟采收和编烟。K326 品种封顶后 10 天左右，开始进入成熟采收阶段，根据烟叶成熟特征进行采收：下部叶主脉变白，叶尖绒毛部分脱落，夜色呈现绿黄色，叶面落黄 6 成左右，叶尖、叶缘稍下垂，及时采收，通常每株每次采收 2～3 片。中部叶主脉变白发亮，叶面落黄 8 成左右，绒毛部分脱落，叶尖、叶缘下垂，适熟采收，通常每株每次采收 1～2 片。上部叶主脉全白发亮，叶面淡黄，叶面落黄 9 成左右，叶面多皱黄白成熟明显，充分显示成熟时，采收顶部 4～6 片烟叶。编烟要求：分类编烟，排队入炉。

烘烤原则。看鲜烟叶质量定烘烤方案，判断鲜烟叶素质要严，判定实施烘烤方案要灵活；看烟叶的变化定干湿球温度，烟叶变化标准掌握要严，烘烤时间长短要灵活；看干湿球温度定火大小，掌握各个时期适宜的温度要严，烧火大小要灵活；看湿球温度定天窗地洞开光大小，掌握适宜湿球温度要严，天窗地洞开关要灵活。

立式炉烤房技术。变黄期：装烟后及时将温度升至 30℃，以每小时 1℃的速度升至 35～38℃，湿球温度升至 34～36℃，烤房底部烟叶全黄，把干球温度以每小时 0.5～1℃的速度升至 43℃，湿球温度 36℃烘烤底部支脉变白，烘烤时间 40～60h。

定色期：升温以每小时 0.5～1℃的速度升至 46～48℃，稳定 4～6h，湿球 38℃，再同样速度 53～55℃，湿球 38℃，稳温至叶面全干（大卷筒），持续时间 24～48h。

干筋期：以每小时 1℃的速度升至 65～68℃，湿球 39～40℃，温度控制在 68℃直至烟筋全干，持续时间 24～30h。

表 9.13　立式炉不同烟叶类型烘烤参数比较

烟叶类型	变黄期	定色期	干筋期	烘烤总时数
有机烟	①烘烤时间不低于 60h； ②起始温度 30℃； ③缩短变黄前期，烘烤时间缩短 3～4h。	①烘烤时间 48～50h，延长定色期 10～15h，以利于香气物质形成。 ②湿球温度不超过 38℃。	①烘烤时间不超过 25～30h，减少香气物质损失； ②干球不超过 68℃，湿球不超过 42℃； ③缩短干筋期 10～20h。	下部：125～130h 中部：140～150h 上部：155～160h
常规烟	①烘烤时间在 65～70h。 ②起始温度 33℃。 ③延长变黄前期，烘烤时间 3～4h。	①烘烤时间在 28～30h，定色期烘烤时间较短。 ②湿球温度控制在 38℃以下避免棕色化反应。	①烘烤时间 45h，干筋期保持较长时间，香气物质损失较多。 ②湿球温度较高，时间较长，在 42℃，易出现烤红烟。	下部：135～140h 中部：150～160h 上部：160～165h

卧式密集烤房烘烤技术变黄期：装烟后将烤房温度迅速升至 30℃，再以每小时 1℃的速度将温度升至 38℃，湿球 36℃，持续到底部烟叶变黄凋萎，（如果是气流下降式烤房，观察顶部烟叶全部变黄凋萎）。如果烟叶没有完全凋萎，以每小时 1℃的速度升至 43℃，湿球 36℃直至完全凋萎后并使烟叶绿色消失，持续时间 40～60h。

定色期：以每小时 0.5～1℃速度升至 53～55℃，湿球 38℃（湿度大时稳温尽快排湿），湿度达到要求后稳定温度烘烤至底部烟叶完全干燥（大卷筒），持续时间 24～30℃。

干筋期：以每小时 1℃的速度升至 65～68℃，湿度 40～41℃，不能超过温湿度，直至将烟叶全部烤干，持续时间 25～35℃。

表 9.14　密集烤房（卧式烤房）不同烟叶类型烘烤参数比较

烟叶类型	变黄期	定色期	干筋期	烘烤总时数
有机烟	①烘烤时间 58～60h；②起始温度 30℃；③缩短变黄前期烘烤时间 4～5h。	①烘烤时间 48～50h，延长定色期 10～15h；②干球温度达到 45℃时，湿球温度必须保持 38℃。	①烘烤时间 28～30h，缩短干筋期 10～20h，减少香气前体物质损失；②干球温度不超过 68℃；湿球温度不超过 40℃。	下部：125～130h 中部：140～150h 上部：150～155h
常规烟	①烘烤时间在 60～65h；②起始温度 30℃；③延长变黄前期烘烤时间 4～6h。	①烘烤时间在 35～40h，定色期烘烤时间较短；②干球温度达到 45℃时，湿球温度不超过 38℃。	①烘烤时间 50～60h，干筋期时间过长，会导致香气前体物质损失；②干球温度达 68℃时；湿球温度不超过 42℃。	下部：130～140h 中部：150～160h 上部：160～165h

第10章　有机烟叶应用与卷烟品牌开发

产品结构的提升已成为烟草行业的发展趋势，高端产品的开发和市场投放是有效支撑品牌价值提升、引导消费升级的重要手段，是烟草行业可持续发展的战略步骤。一个优秀的品牌在投放市场之前，必须要有大量的前期研发准备工作。准备越充分市场对产品的接受度越高，示范作用越明显，对后期的市场占有率往往有着不可估量的影响。产品的研发首先必须要有产品的风格定位，品牌理念；其次是配套辅料的合理应用；更重要的是还必须有原料保障，而原料保障则包括原料生态区域的确定，原料品种的确定，原料质量的评价。

产品配方保障包括工业分级体系的建立，功能模块的构建，产品质量的评价体系。只有这些保障措施建立起来，才能保证一个成熟产品、高端产品的投放并取得市场的认可。

10.1　外观质量评价

（1）对烟叶样品按叶型、颜色、成熟度、叶片结构、身份、油分和色度等七项指标进行评价。

（2）每一品种选择一个外观质量中等的烟叶样品作为评价基准。

（3）评价时，叶型按实际尺寸描述；颜色、成熟度、叶片结构、身份、油分和色度按百分制记分。

叶型指标（长、宽）评分原则：记录实际的长度和宽度尺寸；

颜色指标评分原则：桔黄 90－100 分，柠檬黄 80－89 分，红棕 70－79 分，微青 60－69 分，光滑 40－49 分，杂色 30－39 分，青黄 20－29 分，青黄 19 分以下。

熟度指标评分原则：完熟、成熟 80－100 分，尚熟 60－79 分，欠熟 40－59 分，假熟 39 分以下。

叶片结构指标评分原则：疏松 80－100 分，尚疏松 60－79 分，稍密 40－59 分，紧密 39 分以下。

身份指标（厚度）评分原则：适中 80－100 分，稍厚、稍薄 60－79 分，薄、厚 59 分以下。

油分指标评分原则：多 80－100 分，有 60－79 分，稍有 40－59 分，少 39 分以下。

色度指标评分原则：浓 85－100 分，强 70－84 分，中 55－69 分，弱 40－54 分，淡 39 分以下。

工业分级的质量水平关系到产品叶组的稳定性，与卷烟产品质量密切相关。红塔集团根据发展需要，在原国家商业收购 42 级标准的基础上实行 83 级工业分级标准。建立了自己的烟叶分级体系和其外观质量评价标准体系、烟叶工业分级体系和烟叶原料模块体系，这些标准体系都有其共同点，就是保证卷烟产品质量的稳定性和提高烟叶原料的可用性，为保证各自的产品风格、品牌特点和发展需要。作为国内大型的卷烟企业红塔集团生产经营中,从市场出发构建了符合自身品牌需求的不同功能模块加工体系,把所采购到的烟叶按工业需求进行分级,使各等级质量有明显差异,从而提升烟叶的工业可用性,同时依据品牌对原料的需求界定出各模块的主要理化指标以及感官评吸指标,然后再用工业分级后的各等级配出符合界定感官指标的不同配方模块,按照符合模块加工的工艺要求进行生产加工。这样就可使同一模块不同批次间以及不同年度均可达到质量的相对均衡稳定,保证卷烟产品质量稳定。

10.2　物理指标评价

烟叶的物理指标包括填充值(表 10.1)、烟丝结构(表 10.2)等。

表 10.1　掺用了有机烟叶的某产品的填充值表

批号	牌号	填充值/(m^3/g)	填充值含水率/%
YY214081808	试验玉溪(硬庄园 16 支)烟丝	4.50	12.25
YY214082706	试验玉溪(硬庄园 16 支)烟丝	4.17	12.74
YY214102706	试验玉溪(硬庄园 16 支)烟丝	4.23	12.90
YY214110502	试验玉溪(硬庄园 16 支)烟丝	4.39	13.11
YY214111202	试验玉溪(硬庄园 16 支)烟丝	4.39	13.27
YY214111803	试验玉溪(硬庄园 16 支)烟丝	4.54	12.76
YY214121108	试验玉溪(硬庄园 16 支)烟丝	4.65	13.28

表 10.2　掺用了有机烟叶的某产品的烟丝结构表

烟丝填充值/(cm^3/g)	烟丝纯净度/%	含水率/%	整丝率/%
4.89	99.7	13.72	82.87
4.95	99.7	13.27	81.76
4.7	99.72	12.78	84.56
4.71	99.74	13.28	80.27

10.3　烟叶化学成分分析

化学分析包括常规烟叶分析和烟气分析(表 10.3)。

(1)常规化学信息:水溶性总糖;还原糖;总植物碱;总氮;蛋白质;pH;钾;氯;硝酸根;硫酸根;灰分;水溶性灰分碱度;磷酸根;淀粉;总挥发碱;总挥发酸。

(2)其他化学信息:石油醚提取物总量;乙醇提取物;二氯甲烷提取物;细胞壁物质;木质素;全纤维素;果胶质;α-氨基氮;总酚。

表 10.3　掺用有机烟叶后某产品的常规理化分析

总糖量/%	还原糖/%	烟碱量/%	总挥发碱	总氮量/%	烟碱氮	蛋白质/%	施木克值	氮碱比	含氯量/%	含钾量/%	糖碱比	氨态碱/%
23.81	21.97	2.31	0.25	1.96	0.40	9.73	2.45	0.85	0.67	2.24	10.32	0.01
23.73	21.53	2.51	0.28	2.09	0.43	10.34	2.29	0.83	0.65	2.23	9.46	0.01
25.30	22.14	2.50	0.27	2.05	0.43	10.12	2.50	0.82	0.62	2.25	10.13	0.01
21.68	20.58	2.68	0.29	2.30	0.46	11.50	1.89	0.86	0.77	2.23	8.08	0.01
21.82	20.40	2.69	0.30	2.33	0.47	11.66	1.87	0.87	0.67	2.29	8.11	0.01
22.34	20.73	2.68	0.29	2.47	0.46	12.51	1.79	0.92	0.63	2.39	8.33	0.01
22.91	20.28	2.75	0.30	2.33	0.48	11.61	1.97	0.85	0.67	2.51	8.33	0.01
22.58	20.72	2.61	0.28	2.46	0.45	12.53	1.80	0.94	0.67	2.37	8.64	0.01
21.31	20.19	2.54	0.28	2.44	0.44	12.52	1.70	0.96	0.63	2.44	8.40	0.01
22.88	20.56	2.47	0.27	2.16	0.43	10.81	2.12	0.87	0.63	2.29	9.28	0.01

烟气分析包括总粒相物、焦油含量、烟气烟碱及一氧化碳的分析（表 10.4）。

表 10.4　掺用有机烟某产品的烟气分析数据表

烟支规格/mm	烟蒂长度/mm	烟支平均质量/(g/支)	滤嘴通风率/%	总通风率/%	总粒相物/mg	盒标焦油量/mg	实测焦油量/mg	盒标烟气烟碱量/m)	烟气烟碱量/mg	盒标烟气一氧化碳量/mg	烟气一氧化碳量/mg	烟气水份/mg		烟气烟碱量得分	烟气一氧化碳量得分
74.0	33	0.82	33.8	39.9	9.40	8	7.6	0.8	0.78	8	7.5	0.98	100	100	100
74.0	33	0.82	35.6	41.3	8.76	8	7.3	0.8	0.72	8	7.3	0.72	100	100	100
74.0	33	0.82	32.2	38.1	9.30	8	7.9	0.8	0.75	8	7.6	0.66	100	100	100
74.0	33	0.85	33.7	40.8	8.35	8	6.9	0.8	0.68	8	7.3	0.81	100	100	100
74.0	33	0.83	36.6	42.3	8.76	8	7.0	0.8	0.74	8	7.5	1.02	100	100	100
74.0	33	0.82	37.3	43.3	8.30	8	6.9	0.8	0.70	8	6.9	0.72	100	100	100
74.0	33	0.81	33.1	38.6	9.36	8	7.9	0.8	0.78	8	7.4	0.64	100	100	100

10.4　烟叶感观质量评价

感官评吸质量总分 100 分，按 70%的权重计入评价总分。感官评析质量分为香型、香韵、香气量、香气质、浓度、刺激性、劲头、杂气、口感九个指标。如表 10.5 所示。

表 10.5　单料烟感观质量评吸新方法记录表

样品名称	香气特性（40）						烟气特性（40）								口感特性（20）			综合质量得分100
	香型	香韵（10）	香气量（15）	香气质（15）			浓度（10）	刺激性（15）			劲头（5）	杂气（10）				干净度（10）	湿润（5）	回味（5）	
				细腻度	圆润性	绵延感		鼻腔	口腔	喉部		枯焦	粉杂气	生青气	其他				
描述																			

在进行每次样品评吸前，首先评吸标准样品（自制标准样品），评吸完毕后，评吸委员对所评吸的标准样品发表意见，评议标样得分，评委通过对标准样品的统一认识和统一尺度后进行实验样品评吸。每一样品均按上述流程评吸评价。在流程中对评吸结果进行计算机当场单支统计并控制单项总体变异系数＜15%，若＞15%，将对此样品进行重复评吸。确保了实验数据的可靠性。烟叶样品评吸流程见图10.1。

上述方法解决了烟叶评吸定量描述难的问题，同时解决了数据与数据库衔接问题，使烟叶评吸方法从定性的描述上升到定量描述，提高了评吸结果的可用性，更直观准确地为研究和生产服务。

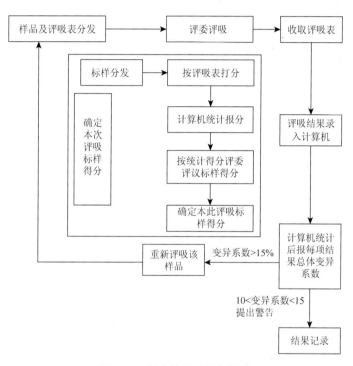

图 10.1　烟叶样品评吸流程图

10.5　有机烟叶工业使用价值

随着红塔集团优质特色烟叶原料开发步伐的大力推进，2009～2010 年技术中心相继完成了玉溪、大理、楚雄等产区有机生态烟叶的工业验证，有机生态烟叶主栽品种有 K326、红花大金元、NC297、KRK26。通过在卷烟配方中同品种部分替代常规烟叶和全配方使用有机生态烟叶两种方式开展试验，都取得了很好的验证效果。主要体现在香气风格特征明显，香韵优雅，卷烟香气质、香气量具有一定程度提高，香气柔绵细腻，杂气较轻，刺激性较小，余味纯净。

有机生态烟叶成功通过验证以后，逐步开始推广应用，在新产品研发和技术储备方面发挥了重要作用。2011 年红塔集团高端卷烟新产品玉溪（庄园 16 支装），作为中国第一包在配方中使用了部分有机烟叶的产品成功问世；产品追求高香、低焦、低害，高舒适度，香气优雅，回味悠长等高品质特点，受到行业的一致好评和广泛关注，深受高端消费者的青睐。有机烟从概念走向了现实，从田间走向了工厂，从实验走向了规模化生产。充分体现了集团特色优质烟叶开发的重大突破。有机生态烟叶作为烟草行业的特色优质资源，将会成为高档高端卷烟产品重要的烟叶原料支撑点之一。

红塔集团核心原料基地集中在云南主产烟区，由于生态类型多样性，决定了该产区烟叶具有清香型特征和较高的工业使用价值。同时，近几年的研究证明：本区域的烟叶在安全性方面优于其他烟区的烟叶，具有较高的吸食安全性特征。不同烟区的烤烟内含成分差异明显，表现出地域之间多种生态要素变化的明显特征。把握烟叶品质特征，是卷烟叶组配方中实现不同生态型原烟之间化学成分优势互补，充分挖掘多种生态类型原料优良品质的有效途径。

1. 品质特征

影响烤烟化学成分生态型变化的主要因子是烤烟大田生育期的温度（尤其是夜温）、降水量和施氮量三大因子。烟叶化学成分的多样性决定了烟叶在卷烟配方中的多功能特性。根据卷烟配方功能的不同，可将烟叶在配方中的用途分为三个类型：主料烟叶、辅料烟叶和填充料烟叶。

2. 主料烟的品质特征

优质主料烟主要分布在核心原料基地 1400～1800m 的高原地带，立体气候明显，不同海拔对烤烟生长、品质及烟叶内在化学成分有显著的影响。较高海拔地区的烤烟比中海拔地区的具有更强的光合生理特性，这是较高海拔地区烟叶品质较好的原因之一。优质主料烟主要化学成分，一般含水溶性总糖 16%～26%，还原糖 14%～24%，两糖差 2.5%～5%，烟碱 1.6%～3.6%，施木克值 2～2.5，粗蛋白 8%～12%。此类烟叶吸吃特征：主要表现香气量足，香气质纯正，有云南烤烟清香型特征，劲头稍偏大，刺激性较明显，烟气主要表现偏碱性刺激，是烤烟型卷烟主体烟香的主要叶组配料。

3. 辅料烟的品质特征

此类烟产于核心原料基地 1800～2000m 的烟区，烤烟生育期的气温较优质主料烟区偏低，降水量略偏高，烤烟成熟期的糖类积累较主料烟区高。辅料烟主要化学成分，一般含水溶性总糖 20%～30%，还原糖 15%～23%，两糖差 4%～7%，烟碱 1.2%～3.0%，粗蛋白 7%～11%，施木克值 2.2～2.8；其中总糖和施木克值较主料烟偏高。这类烤烟具有明显烤烟清香类型特征，吸吃醇和，香气量较主料烤烟微低，香气质纯正稍带青杂气，劲头中等偏低，烟气酸碱两性刺激兼有，总体刺激性较主料烟弱。该类烤烟是云南优质主料烤烟主要的辅助配料和主要的叶组生态类型化学成分的相互补充原烟。对我国中原烤烟成熟期气温偏高地区所产烤烟具有很强的配伍性，是中原、华中地区烤烟理想的生态互补类型原烟。

4. 填充料烟的品质特征

除主料烟和辅料烟之外的种植区，均属优质填充料烟的主产区，主要分布在红塔集团原料基地楚雄、大理、昭通等行政区内的部分地区。这类烟区整体气候有利于烤烟贮藏性成分积累,较高的总糖含量是该烟区烤烟的共同特征。填充料烟叶,一般水溶性总糖 24%～34%,还原糖 18%～27%,两糖差 5%～9%,烟碱 0.8%～2.4%,粗蛋白 5%～10%,施木克值 2.5～3.5。此类烤烟总体化学成分中的总糖、两糖差和施木克值偏高,总氮、烟碱、蛋白质偏低为主要特征。该类烟叶香气量不高,具有较明显的烤烟清香类型特征,青杂气较显,劲头偏低,刺激性较弱,烟气以酸性刺激为主,总体醇和度较高。对我国中原、华中烟区烟叶具有较强的生态类型互补功能,是华中、中原地区叶组配置的主要填充料和叶组主要化学成分调节互补的主要原烟。

掌握烤烟生态型变化规律,有利于不同烟叶在叶组配置中品质优势互补,克服不同烟叶的品质缺陷累加,对提高卷烟质量具有实用价值。

10.6　减害降焦提升品质及安全性

"庄园"品牌是按国家局"占领高端,赢得未来"的总体要求和云南省政府"高调起步,高歌猛进,高端占领"的部署,以满足高端消费群体"追求顶级品质,崇尚回归自然"的价值诉求为目标而设计研发的。"庄园"品牌的开发有利于提升品牌形象,在高端市场形成广的影响力,让红塔的品牌形象向高端发展。"玉溪庄园"的品牌理念是:"玉溪庄园,回归自然。"

庄园的品牌特色:产品使用了有机烟叶的专属性,"高端低害"的优越性,"产量小"的稀缺性。

庄园的产品风格:庄园产品,烟香清新纯净,优雅飘逸,丰满醇和,柔棉细腻,口感干净舒适,回味愉悦悠长,充分体现"有机,低害,高香"的自然成熟的产品风格特色。

庄园独特的辅料包装:采用全水性印刷接装纸,不烫金印刷工艺;小盒、条盒采用天然全木浆纸,本色无漂白,无任何化学涂层,采用水性油墨印刷方式,油墨成分安全,着墨量很少;内衬纸首次采用食品级包装技术,移植创新的烟草内衬包装新型材料——无金属涂层,可降解,环境友好型的材料,达到食品级的要求,充分体现了生态、环保、安全的设计理念。

庄园产品在研发之初就充分考虑到消费者的利益,把低危害、产品的安全性放在了首位,是全国第一款"双低"产品,即低危害、低焦油卷烟产品。

焦油含量控制在 8mg/支、烟气烟碱量控制在 0.8mg/支、烟气一氧化碳控制在 8mg/支,危害成分大幅降低。

1. 影响卷烟安全性的主要化学成分

自从 16 世纪初烟草由美洲传入欧洲以后,人们就对吸烟与健康问题产生了不同的看法和争论。但是由于缺乏科学依据,以致长期以来未能得到明确的结论。最近几十年来,吸烟与健康问题被广泛关注并进行了大量研究。世界卫生组织(WTO)于 1985 年曾邀请世界知名专家讨论吸烟与健康问题,较系统地总结了过去几十年的研究结果,所形成的专辑报告内容主要集中在不利人体健康成分的研究方面,烟气对人体健康不利成分的确认工作显得异常重要。近三十年的研究表明,烟草制品不利人体健康的主要化学成分大多数与非烟草的日常生活和生产产生的物质相同，最突出的不同是烟草特有亚硝胺类（TSNA）成分。

根据烟草制品消费接触人体有害成分的致毒性强弱，将主要的烟草不利人体健康成分和危害作用分别介绍如下。

2. 烟草特有亚硝胺的种类（TSNA）

烟草制品的 N－亚硝胺区分为下列 3 种：①挥发性亚硝胺（VNA）；②非挥发性亚硝胺（NVNA）；③烟草特有亚硝胺（TSNA）。其中 TSNA 是烟草和烟气中最大量的致癌物。

烟草特有亚硝胺仅在各种类型烟草、烟草制品及烟气中发现，所以称烟草特有亚硝胺。表 10.6 为美国烟商业市场上各种烟草制品烟草特有亚硝含量。烟草特有亚硝胺主要有：4－（N－甲基－亚硝氨）－1－（3－吡定基）－1－丁酮（NNK）、N－亚硝基去甲基烟碱（NNN）、N－亚硝基新草碱（NAT）和 N－亚硝基假木贼碱（NAB），它们的结构式见图 10.2。

3. 居民日常生活消费品中的亚硝胺

表 10.6　美国烟草制品中烟草特有亚硝胺含量

		NNN	NNK	NAB	NAT	iso-NNAL**
非吸用烟草/（μg/g）	嚼烟	0.67～4.1	0.03～0.38	0.03～0.14	0.33～2.3	未肯定
	潮湿鼻烟	5.8～64	0.1～3.1	0.2～6.5	3.5～214	0.08～2.5
	干燥鼻烟	9.4～55	1.9～14	0.7～1.2	1.9～40	0.07～0.14
	烟草同槟榔块嚼用	0.47～0.85	0.13～0.23	0.03～0.07	0.30～0.45	未肯定
卷烟烟气/（ng/支）	主流烟气	0.066～1.01	0.017～0.43		0.10～0.74*	未检测到
	侧流烟气	0.19～0.86	0.39～1.44		0.13～0.78*	未检测到

＊ 为 NAB 和 NAT 混合。

＊＊ iso-NNAL=4-N（-nitrosomethylamino）-4-（3-pridyl）-1-butanol：4-（甲基亚硝基氨）－4－（3-吡啶基）－1－丁醇

资料来源：Stephen S.Hecht，Carcinogenesis，Vol.6，1988

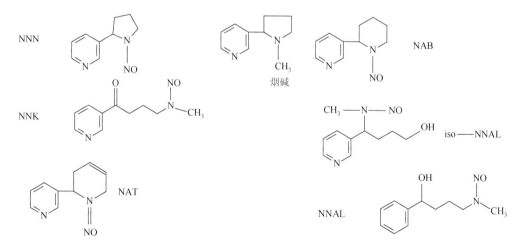

图 10.2　烟草特有亚硝胺的分子结构式

在我们日常生活中有许多消费品都含有亚硝基化合物，它们中尤其以烟、酒、烟熏肉和化妆品的含量高。表 10.7 是美国居民日常生活消费中各种亚硝胺的含量，从表中看出，平均每人每天可从啤酒中吸收 0.34μg，从化妆品中吸收 0.41μg，从烟行熏肉中吸收 0.117μg，从苏格兰威士忌啤酒中吸收 0.03μg，从卷烟烟气中吸收 17.0μg，从鼻烟（Snuff dipping）中吸收 174.2μg。可见烟草、烟制品、烟气中的亚硝胺含量水平位居各种日常消费品之首。其中又以烟草特有亚硝胺含量为高。

表 10.7　美国居民日常生活中消费品中的亚硝胺

来源	亚硝胺名称	进入人体途径	每天吸收量/（μg/人）
啤酒	NDMA	消化道	0.34
化妆品	NDELA	皮肤吸收	0.41
烟熏肉	NPYR	消化道	0.17
苏格兰威士忌	NDMA	消化道	0.03
卷烟烟气	VNA	吸入	0.3
	NDELA	吸入	0.5
	NNN	吸入	6.1
	NNK	吸入	2.9
	NAT+NAB	吸入	7.2
口用鼻烟	VNA	消化道	3.1
	NDELA	消化道	6.6
	NNN	消化道	70.5
	NNK	消化道	16.1
	NAT+NAB	消化道	73.4

注：NDMA：N-nitrosodimethy lamine　N-亚硝基二甲胺；

NPYR：N－nitrosopyrrodine　　　　　N-亚硝基二乙醇胺；

VNA：Volatile nitrosamines　挥发性亚硝胺。

资料来源：Dietrich Hoffmann，Cancer Research，Vol.45，1985

4. 烟草特有亚硝胺对人体的危害

卷烟烟气吸入后，尼古丁在体内亚硝化是否能产生 NNN 和 NNK。关于这上点目前存的主要问题在于尚难区分随烟气一起吸入的 NNN 与 NNK，而且吸入的烟气在体内也可形成 NNN 与 NNK。这些亚硝胺在体内的短暂半衰期增加了估价它们的难度。通过对吸卷烟者与不吸烟者亚硝基脯氨酸（NPRO）的泌尿排泄物的比较得知：前者较后者体内形成亚硝胺可能性要大得多，脯氨酸在体内能亚硝化早已由 Ohshina 和 Bartsch 用硝酸盐含量高的饮食所证实。由于 NPRO 并不发生代谢变化，在尿中全部排出，因此，它在尿中的浓度可作为胺盐在体内亚硝化程度的可靠度。

表 10.8 概括了吸卷烟者体内产生的 NPRO 增多所做的研究。对男性吸烟与不吸烟者给予 12 天对照饮食。第三天，集尿并由此发现吸烟者较不吸烟者 NPRO 排泄多，将脯氨酸加入食物中，吸烟者的 NPRO 泌尿排泄物进一步增加，但对不吸烟者都无变化。此实

验证明对男性，吸烟可促进体内亚硝胺盐的形成。继此尿排泄物及亚硝基硫脯氨酸排泄物显著增加。虽然可以认定是尼古丁引起了烟草使用者体内形成 NNN 和 NNK，但目前对此情况缺乏直接证据。

表10.8　男性体内形成的 N－亚硝基脯氨酸 ［单位：μg/24h（尿排泄）］

方案	不吸烟者	N	吸烟者	N
对照饮食	3.6±2.1	13	5.9	13
饮食＋脯氨酸	3.6	14	11.8	14
饮食＋脯氨酸＋维生素C	4.7	13	4.6	13
饮食＋维生素C	4.0	9	6.0	8

综上所述，烟草特有亚硝胺是在烟草加工（烘烤、发酵）、吸烟过程中以及烟草制品陈化期间通过烟碱和少数烟草生物碱的亚硝化作用形成的，而不是正常地出现在新鲜的青色烟草中（＜1μg/kg）。

动物实验证实（表10.9），TSNA 尤其是 NNN 和 NNK 不仅是强有力的器官特定致癌物，而且也是接触性致癌物。器官特定致癌物常在相同的部位诱发肿瘤，与应用暴露的场合和方式无关。

表10.9　烟草特有亚硝胺（TSNA）*的致癌性

亚硝胺	品种及品系	应用途径	主要的目标器官	剂量
NNK	A/J	i.p.	肺	0.12mmol/小鼠
	F344 大鼠	s.c.	鼻腔、肝脏、肺	0.1～2.8mmol/小鼠
	Syrian 金仓鼠	s.c.	气管、肺、鼻腔	0.005～0.9 mmol/仓鼠
NNN	A/J 小鼠	i.p.	肺	0.12 mmol/小鼠
	F344 大鼠	s.c.	鼻腔、食道	0.2～3.4 mmol/大鼠
	F344 大鼠	p.o.	鼻腔、食道	2.0～3.6 mmol/大鼠
	Sprague-Dawley 大鼠	p.o.	鼻腔	8.8mmol/大鼠
	Syian 金仓鼠	s.c.	气管、鼻腔	0.9～2.1 mmol/仓鼠
NAT	F344 大鼠	s.c.	none	0.2～2.8 mmol/大鼠
NAB	F344 大鼠	p.o.	气管	3～12mmol/大鼠
	Syrian 金仓鼠	s.c.	none	2 mmol/小鼠
NNA	A/J 小鼠	i.p.	none	0.12 mmol/小鼠
NNAL	A/J 小鼠	i.p.	肺	0.12 mmol/小鼠
iso-NNAL	F344 大鼠	s.c.	正在实验	

注：TSNA=NNK+NNN+NAT+NAB+NNAL+iso-NNAL.

资料来源：Dietrch Hoffmann，Cancer Research，Vol.45，1985

据报道，用 NNN 和 NNK 对小鼠、大鼠和仓鼠进行皮下注射实验，NNN 和 NNK 可在小鼠、大鼠和仓鼠的特定器官诱发肿瘤。一次皮下注射 1mgNNK，仓鼠诱发呼吸道肿瘤。大鼠接受皮下注射 11.7mgNNK 计 20 周，每周 3 次，使大鼠患产生腔恶性肿瘤、肺恶性肿瘤和肝恶性肿瘤。对大鼠皮下注射 10mgNNN 计 20 周,每周 3 次,使仓鼠诱发气管单一乳头状肿瘤。显见,NNN 和 NNK 是强有力的器官特定致癌物。

据 Hecht 等报道,如用低剂量 NNN 和 NNK 的混合溶液擦洗大鼠口腔,结果在 30 只老鼠中的 8 只诱发口腔肿瘤,5 只诱发肺部肿瘤,这说明作为接触性致癌物和器官特定致癌物,NNN 和 NNK 是活性的。

据 Lavoic 等报告,当 NNN 和 NNK 分别用作小鼠皮肤肿瘤引发剂进行试验,也可观察到 NNK 作为接触性致癌物具有活性,但 NNN 不具备。NAB 和 NNAL 也是有一定活性的致癌物。对最近验明的 iso-NNAL,目前正在就其肿瘤基因进行检测。NAT 在小鼠中达到 9mmol/kg 的剂量时仍无活性。

TSNA 与人类癌症的关系:TSNA 中的多数在动物实验中已被证明是致癌的,但 TSNA 能否使人体致癌,目前尚无定论,还缺乏将 TSNA 同人体癌联系起来的可靠的流行病学数据。虽然如此,但仍可断言,在所有已知的化学致癌物,TSNA 具有使它们在诱发发体癌方面成为主要的入选物的特征。TSNA 与人体癌之间具有相关性,在通过不吸烟而长期闻鼻烟者口腔癌的高发率的研究中获得证实。

根据流行病学对口腔烟草制品露置于 TSNA 的影响的研究,通过癌症危险进一步证实了 TSNA 对人体癌之间具有相关性,烟民露置于 TSNA 的影响值可计算如下:烟草平均耗用量乘以一种特定类型的烟草产品的 N-亚硝基化合物的平均浓度。对一些烟民露置于 NNN 和 NNK 的影响值如下:瑞典投入鼻烟烟民分别是 66μg(NNN+NNK)/天和 74μg(NNN+NNK)/天。印度 Zarda 咀嚼烟民 17μg(NNN+NNK)/天;Inuit 投入鼻烟烟民 196μg(NNN+NNK)/天。投入鼻烟 40 年后,3 种不同烟民露置于 NNN 和 NNK 的影响值如下:瑞典投入鼻烟烟民 0.07mmol/kg;印度 Zarda 咀嚼烟民 0.18mmol/kg;Inuit 投入鼻烟烟民 0.20mmol/kg。这露置影响值约为总剂量的 10%,表明了在试验动物中发生口腔癌症的原因。由此可见,流行病学的科学数据清楚地阐明了 TSNA 对烟民是可导致癌症的危险因素。

5. 烟气中的一氧化碳

烟气分析结果表明,在一支卷烟被燃吸后,约有 30% 的 CO 由热裂解形成,约 26% 的 CO 由烟丝燃烧形成,其余部分来自 CO_2 的还原作用,因为烟支裂解区经常处于还原状态下,并存在多种还原性物质,可使 CO_2 还原为 CO。

一氧化碳吸入人体后很容易与血液中的血红蛋白结合,因为血红蛋白与 CO 的亲和力比与 O_2 亲和力大 200 倍以上,竞争性亲和力导致血液血红细胞携带 O_2 的总量下降,不同程度地引起人体组织缺氧。

主流烟气中碳的氧化物释放量受烟丝的结构、滤嘴的性质、卷烟纸孔隙情况及卷烟添加剂等因素的影响,改善相关因素的状况可有效降低主流烟气中的 CO 含量,但实现卷烟主流烟气稳定的低 CO 水平仍然存在很多技术问题,需要进一步研究解决。

6. 烟气中的焦油

烟气中的焦油曾被认为是烟草引发癌症的头号危害物质。用烟气收集的焦油做小白鼠涂肤致癌试验,被认为是吸烟致癌有力证据,但是大白鼠涂肤试验呈阴性,猴子的涂肤试验结果也是阴性的。小白鼠涂肤剂量与吸烟者烟气焦油对呼吸道的接受量之间缺乏可比性等诸多现象，均缺乏依据来支撑烟焦油是烟草制品引发癌症的头号成分。自 3，4-苯并芘从烟气中被鉴定确认后的相当一段时期，这一成分被认为是吸烟致癌的主要成分，但全世界每年向大气共释放 5044 吨 3，4-苯并芘，其中火力发电释放 2604 吨，石油工业释放 1045 吨，焚烧垃圾释放 1350 吨，汽车尾气排出 45 吨以上，全球生产的烟草 560 万吨全部燃吸主流烟气中释放 50～250 吨，是烟草制品以外各行业排放量的极少数。所以，该成分的形成和危害不主要来源烟草制品，也不为烟草所特有，以致近几十年吸烟危害健康的主要关注对象变为烟草特有亚硝胺（TSNA）。

7. 有机烟叶低烟草特有亚硝胺特性

烟草特有亚硝胺（TSNA）含量高低是烟草及其制品吸食安全性高低的重要指标。TSNA 含量越高烟草制品的安全性越低，含量越低安全性越高。国外不同产地和各种烟草类型烟草中的 TSNA 含量存在明显差异。根据 Sophia Fischer 等 1989 年对国外不同烟草类型的检测表明：香料烟中硝酸盐和 TSNA 含量是所有烟草类型中最低的，烤烟次之，含有较低硝酸盐和 NNN，但烤烟含较高的 NNK 含量，而且烤烟 NNK 含量总是高于 NNN。白肋烟含有最高的 TSNA（表 10.10）。

表 10.10　国外不同类型烟草中 TSNA 和硝酸盐含量

烟草类型	产地	NNN/（μg/kg）	NNK/（μg/kg）	NAB/NAT/（μg/kg）	$NO_3/10^{-2}$
东方型 a	希腊	80	30	50	0.20
东方型 a	保加利亚	40	30	40	0.22
东方型 b		80	n.d	45	0.02
东方型 c	保加利亚	70	n.d	45	0.02
东方型 c	土耳其	40	n.d	20	0.03
东方型 c	希腊	300	60	200	0.60
东方型 c	希腊	20	n.d	30	0.10
东方型 c	保加利亚	50	n.d	70	0.30
Samsund		200	20	30	0.04
Basmad		460	70	120	0.20
烤烟型 a	巴西利亚	10	30	30	+
烤烟型 a	津巴布韦	40	70	80	+
烤烟型 b.e		35	50	95	0.03
烤烟型 c	美国	600	1100	950	0.30
烤烟型 c	韩国	80	80	300	0.20
烤烟型 c	马拉维	80	100	150	0.30
烤烟型 c	巴西利亚	95	100	200	0.10
烤烟型 c	泰国	100	200	200	0.30
白肋 b		2660	160	580	1.00

续表

烟草类型	产地	NNN/（μg/kg）	NNK/（μg/kg）	NAB/NAT/（μg/kg）	NO$_3$/10^{-2}
白肋 b		2640	740	1290	4.10
白肋 c	美国	4300	250	3600	2.20
白肋 c	韩国	5350	1400	3300	3.30
白肋 c	马拉维	1600	100	500	0.80
白肋 c	日本	1300	300	1500	2.20
白肋 c	意大利	2000	350	1050	1.90
白肋 d		8850	510	1020	2.50

注：n.d 表示 NNK<50μg/g，+表示微量（<0.005%）

a：干烟叶；b：烟叶粉末 c：刀切烟；d：碎散烟叶；e：混合。

资料来源：Sophia Fischer，Carcinogenesis，Vol.10，No.8，1989

　　根据史宏志等 2002 年对我国不同烟草类型 TSNA 含量的检测，检测结果表明：在我国 3 种主要烟草类型（白肋烟、烤烟和香料烟）中，白肋烟 TSNA 含量最高，平均 10.25μg/g。不同产地以及同一产地不同烟叶样品 TSNA 含量相差较大，变化幅度 2.61～26.82μg/g。这与国外白肋烟 TSNA 含量水平接近，如美国肯塔基州白肋烟 TSNA 含量一般在 3～20μg/g。在 4 种 TSNA 中，NNN 和 NAT 含量较高，二者的含量占 TSNA 含量的 96%以上；NNK 含量占 TSNA 的 3%～4%，为 NNN 含量的 1/10；NAB 含量最低，只有微量存在。进一步比较可以看出，NNN 和 NAT 两种 TSNA 的相对含量与烟样的总 TSNA 水平有关，在总 TSNA 含量较高的烟中，NNN 含量显著高于 NAT，而在总 TSNA 水平较低的烟样中，NAT 含量大于 NNN 或与其接近，因此，烟叶中 TSNA 水平的增加主要是 NNN 含量增高所引起的。从不同 TSNA 含量的变异情况看，NNN 含量变化幅度最大，从 1.279%～15.012%。降低 NNN 含量是降低烟叶中 TSNA 含量的关键（表 10.11）。

表 10.11　我国不同类型烟叶的烟草特有亚硝胺含量　　　　（单位：μg/g）

类型	产地	品种	等级	NNN	NAT	NAB	NNK	总计
	湖北建始	上二		2.632	4.366	tr	0.384	7.382
	湖北建始	中一		2.773	4.553	tr	0.415	7.741
	湖北建始	中二		2.759	6.180	tr	0.692	9.631
	湖北建始	中三		2.306	3.028	tr	0.300	5.634
	湖北建始	上一		15.012	11.003	0.096	0.723	26.819
白肋烟	四川	上三		5.166	4.391	tr	0.399	9.956
	四川	中三		7.025	2.873	tr	0.220	10.118
	湖南西峡	中二		12.406	5.854	0.111	0.607	18.978
	四川达县	上一		1.279	1.111	0.077	0.138	2.605
	四川达县	中一		1.477	1.798	0.118	0.259	3.652
	平均			5.282	4.515	0.040	0.414	10.252
	标准差			4.799	2.800	0.053	0.201	7.371

类型	产地	品种	等级	NNN	NAT	NAB	NNK	总计
烤烟	河南襄县	NC89	B2F	0.149	0.149	tr	0.056	0.420
	河南襄县	NC89	C3F	0.072	0.140	tr	0.038	0.250
	山东	NC89	B2F	0.055	0.125	0.043	0.107	0.330
	湖南	K326	B2F	0.100	0.196	tr	0.082	0.378
	湖南	K326	C3F	0.064	0.094	tr	0.056	0.214
	河南许昌	RG17	C3F	0.069	0.192	tr	0.047	0.308
	河南南阳	G80	C3F	0.089	0.128	0.017	0.036	0.270
	河南洛阳	红大	B2F	0.047	0.138	tr	0.065	0.250
	河南洛阳	红大	C3F	0.088	0.148	tr	0.083	0.319
	河南洛阳	K326	B2F	0.057	0.105	0.030	0.041	0.233
	河南洛阳	K326	C3F	0.085	0.129	tr	0.095	0.309
	云南	K326	B2F	0.045	0.098	tr	0.056	0.199
	云南	K326	C3F	0.068	0.056	tr	0.051	0.185
	云南	红大	B2F	0.055	0.081	tr	0.020	0.156
	云南	红大	C3F	0.032	0.052	0.013	0.025	0.157
	平均			0.067	0.124	0.006	0.057	0.254
	标准差			0.032	0.052	0.013	0.025	0.094
香料烟（Samsun）新疆	新疆		A1	0.326	0.176	tr	0.033	0.535
	新疆		A2	0.057	0.106	tr	tr	0.163
	新疆		B1	0.155	0.111	tr	tr	0.266
	新疆		B2	0.137	0.224	tr	0.024	0.385
	湖北		B1	0.892	0.251	tr	0.061	1.204
	湖北		B2	2.363	0.852	0.043	0.262	3.520
	浙江		A1	0.187	0.293	tr	0.091	0.571
	浙江		B1	0.177	0.252	tr	0.072	0.501
	平均			0.537	0.283	0.005	0.068	0.893
	标准差			0.783	0.240	0.015	0.085	1.106
	云南		B1	0.017	0.013	tr	tr	0.030
	云南		B2	0.019	0.016	tr	tr	0.035
	平均			0.018	0.015	tr	tr	0.033
	四川白柳烟			2.790	3.203	0.246	6.288	12.527
	新疆黄花烟			1.390	2.511	0.378	1.303	5.582
	东北晒黄烟			0.093	0.216	tr	tr	0.309

注：tr 表示微量

　　烤烟是我国烟叶生产的主体。分析结果表明，我国主要烤烟产区不同品种烟叶的总
TSNA 含量一般为 0.156～0.42μg/g，远低于白肋烟和部分香料烟。与上述两种类型烟叶相
比，烤烟的 TSNA 含量变化幅度较小。4 种 TSNA 以 NAT 含量最高，NNN 和 NNK 含量
水平接近或前者略高，与国外烤烟相比，我国烤烟烟叶 TSNA 含量明显较低。试验中人
们同时分析了津巴布韦和巴西烤烟烟叶中的 TSNA 含量，津巴布韦烤烟中的 NNN、NAT、
NNK 和 TSNA 的含量分别为 0.348、0.146、0.088 和 0.81μg/g；巴西烤烟烟叶中分别为 0.183、
0.482、0.146 和 0.81μg/g。由此可见，我国烤烟和国外烤烟相比，具有较高的安全性。我
国烤烟 TSNA 含量低的原因可能与我国烟叶的烘烤方法和燃料有关。最近研究表明，烟
叶烘烤中所用的液化石油气等燃料是烤烟 TSNA 前体物亚硝酸产生的主要来源。从所分
析的几个地主晾晒烟来看，四川白柳烟、新疆黄花烟具有较高的 TSNA 含量，东北晒黄
烟含量较低，与烤烟水平接近。

　　到目前为止，用已公开发表的检测结果比较，同种烟草类型不同产地烟叶样品的
TSNA 含量差异也很明显。其中，国外样品普遍高于国内样品，而且差异巨大。国内不同
产地间的差异也很明显，从表 10.11 中比较，结果显示：云南烤烟，除 NNK 个别指标与
河南许昌、南阳烤烟样品持平外，TSNA 总量显著低于全国其他已测样品，并且 TSNA 的
主要指标均低于全国各地烤烟样品。云南烤烟样品绝大多数 TSNA 指标甚至还低于其他
省区的香料烟样品，这种现象与国外香料烟 TSNA 含量普遍低于烤烟现象不一致。从现
有检测结果的比较分析中，可明显看出，云南烤烟的烟草特有亚硝胺含量明显低于国外烤
烟，总体含量水平也低于我国其他省区生产的烤烟。表明：云南烤烟在烟草特有亚硝胺对
人体危害方面具有较高的吸食安全性。

第 11 章　实施效果与展望

11.1　烟叶有机生产的实施效果

中国是一个传统农业大国，自古以来就有"民为邦本，本固邦宁"，"国以民为本，民以食为天"，"农业是安天下的产业"，"无粮不稳，无工不富，无商不活"，"要始终把农业放在发展国民经济的首位"，"农业兴，则百业兴，农民富，则国富，农村稳定，则天下安"等重要论述，这说明了"农业、农村、农民"三农问题对我国经济发展和社会稳定的重要影响。

在 1956 年，我国全国人大一届三次会议通过的《高级农业生产合作社示范章程》中就提出了"建设社会主义新农村"的概念，2005 年中共中央十六届五中全会再次明确地指出了"建设社会主义新农村"是我国社会主义现代化进程中的重大历史任务之一。2006年《中共中央国务院关于推进社会主义新农村建设的若干意见》，将建设社会主义新农村建设作为政府的最主要的工作之一。中共中央制定的"十一·五"规划中明确提出了建设社会主义新农村是我国现代化进程中的重大历史任务，要按照"生产发展、生活宽裕、乡风文明、村容整洁、管理民主"的要求，坚持从实际出发，整体推进新农村建设。

红塔集团本着履行企业社会责任的宗旨，通过发展烟叶有机生产，积极推进烟叶种植区的新农村建设。玉溪庄园凤窝有机基地几年来的发展变化有力地佐证了烟叶有机生产对于凤窝村新农村建设的作用和意义。

11.1.1　促进了农村经济的可持续发展

玉溪庄园自运行以来，注重转变发展观念，创新发展模式，注重发展质量，促进了农业和农村经济的持续健康发展。

首先，庄园注重养护和培肥土壤，并制定了一系列的技术措施来维持土壤养分平衡和提升土壤肥力水平。通过轮作倒茬、秸秆还田、绿肥种植和施用有机肥等措施来归还因作物收货带走的土壤养分。2011 年以来，庄园土壤的肥力水平得到了极大的改善。2013 年土壤有机质平均含量为 22.1g/kg，比 2011 年提高了 33.1%。在一定含量范围内，有机质的含量与肥力水平呈正相关。有机质水平的提高表明土壤肥力水平得到了提升，土壤保肥、供肥能力提高，土壤理化和生物性状改善。土壤有机质与土壤形成、土壤肥力、环境保护及农林业可持续发展等方面有着极其重要的意义。此外，土壤速效养分含量相比 2011 年也有了很大提高，2013 年土壤碱解氮、速效磷和速效钾平均含量为 91.3mg/kg、29.5mg/kg和 95.4mg/kg，比 2011 年分别提高 49.7%、30.4% 和 11.6%，表明土壤养分的供应能力也得到了很大的提高。

其次，设计推广循环生产模式，实现了资源永续增效和经济可持续发展。凤窝农户通过农作物秸秆及有机饲料养殖生态有机牛、鸡、猪、鹅，产生的畜禽粪便，除了一部分通过堆肥形成有机肥还田培肥土壤外，另一部分则进入沼气池形成燃料，为凤窝提供了清洁能源。自庄园建立以来，建成了 3335m² 水禽养殖基地，规划了 600 余亩龙竹种植基地，200 余亩石榴、油桃，200 余亩有机油菜，40 余亩有机蔬菜，300 余亩有机玉米等，开辟了农民增收致富的新渠道。随意走进一户普通村民家中，房前有菜，院内有树，猪肥鹅欢，沼气做饭，俨然是一个集"养殖-沼气-种植"三位一体的生态庭院。这些循环技术的应用，使玉溪庄园凤窝基地形成了以有机种植、有机养殖为生产主体，与自然生态环境高效耦合的循环系统，实现了资源在循环利用中的永续增效和经济的可持续发展。

第三，庄园促进了凤窝村基础设施的建设，完善了田、水、路、烤房等相关生产设施，提高了农作物抵御自然灾害的能力，为农业生产提质增效、农民持续增收打下了良好的基础。其次，庄园公司通过统一经营土地，提高了农业生产组织化程度，通过农业生产规模化、集约化、专业化、信息化，提高了农业生产种植水平和经济收益，增加了就业岗位，实现了剩余劳动力就地安置。庄园的建设还进一步增加了凤窝村民的其他收入，如烟苗商品化生产销售收入、养殖小区收入及龙竹收入等。同时，凤窝村的发展也带动了周围村组的经济发展，形成经济综合和辐射效应。

第四，通过生态、有机的生产方式，打造有机品牌，实现农产品品质与生态效益、经济效益的高度结合。凤窝有机品牌打造成功，意味着凤窝有机农产品能够实现经济效益质的飞跃。随着有机生产的进一步推广、品牌的成长，财富创造力还会进一步提升。

凤窝烤烟合作社烤烟比较经济效益见表 11.1，经济收入比较见表 11.2。

表 11.1　2010 年凤窝烤烟合作社烤烟交售与散户、河外村委会比较

项目 单位	亩产量/kg	亩产值/元	均价/元	上等烟比例/%	备注
烤烟合作社	179.1	3006.48	16.78	68.23	
凤窝散户	141.5	2216.19	15.67	58.71	
河外村委员会	173.8	2834.49	16.31	65.75	

（1）合作社与散户相比，今年的烤烟亩产量提高 37.6kg、均价提高 1.11 元、亩产值提高 790.29 元，上等烟比例提高 9.52 个百分点。

（2）合作社与河外村委会相比较，亩产量提高 5.3kg、均价提高 0.47 元、亩产值提高 171.99 元，上等烟比例提高 2.48%，比较效益明显。

表 11.2　凤窝烤烟合作社 2009 年和 2010 年烤烟及相关产业经济收入对比

项目 年份	烤烟面积/亩	烤烟收入/万元	育苗收入/万元			劳务输出/万元	对外出租/万元	合计/万元
			烤烟	除虫菊	合计			
2009	122.2	30.49						30.49
2010	83.02	24.95	5.49	4.34	9.83	2.0	0.7	37.48

目前，合作社社员和合作社的经济收入扩展到烤烟、育苗、劳务输出、对外出租等四

项。2010 年，烤烟种植收入占 66.57%，烤烟大棚收入占 26.22%，涉及烤烟的劳务输出占 5.3%,对外出租中烟草机械占 1.1%,鹅养殖场占 0.8%;除烤烟种植外，其他收入占 33.42%;在整个合作社收入中涉烟收入占 88%，非烟收入占 12.0%。合作社的经济收入已呈现以涉烟为主的多元化格局，增强了抵御自然和市场风险的能力。

11.1.2　提高了村民的生活水平

首先，农民把土地出租给庄园，租期 10 年，每亩租金 3400 元/年，一次付清。农民不但不承担农业种植风险，而且获得了远高于当地平均水平的土地租金，获得了较好的现金收入。另外，农民在自己的土地上耕种，庄园按照农民的生产成果支付工资，农民又获得了第二笔收入。农民在生产中使用的有机肥及机耕、烘烤等农业技术服务均由庄园统一免费提供，降低了农民的生产成本。三项累加，农民的收入直线上升。综合而言，每亩土地的净收入在 6000～10000 元。2013 年，凤窝村民人均纯收入 6700 元，远远高于当地平均水平。

而且，农民加入庄园后，有稳定的租金及工资收入，不用操心农业生产和产品销售，有更多的时间和精力开展丰富多彩的业余文化活动，生活质量明显提高，按照农民自己的话说就是加入庄园后，生活"好吃好住"，每天可以早早回家休息，做自己喜欢做的事，凤窝村的村民文化活动因而搞得红红火火，在当地远近闻名。

11.1.3　转变了乡风文明

凤窝村农民的收益与有机产品的质量息息相关,农民的生产能够达到严格的有机生产要求，则农民的收入有保障，反之，农民的收益会受到很大影响。在整个生产过程中，农民的生产过程既在庄园的统一指导下进行，也有农民自主生产，在农民自主生产过程中，农民要严格按照有机生产要求进行生产,由庄园在各个生产环节进行质量控制并进行不定期检查，一旦发现违规使用化学农药、化肥的行为，公司就取消该村的有机种植合作，全村村民将失去庄园对该村有机种植的各种优惠，农民的收益将受到很大的影响。这一体系不仅保证了技术措施的落实到位，而且在长期的合作中，强化了村民的诚信意识，促进了村民共同信守承诺，共同努力，共享发展成果。

11.1.4　改变了村容村貌

玉溪庄园的建设将"返璞归真、回归自然"作为主要着力点，通过对生产基地周边环境进行大力投资，进行基础设施及村容村貌综合配套建设，使得凤窝村面貌焕然一新，村容村貌整洁，并洋溢着浓郁的民族文化风情。

凤窝村建设现代农业的过程中实施了烟水工程、烘烤工场、育苗工场、养殖小区、龙竹种植基地建设和村容村貌整洁等 6 大工程，夯实了农业发展基础，大大改善了农村生产生活条件。烘烤工场、育苗工场的建设，提高了烤烟生产水平，推动了生产力的发展；田间排灌沟渠和机耕路的建设，有利于农民生产生活,提升了凤窝村生产生活综合保障能力;

养殖小区、龙竹种植基地的建设，开辟了农民增收致富的新渠道。

　　凤窝村在发展经济的同时，大力推进社会主义精神文明建设，实施沼气池"三配套"工程，凤窝村现在家家户户都建起了沼气池，干净整洁，羊粪、猪粪变废为宝，并为日常生活提供了清洁能源。

　　值得一提的是，完成了 726.24m 河道治理，改变了以往河水横流的局面，防止了河水对田地的冲淹，恢复了土地面积 24 亩；新建了高标准硬化进村道路 747m、硬化走道 3000m^2 以上、球场 2600m^2，新建饮水安全工程 1 件、生物净化公厕 1 个、"三配套"卫生厕所 46 个、景观水池 1 个、科技文化活动室 1 间，加固美化民房外墙 18000m^2。在河边、村庄道路两旁进行了两次石榴树的种植，栽石榴共计 400 余株。在景观池中栽睡莲 14 盆，投放金鱼 200 余条，绿化美化了环境，推动了当地果木林的发展和生态建设，促进了当地村民保护生态、保留原有文化风貌的意识。

　　村容村貌的整治和文化娱乐广场的建成，丰富了村民文化内涵。如今，凤窝村家家户户通自来水、通电、通电视，村民邻里和睦，安居乐业，村庄碧水中流、绿树苍苍、空气清新、鸟语花香，景色宜人。"廊桥饮涧村前溪，石榴花开户户门。峰飞阡陌忙采蜜，风吹稻穗山色新。八月烤烟炉火旺，清香蜜润彝家人。"正是对凤窝村面貌的真实描绘。一个既具有现代农业、田园经济特色，又富有彝族文化风貌的社会主义新农村建设初现端倪。

11.1.5　实现了现代生产方式组织创新

　　玉溪庄园的建设按照"政府引导、工业主导、商业主体、科研主力"的原则，创新了生产组织模式，优化资源配置，通过"品牌+公司+合作社+基地+农民"的组织模式，凤窝村的农业生产由传统生产方式向规模种植、集约化经营、专业化分工、信息化管理转变。

　　凤窝村创新烤烟生产组织形式，坚持自愿、平等、互利的原则，积极探索自愿入社、自主经营、自我管理的烤烟生产组织形式，改变了长期以来农户依靠村组干部催收催种、被动种烟状况，推动了烤烟集约化生产和专业化经营管理，为现代烟草农业发展提供了重要的组织保障。2009 年 3 月，由凤窝村民小组长普兰英等发起，39 户烟农以"土地承包经营权折资入股"的形式，成立了峨山县岔河乡凤窝村众诚烤烟专业合作社，流转了 122.2 亩土地，实行统一生产经营。

　　合作社采取了以下管理措施：一是通过选举产生理事长和理事会成员，由理事长和理事会成员负责合作社日常事务及烤烟生产环节的组织管理工作；并聘请了会计、出纳，负责合作社的财务管理、物资购买和账务报销工作。二是合作社通过优化资源，实行专业化分工，成立了移栽、施肥、植保、中耕培土、烘烤、分级 6 个专业队，促进了科技措施的落实到位。三是选举执行监事一名，负责监督日常工作，确保各项措施落实到位。四是合作社委托乡农经站代管财务，并为社员建立档案，记录社员土地入股情况和田间劳动状况，实行多劳多得，按股份分红。五是邀请县农经中心相关专家，进行法律法规培训和成功经验推广，提升合作社理事会的经营管理水平。六是由县烟草公司技术人员对烤烟生产各个环节进行技术指导和培训。此外，红塔集团和市烟草公司为凤窝村定期和不定期下派 5 名技术人员蹲点指导工作和技术服务，为当地农民举办培训期 13 期 441 人次。红塔集团还邀请环境保护部南京环境科学研究所多次下乡为村民提供了面对面的有机产品常识和有机生产标准培训。这些培训活动提高了农民的知识水平，更重要的是，提高了农民的参与意识和文明素质。七是合作社经营管理实行五统一，即统一签订烤烟种植收购合同，统一安排农事，统一落实生产任务，统一烘烤，统一交售。

"品牌+公司+合作社+基地+农民"的组织模式促进了凤窝的生产组织模式进步，促进耕作制度变革，促进了专业化水平和劳动生产率的提高。

11.2　烟叶有机生产面临的挑战

11.2.1　经济效益的挑战

随着经济的发展，消费者对农产品的需求越来越趋向安全化、自然化、保健化和优质化，由于有机产品的安全性与优良品质，有机产品消费需求日益扩大。但总的来说，我国有机农产品市场销售还存在困境，主要有以下几点。

（1）诚信危机。由于我国有机农产品市场逐渐发展，人们对有机农产品的认知程度不高，加上一些不法商家打着有机的幌子，出售假有机农产品，使人们对有机农产品的真假存质疑态度。

（2）信息不对称。在开拓有机农产品市场时，买者对有机农产品的信息并不是十分了解，而一些卖者则是抓住这一机会，出售一些虚假农产品来代替真正的有机农产品。信息不对称？容易造成有机农产品市场的不健康发展，更容易出现市场失灵现象。

（3）有机农产品销售渠道欠缺，物流不理想。有机农产品的生产基地主要是在边远山区和农村，大城市和经济发达的沿海及内陆区则是有机农产品消费者的集中地，生产者和消费者的距离较远，增加了有机农产品供货的难度，容易致使产供销脱节。物流成本高，有机农产品保鲜时间有限，这样就制约了有机农产品的销售。

以烟叶有机生产为核心的有机农业，其非烟有机农产品更是面临市场困境，一方面普通烟农没有能力销售自己生产的非烟有机农产品，另一方面烟草公司更没有意愿收购这些产品，即使以红塔集团这样实力雄厚的烟草公司，成立专门的有机农副产品开发公司，作为有机非烟农产品的有机稻米、有机菜籽油、有机玉米、有机猪等品牌并没有真正形成，市场对玉溪庄园的有机产品还抱有怀疑态度，消费者还不认可，有机品牌并没有有效延伸到其他农产品。因此，只有采用适宜的销售方式，加大市场宣传，以诚信和品质打造品牌，才能被愿意消费有机产品的消费者所接受，而这种方式是需要一定的时间去探索的，需要不断地吸取和总结经验。因此，对于非烟有机产品的销售，可能会因为以上种种原因在很长一段时间内难以实现优质优价。

11.2.2　生产技术的挑战

有机生产技术体系对于实现烟叶有机生产和烟草行业的可持续发展意义重大。我国传统农业有着悠久的历史，在精耕细作、用养结合、农牧结合等方面都积累了丰富的经验，这为我们发展有机烟叶生产奠定了基础。但是，由于有机烟叶对生产环境和技术要求严苛，烟叶有机生产尚在起步阶段，有机生产中还存在很多不完善的地方。

1. 进一步加强植烟土壤保育

土壤保育水平是决定有机烟叶生产质量的最基本保证，只有在适宜的土壤环境下，才能生产出优质有机烟叶。烟叶生产长期以来的"重用轻养"，化肥肥料大量施用，少施或不施有机肥，加上地膜覆盖栽培的推广应用，以及防治病虫害使用化学农药增多，给植烟土壤环境带来了巨大的伤害。虽然经过一定时间的改良，达到了有机烟叶生产标准，但是依然"欠账太多"，只有进行长期的、不断的土壤培育，才能不断地改善土壤质量，为有机烟叶质量的不断提高夯实基础。

因此，做好种植有机烟叶土壤保育，首先，应在有机烟叶生产与有机农业在我国复种指数较高的国情下，进一步加强筛选适宜前茬作物，配置合理的耕作制度，建立以有机烟叶为主的兼具土壤保育和烟叶质量的有机烟叶种植制度。其次，合理引入土壤改良新技术，改善土壤理化性状，为农作物创造良好的土壤环境条件。充分挖掘当地有机肥料资源，优化有机肥料还田技术，发挥有机肥施用对土壤结构和理化性状的改善作用。另外，进一步加强农田排灌工程，调节地下水位，改善土壤水分状况，排除和防止沼泽地和盐碱化；运用平整土地，兴修梯田，引洪漫淤等工程措施改良土壤条件。

2. 加强有机肥源开发和施用技术研究

有机肥施用一直是中国农业的优良传统，有机肥可以显著改善土壤结构、土壤中的养分、能量、酶、水分、通气和微生物活性。但是，烟叶有机生产对有机肥源要求较高，传统粗放的有机肥料处理和施用显然不能满足有机烟叶生产的需求。因此，必须加强有机肥源的开发和施用技术研究。

首先，如何找到稳定且符合有机烟叶生产标准的有机肥源是有机烟叶开发必须解决的一大问题。其次，如何解决有机肥料的缓效性带来的影响烟叶质量的潜在风险，也需要我们进行不断的摸索和尝试。

3. 进一步完善病虫草害防治体系

目前，病虫草害是限制有机烟叶生产最主要的因素之一，我国烟草有害生物达 600余种，侵染性病虫害 68 种。有机烟叶生产过程中，禁止使用所有化学合成的农药，禁止使用由基因工程生产的产品。因此，如何在有机烟叶生产过程中对病虫草害进行有效防控是我们必须要解决的问题。有关有机烟叶生产病虫草害防治措施，目前尚属摸索阶段，大多数技术还处于室内研究阶段，生产推广还有待进一步试验。所以必须切实地从系统、长远和优质特色的角度，小面积、小范围内适时适地生产示范、发展有机烟叶，不断深化和灵活运用有机农业的理念，解决好有机烟叶生产技术关键，积累生产管理经验，摸索建立一套完整的、安全的、有效的、适宜生产的病虫草害防治体系，保证有机烟叶的健康、优质特色、经济效益高等和谐发展。

4. 进一步完善有机烟叶生产技术体系

有机烟叶生产技术体系涉及土壤保育、种植制度建立、优良品种选择、育苗技术优化、大田保健栽培措施、病虫害防控机制、有机肥施用技术、烘烤技术等方面。建立一套在提高土壤质量、实现土壤可持续利用的同时，保证作物稳产，以提高经济效益，结合区域生产实际和市场需求制定整体的生产安排及其与生产活动相适应的管理体系，确保生产按照有机农业生产标准进行。需要我们不断加强技术改进、生产组织管理，不断完善有机烟叶生产技术体系。

总之，在农业可持续发展大背景下，无论是从吸烟与健康角度，还是从控制烟叶有害成分、提高烟叶品质角度，进行烟叶有机生产探索都势在必行。

11.2.3　管理模式的挑战

目前烟叶有机生产主要存在两种模式，一是农户单独生产。我国人均土地少，而责任田制度让农村土地极度分散，每户多为几亩的小块地，有机农业要求地块相对集中连片，以利于实施内部质量控制和外部检查与监督，分散的土地使质量控制难度加大，这将增加管理成本；同时，一旦管理不善，出现质量问题，又将直接影响整体的信誉。分散的土地难以实现规模化、标准化的经营，也给检验认证带来很大的困难，增加了外部检查监督的成本。另外，大部分从事烟叶有机生产的农户都会种植供自家消费的作物，如蔬菜、玉米和豆类，有一部分还养殖畜禽。这些仍然是以常规方式生产的，仍然会使用一些化学合成的肥料和农药，因此需要特别防止化肥或农药被有意或无意地流入有机地块，也要防止农户使用化肥袋子装有机烟叶和有机农业投入物质。

二是小农户集体生产，即农民协会或合作社（是内部控制体系的运作者）持有有机认证证书，并组织内部控制体系。合作社由几十到几百名有机烟农组成，选出一名社长，2～3 名副社长，还可以有 3～5 名理事，由社长、副社长和理事组成管理小组，履行管理小组的职责，带领合作社的全体会员按照有机烟叶的标准和要求开展有机烟叶生产。在管理小组中任命一人为 ICS 有机生产管理者（协调员），负责体系的日常管理协调工作。此种模式有利于合作社组织农户开展集体有机生产，还可以为顺利通过第三方认证机构的认证打下坚实的基础。然而，目前我国大多数合作社还处于发展初期，合作社的领导层（理事会）通过民主方式从烟农中选举产生，经营管理理念差，管理水平较低，整体素质有待提高。社员受当地经济文化落实的影响，经济发展意识较差，经济发展的理念差。

对此提出以下建议，一是健全合作社理事会运行机制，制定合作社当年经济目标和长远规划目标，把合作社做大做强；突出抓好合作社理事会成员管理水平的提高，对理事长、副理事长、理事实施专项工作负责制，制定责任目标和经济目标考核奖惩办法；加强财务管理和合作社用工管理，突出以经济发展为合作社整体战略目标，体现合作社的经济效率和社会效益。二是创新合作社的用工和经济分配方式，提高用工效能和经济效益。在合作社的经营过程中引入一些竞争机制，将单项经营划分成若干单元，制定各单元的经济目标，使各单元既有合作又有竞争，不仅提高合作社的活力，同时提高广大社员的积极性。三是利用合作社统一、规范的优势，强化科技措施落实。四是整合可利用资源，推动烤烟专业合作社对当地经济的辐射带动作用，提升合作社的经济效益和社会效益。五是建立完整有效的内部控制体系。内部控制体系是一个文件化的质量保证体系,它主要由三部分组成:详细具体的内部管理文件,内部检查员,定期与不定期的内部检查制度。内部管理文件是指集体认证的协会或团体制定的文件,即该集体为了便于管理而制定的一系列规程或标准,包括组织管理、质量体系,对入会农户的基本要求病虫害防治或土壤培肥等田间管理档案记录,奖罚制度等。内部检查员是对制定的内部管理文件是否落实及落实的程度进行检查的人员,对集体内部是否按有机农业要求进行生产实施定期或不定期的监督检查,并对不符合要求的事项督促整改。所以内部检查员不仅要了解国家相关的法律法规和政策,熟悉有机农业的相关要求,而且要熟悉所从事的专业并具有一定的从业经验。定期或不定期的内部检查制度是指内部检查员对集体或团体的质量管理体系进行检查。一般要求每年全面检查1 次,对可能存在问题较多的方面需检查多次,并对发现的问题及时整改。内部检查员实施的内部检查和认证机构派出的检查员实施的外部检查在形式和内容上基本相同,包括确定检查计划、准备检查需要的文件和资料、编制检查表、确定检查时间和内容、编写检查报告、提出检查结论、对不符合要求的事项制定整改措施和时间并监督落实等。所以内部控制体系从制度上保证了个体农户按标准和要求从事有机农业生产,它不但可以保证小农户集体生产的有机完整性,而且可以大大减少认证机构外部检查员的检查时间,从而达到节约认证费用的目的。

11.2.4 烟农有机知识欠缺的挑战

从事烟叶有机生产的烟农素质的高低,从整体上影响着有机烟农的资源观、环境观和发展观。科学文化素质较高的有机烟农,通常都有正确的生态环境意识,在推进烟叶有机生产的时候,能够带头严格按照烟叶有机生产标准进行生产,为烟叶有机生产的健康发展作出贡献。但目前,我国从事烟叶有机生产的烟农大多分布在比较偏远的地方,文化层次不高,知识结构偏低,科技意识薄弱,种植管理粗放,整体素质偏低,对烟叶有机生产的意义认识还不够,也未能系统地接受有机生产知识的培训,对烟叶有机生产知识的认识还停留在浅层次的水平。由于知识匮乏,长期受传统观念影响,不注重适应新形势的要求,所以不能完全掌握现代科学种植技术,使烟叶生产缺乏科技含量,缺乏竞争力,影响烟叶有机生产整体质量和经济效益的提高,不利于烟叶有机生产的良性发展。

烟叶有机生产的持续发展与从事烟叶有机生产的烟农掌握的有机知识紧密相关。为了能够稳健地推动烟叶有机生产,今后一段时期,应下大力气不断提高有机烟农的有机生产知识水平。一是要建设一支业务精通、爱岗敬业、勇于创新的有机烟农领头人才队伍,为全面提高有机烟农的素质和有机知识提供师资力量保障。大学生村官身在基层、受过高等教育、知识面广、接受新事物能力强,他们无疑是不可多得的基层人才。二是加快发展农村教育事业,通过有效的宣传教育,改变其观念,培养其意识,陶冶其情操,从而不断提高有机烟农的科学文化素质,这是提高有机烟农知识水平的重要基础。三是加大宣传教育力度,加强农村文化基础设施建设,充分利用现代传播渠道向烟农宣传相关有机农业知识,采取烟农喜闻乐见的各种方式,将有机农业知识作为烟叶有机生产从业者培训的一项重要内容，让烟农学会自觉运用先进科学文化知识于烟叶有机生产管理之中。四是倡导现代生活方式，引导有机烟农树立生态意识、健康意识、卫生意识、逐步形成良好的生活理念，不断促进有机农民生态文明水平的提高。五是要组织有机烟农走出去，多参观一些有机种植基地，互补长短，在参观学习中获得新的有机知识和认识。

参 考 文 献

敖金成，赵剑华，戴勋，等. 2012. 有机种植方式对烟叶产量和内在品质的影响[J]. 福建农业学报，06：606-610.

白玉艳，韩明华，陈顺华. 2013. 基于 B/S 的烟叶物流信息管理系统分析与设计[J]. 电子设计工程，21(11)：59-61.

鲍政，李宏光，谭济才，等. 2012. 有机烟草生产中蜗牛的防治方法研究[J]. 湖南农业科学，07：92-95.

常剑，林莉，胡保文，等. 2011. 七星瓢虫实验种群的生物学特性研究[J]. 动物学研究，32（增刊）：52-56.

常剑，林莉，张如阳，等. 2011. 龟纹瓢虫实验种群的生物学特性研究[J]. 云南省昆虫学会 2011 年学术年会论文集：5-9.

常剑，温丽娜，林莉，等. 2011. 烟田常用杀虫药剂对异色瓢虫成虫的安全性评价[J]. 动物学研究，32（增刊）：84-88.

陈素云. 2012. 现代烟草循环农业研究[D]. 郑州：河南农业大学.

陈晓梅，高利明，姜滨. 2001. 有机食品生产基地建设[J]. 哈尔滨商业大学学报，17（2）：18-20.

程辉斗，陆富，卢红，等. 2000. 云南烤烟含氮化合物与环境要素关系研究[J]. 云南农业大学学报，15(2)：30-33.

程辉斗，杨述元，温永琴，等. 2000. 云南烤烟叶片结构及物质积累与气候要素关系的研究[J]. 云南农业大学学报，15（2）：39-42.

程江华，陈辉，闫晓明，等. 2011. 皖南山区新的循环农业模式研究[J]. 安徽农业科学，39（4）：2489-2490.

程雅梅，张长春. 2007. 有机农业生产技术研究[J]. 现代农业科技，（16）：69.

邓亚飞. 2012. 郴州浓香型有机烟叶产地评估及主要栽培技术研究[D]. 长沙：湖南农业大学.

丁保华，刘继红，廖超子，等. 2006. 我国无公害农产品认证及其监督管理[J]. 中国农业资源与区划，27（4）：36-40.

方中权. 2004. 对我国农村实施庄园经济发展模式的探讨[J]. 广州大学学报（社会科学版），（8）：31-34.

冯海金，高琼. 2013. 盘县有机烟叶生产技术研究[J]. 现代农业科技，16：11-12.

高冬冬，刘忠丽，孙希文，等. 2013. 我国有机烟叶主要病虫害防治方法研究进展[J]. 贵州农业科学，06：118-122.

高琼. 2013. 盘县有机栽培烟叶的特征及配套技术[D]. 长沙：湖南农业大学.

耿锐梅，罗成刚，李彦东，等. 2011. 有机烟叶发展现状与对策[J]. 安徽农业科学，26：16265-16267.

郭金桃. 2014. 中国农产品溯源系统概述[J]. 大众标准化，（2）：56-57.

郭涛，李海江，腊贵晓，等. 2014. 起垄方式和种植密度对浓香型有机烟叶产量和品质的影响[J]. 河南农业科学，09：41-45.

郭怡卿，张光煦，马剑雄，等. 2009. 有机烟叶及其生产[J]. 西南农业学报，22（6）：1793-1798.

郭予元. 1998. 我国植物保护科学研究现状和 21 世纪的发展展望[C]. 植物保护 21 世纪展望，北京：中国科学技术出版社：3-13.

韩文炎，李强，郑万升. 2008. 小农户集体认证内部控制体系的建设与示范[J]. 中国茶叶，（10）：16-18.

何成兴，田育天，温丽娜，等. 2013. 红塔普洱生态烟区烟草斜纹夜蛾种群动态及影响因子[C]. 创新驱动与现代植保，北京：中国农业科技出版社：140-145.

何慧丽，吕迅，王瀛昊. 2012. 作为生态文明形态的有机农业之道[J]. 中国农业大学学报，29(1)：116-123.

胡如忠，符云鹏. 2014. 毕节金沙县有机烟叶规模化发展策略研究[J]. 安徽农业科学，22：7336-7338.

黄如鑫，王志春. 2008. 无公害农产品生产开发的现状及发展对策[J]. 江苏农业科学，（6）：267-268.

黄永财，李奇，谢冰，等.2014.有机烟叶生产病虫草害防治研究进展[J].安徽农业科学，15：4676-4679，4689.

蒋瑒.2013.郴州烟—稻轮作区有机晚稻主要害虫生态防治研究[D].长沙：湖南农业大学.

蒋永穆，王丰.2011.中国特色农产品安全：基本内涵、体系框架与政策措施[J].学海，（3）：124-128.

赖文，李长珍，任红宇.2014.农产品溯源体系研究现状[J].四川农业科技，（1）：51-53.

李汉超，王淑娴.1991.烟草、烟气化学及分析.郑州：河南科学技术出版社：274-294.

李继东，张建武.2000.现代庄园经济的兴起与我国农业的创新——广东庄园经济发展的启示[J].中国农村经济，（10）：35-40.

李余湘，潘文杰，陈懿，等.2011.贵州不同生态产区有机烟烤后烟叶表面提取物的含量[J].贵州农业科学，01：34-37.

梁伟，齐永杰，邓宾玲，等.2013.我国生态有机烟叶生产现状及发展对策[J].湖南农业科学，（17）：140-142.

梁有.2013.烟叶及其生态环境中重金属和农药残留的测定[D].长沙：中南大学.

林莉，常剑，温丽娜，等.2011.异色瓢虫实验种群的生物学特性研究[J].动物学研究，32（增刊）：57-61.

林莉，何成兴，戴勋，等.2013.烟草斜纹夜蛾生物学特性的研究[C].创新驱动与现代植保，北京：中国农业科技出版社：135-139.

林学贵.2012.日本的食品可追溯制度及启示[J].世界农业，（2）：38-42.

刘金玉.2012.浦城县发展生态有机烟叶的探索与研究[D].福州：福建农林大学.

刘骏，李家俊，何轶.2014.贵州烤烟生产烟用物资管理信息系统研究[J].安徽农业科学，42（4）：1243-1244.

刘蒙蒙，吴钢，徐维华，等.2013.有机肥对烤烟生长及其品质的影响研究进展[J].河南农业科学，11：7-10，13.

刘雪，孟繁锡，郭丽，等.2007.发达国家有机农业种植技术体系及其启示[J].世界农业，（3）：10.

卢良恕.1993.中国立体农业模式[M].郑州：河南科学技术出版社：10-31.

陆永旭，陈方林，蒋玉梅，等.2012.烟叶有机生产与常规生产的效益比较[J].贵州农业科学，03：91-93.

吕鹏，王拓，王云飞，等.2012.基于3S技术的现代烟草农业信息综合管理系统[J].计算机系统应用，21（2）：30-33，17.

罗国新，杨跃进，王胜雷，等.2009.烟叶烤房群无线监控管理系统的设计与开发[J].农机化研究，31（9）：129-132.

罗雁婕，达爱斯，温丽娜，等.2013.烟蚜对植物源杀虫剂的敏感性测定.创新驱动与现代植保，北京：中国农业科技出版社：495-495.

罗玉英，彭晓忠，王玉科，等.2014.凤冈县有机烟叶生产中生物农药的筛选与应用[J].作物研究，07：823-826.

马剑雄，王洪云，常剑，等.2008.有机烟叶及其生产地的评估研究[J].西南农业学报，05：1256-1261.

马坤，王玉平，欧明毅，等.2012.贵州有机生态卷烟研发探讨[J].中国烟草科学，06：85-89.

毛知耘.1995.肥料学[M].北京：中国农业出版社：280-292.

孟焕.2012.移栽密度和施氮量对有机烟叶产量和质量的影响[D].长沙：湖南农业大学.

宁堂原，焦念元，安艳艳，等.2007.间套作资源集约利用及对产量品质影响研究进展[J].中国农学通报，23（4）：159-163.

潘抗浮.2014.用定位的观点看玉溪庄园品牌建设[J].新营销，10：72-75.

沈立.2013.有机花园——瑞典罗森戴尔庄园[J].中国乡镇企业，（1）：80-82.

孙日波，任术琦，丁世民.2006.农业专家系统发展的概况与前景[J].安徽农业科学，34（20）：5445-5446.

孙文军，赵昌文.1999."庄园经济"：一种农业产业化发展的新模式[J].农业经济，（3）：11-13.

孙智荣，许石剑，刘胜传.2012.2011年贵州省兴仁县有机烟叶生产示范总结[J].安徽农学通报（下半月刊），04：38-41.

田育天，闫克玉，何成兴，等. 2011. 天然除虫菊素对烟草蚜虫的毒力测定及田间药效试验[J]. 云南农业科技，（1）：47-50.

田芸，欧阳杰. 2011. 从法国葡萄酒庄园看中国葡萄酒庄园发展[J]. 中国园艺文摘，（8）：172-173.

田泽华，陈发荣，白志高，等. 2011. 基于 Delphi 和 MySQL 红塔品牌导向玉溪特色烟叶数据库建立[J]. 农业网络信息，（6）：44-47.

童荣昆，武怡，等. 2003. 昆明烟草与气象[M]. 昆明：云南科技出版社：50-70.

王晶晶. 2000. 卷烟配方与烟支设计[M]. 北京：中国科学技术出版社：150-170.

王瑞英，韩富根，卢红，等. 2003. 烟草化学[M]. 北京：中国农业出版社：170-180.

王智发. 1996. 烟草病害.《植物病理学卷》中国农业百科全书. 北京：中国农业出版社：529-530.

温丽娜，胡保文，何成兴，等. 2013. 烟田常用杀虫药剂对烟蚜茧蜂的安全性评价[C]. 创新驱动与现代植保，北京：中国农业科技出版社：491.

吴文伟，田育天，何成兴，等. 2013. 有机烟叶生产过程中应加强生物防治技术的研究[C]. 创新驱动与现代植保，北京：中国农业科技出版社：491.

武圣江，赵会纳，王松峰，等. 2014. 贵州特色烤烟农艺性状与光合特性研究[J]. 中国烟草科学，01：113-116，122.

武祖荣. 1990. 烟草害虫[M].《昆虫卷》中国农业百科全书. 北京：中国农业出版社：441-442.

席运官，张纪兵，汪云岗. 2012. 有机农业生产技术与有机产品质量[M]. 北京：化学工业出版社：161-196.

熊玉唐，范勇，李显荣. 2004. 麻江烤烟专家系统的开发与应用[J]. 贵州农业科学，32（5）：48-50.

徐刚，季学军. 2011. 提高烟叶安全性的研究进展[J]. 安徽农业科学，24：14578-14582，14641.

薛辉，赵肖玲，张高棣，等. 2012. 循环农业科技园区规划理论框架构建[J]. Agricultural Science & Technology，13（3）：689-692.

薛小平，唐军，杨通隆，等. 2012. 黔东南有机烟叶质量特征研究[J]. 耕作与栽培，02：26-27.

闫永，刘志峰，韩玉勇. 2007. 农村发展循环经济的新模式——生态农庄[J]. 安徽农业科学，35（30）：9717-9718.

杨焕文. 2003. 烟草特有亚硝胺[M]. 北京：中国农业出版社：18-75.

应守军，丁灿，卢贤仁. 2014. 追肥次数对有机烟的生长发育和产质量的影响[J]. 中国农学通报，01：204-208.

于建嵘. 1999. 中国现代庄园经济研究[J]. 农业经济问题，（3）：51-55.

云南省烟草科学研究所. 2001. 云南省烟草科学研究所志[D]. 昆明：云南科技出版社：65-83

曾婕，海梅荣，王晓会，达布希拉图. 2014. 木醋液对有机烟草产质量及病害的影响[J]. 中国农学通报，07：162-167.

翟书华，侯思名，刘凌云，等. 2011. 云南大理州拉乌乡有机烟种植调查与分析研究[J]. 昆明学院学报，06：27-30.

张光煦，郭怡卿，马剑雄，等. 2012. 有机与常规种植方式烤烟综合效益分析[J]. 西南农业学报，01：73-79.

张光煦. 2012. 有机与常规种植考研综合效益分析[D]. 长沙：湖南农业大学.

张梅. 2014 欧盟、美国和日本农产品物流追溯体系分析与比较[J]. 世界农业，（4）：136-141.

张腾. 2013. 有机栽培对植烟土壤理化性质以及烤烟品质的影响[D]. 郑州：河南农业大学.

张义志，张忠峰，窦玉青，等. 2013. 有机烟叶适应烤烟品种筛选研究[J]. 江苏农业科学，06：87-90.

赵会纳，雷波，蔡凯，等. 2014. 起垄方式对有机栽培烤烟生长和产质量的影响[J]. 贵州农业科学，08：79-82.

周恩荣. 2013. 湖南某地有机烟中农药及重金属调研与分析方法研究[D]. 长沙：中南大学.

朱鸿杰. 2009. 有机烟草研究现状与发展趋势[J]. 安徽农学通报，15（3）：128-129.

Amin A N M. 1979. Dynamic transformation of chemical constituents during flue-curing of Nicotiana tabacuml

L. North Carolina State University，Raleigh，NC.

Demole E，Dietrich P. 1977. Chemical composition of burley tobacco（Nicotiana tabacam L.）. Proceedings of Amer. Chem. Soc. Symp：1-36.

Stutz R E，Burris R H. 1951. Photosynthesis and metabolism of organic acids in higher plants. Plant Physiol. 26：226-43.

Wildman S G，Bonner J. 1974. The proteins of green leaves. I. Isolation，enzymatic properties and auxin content of spinach cytoplasmic proteins. Arch. Biochem. 14：381-413.